철기의 생애와 사상은 혼돈의 시대에 미래를 위한 '우등불'

군인 이범석을 말한다

청산리전투 청년 영웅,
국군 건설의 아버지

청산리전투
100년만의
일제 작전기밀 해독
– 최고 군사전문가에
의한 작전분석

전 육군사관학교장
박 남 수 지음

백산서당

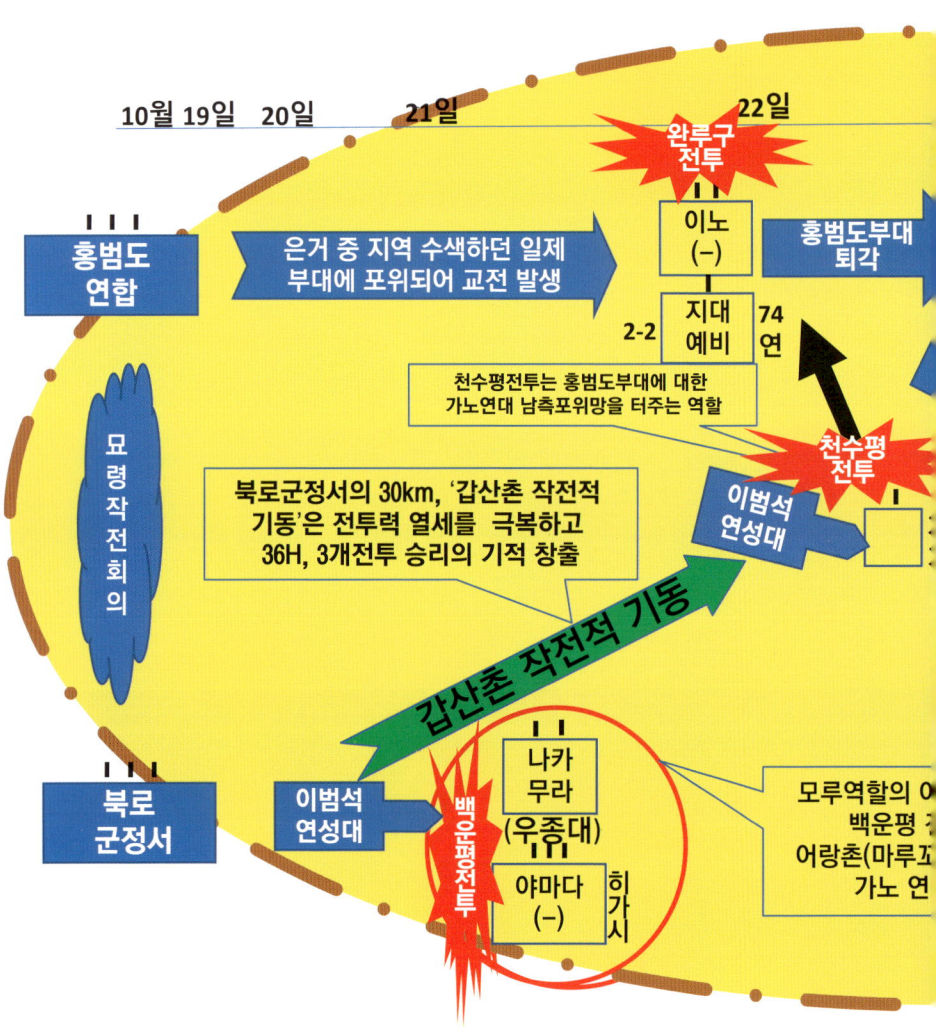

〈부도 1〉 일자별 청산리전역(戰役) 흐름도

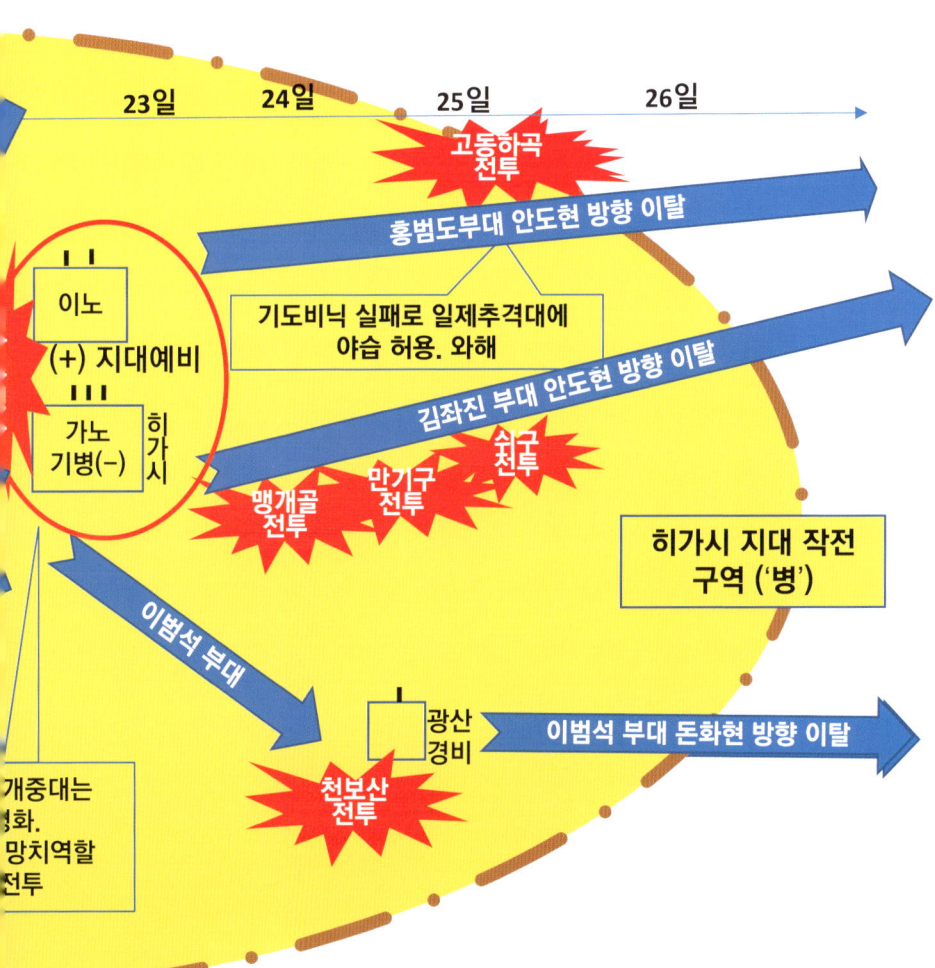

청산리전역의 승패에 대한 군사적(軍事的) 관점 소고(小考)
- 36H 안에 30km를 넘나들며 3번의 대승을 끌어낸 명(名)작전의 동력 -

1. 개 요
 기존의 청산리전역에 대한 정신적 가치 및 개별 전투 중심의 평면적 접근이 청산리전역 전체 실체를 밝히는 데 한계가 있다는 문제인식 아래, 당시 일제 기동계획과 한인독립군 관련 자료를 종합, 상호 비교하여 청산리전역의 실체를 입체적, 작전적 측면에서 분석하였음. 기존의 정신적 가치 중심의 승리요인을 넘어 작전적으로 어떤 핵심 요인이 내재되어 있으며, 특히 이범석부대가 36H이라는 짧은 시간에 3번의 큰 전투 수행이 가능하였던 동력은 무엇이었는가를 파악하고자 하였음.

2. 작전 승패에 관하여
 일제 토벌대의 작전 목적은 전략적 측면에서는 향후 만주 진출시 방해세력을 제거하고 이 지역 영향력 확보를 위해, 작전적 측면에서는 한인무장투쟁세력을 격멸하고 그 근거지를 제거하는 것이었음.
 한인독립군은 전략적으로 한국인 저항의지를 내외에 널리 알리고, 작전적으로는 일제 토벌군 최대 피해 강요와 장기 항전을 위한 전투력 보전이었음.
 결과적으로 일제는 전략적 목적은 일부 달성하였으나 작전적 목적 달성에는 실패하였고, 한인독립군은 전략적·작전적 목적을 달성하였으나, 간도참변으로 한국 독립군 기반이 장기간 와해되는 뼈아픈 전략적 피해를 입었음.

 피해 및 전과 면에서, 쌍방간 차이가 큰 숫자 평가는 배제하고, 다음의 4가지 사항을 일제 패배의 객관적 근거로 볼 수 있음.
① 히가시지대에게 요구하였던 핵심 임무는 한인독립군의 안도현과 돈화현 방향으로 도주를 차단하고 지대 내에서 격멸하는 것이었으나, 2가지 모두 실패하였음.
 한인독립군은 일제토벌군에게 심대한 피해를 주었고, 큰 피해를 입은 홍범도군을 제외하고는 비교적 온전하게 포위망을 이탈하였음.
② 전투 후 일제 19사단장이 조선군사령관에게 긴급히 무산과 회령 배치 2개대대 증원을 요구하여 기본계획에 없는 증원을 받았음. 이는 히가시지대 실제 피해가 매우 심각해 작전에 차질이 발생한 것을 입증하는 사례임.
③ 히가시 소장이 전투 후 8개월 만에 전역 대기 명령을 받고 그 이후 3개월 만에 전역된 사실은 히가시 소장에게 전투 패배 책임을 추궁한 것으로 보임.
④ 일제의 무자비한 간도 학살은 전투 패배에 대한 보복으로 이는 군사작전의 수준을 넘어선 반인륜적 군사범죄 행위였음.

3. 교훈과 의의
 최초, 일제의 초토작전은 외선입장과 우세한 전투력을 보유하였기에 전장을 선택하여 집중과 분산할 수 있는 주도권이 있었음.

그러나 실 전투간 내선입장의 북로군정서는 김좌진과 이범석의 탁월한 지휘력, 독립군들의 강인한 정신력과 군기, 한인이주민들의 정보제공 등 협조, 뛰어난 산악 기동력 등의 잇점을 이용하여 적 주력에게 큰 피해를 입혔고, 홍범도부대는 일제 보조 및 예비대와의 교란적 전투로 일제 토벌대의 전투력 집중을 부분 방해하였음.

작전적 관점에서, 한인독립군 작전의 백미는
① 백운평전투 후 '갑산촌으로 작전적 기동'임. 야마다부대 기만과 동시에 은밀 철수한 이 기동은 청산리 전역의 백미 중의 백미이며, 고금 전사에 빛나는 명(名) 작전적 수준의 기동임. 이로 인해, 일제 야마다부대는 청산리지역에 유병화되었고, 이범석부대는 새로운 지역에 다시 투입할 수 있게 되어, 결과적으로 북로군정서는 일제 야마다 토벌대와 가노 기병연대 모두를 각개 격파할 수 있었음. 이범석부대는 30km 이상의 공간을 넘나들며 36H 만에 백운평, 천수평, 마루꼬우전투라는 3개의 큰 전투를 모두 승리로 치르는 전사에 드문 초인적인 결과를 만든 것임.
② 백운평의 유리한 지형을 선점하여 적을 기다려 기습한 것.
③ 어랑촌 적 기병연대 위치 파악 후 중요지형지물 874고지를 선점하여 전투.
④ 홍범도 부대가 어랑촌에서 북로군정서를 공격하던 가노연대를 협격한 것.

히가시지대의 결정적 실책은,
① 최초 구상했던「망치와 모루작전」개념이 진행간 실패한 것임. 야마다 보병연대는 청산리 방향에서 압박하여 모루를 형성, 가노 기병연대는 승평령 우회 및 노령 차단에 의해 망치 역할을 구상하였으나, 가노 기병연대의 우회기동 실패로 이후 전장 주도권을 상실하였음.
② 야마다 토벌대 우종대인 나카무라대대가 우회 후방 기동에 실패하여 백운평전투에서 야마다부대 전체가 이범석부대와 정면 전투하게 된 것,
④ 백운평전투시 야마다 토벌대와 마루꼬우전투시 가노 기병연대 모두 정면 축차투입 한 것,
④ 백운평전투 후 이범석부대를 놓쳐 천수평과 마루꼬우 전투에 참가하게 한 것.
⑤ 마루꼬우전투시 양개 기동부대가 협조된 작전을 하지 못하고 모루역할인 야마다 토벌대는 청산리 지역에 고착되어 유병화된 것 등임.

  군사(軍史)적 관점에서, 청산리전역은 근대 이후 한국군 전승(戰勝) 역사의 시발점임. 임진왜란 노량해전 이후 근대의 일본군의 동학운동 진압침략, 을미의병, 을사의병, 정미의병, 불령선인대토벌작전 등의 전투 역사 속에서 한국군이 일본군을 패배시킨 첫 전투임.
또한 열악한 가운데 승리를 위한 투철한 충성심, 진정한 용기, 필승의 신념, 임전무퇴의 기상, 죽음을 무릅쓰고 책임 완수하는 숭고한 애국애족 정신이라는 '한국 군인정신'의 정수를 청산리전역은 보여주고 있음.

  청산리전역은 북로군정서가 주력이 되어 일제 히가시지대의「망치와 모루 작전」을 '갑산촌 작전적 기동' 하나로「각개 격파」한 전역임. '갑산촌 작전적 기동'은 청산리전역의 가장 결정적 국면이었고, 36H, 30여km, 3개 전투를 승리하게 한 전사(戰史)에 빛나는 명(名) 작전임. 이는 한국인의 강력한 독립의지와 더불어 탁월한 작전능력을 과시하는 역사적 증거였음.

〈부도 2〉 일본 제19사단 간도 초토부대별 책임지역

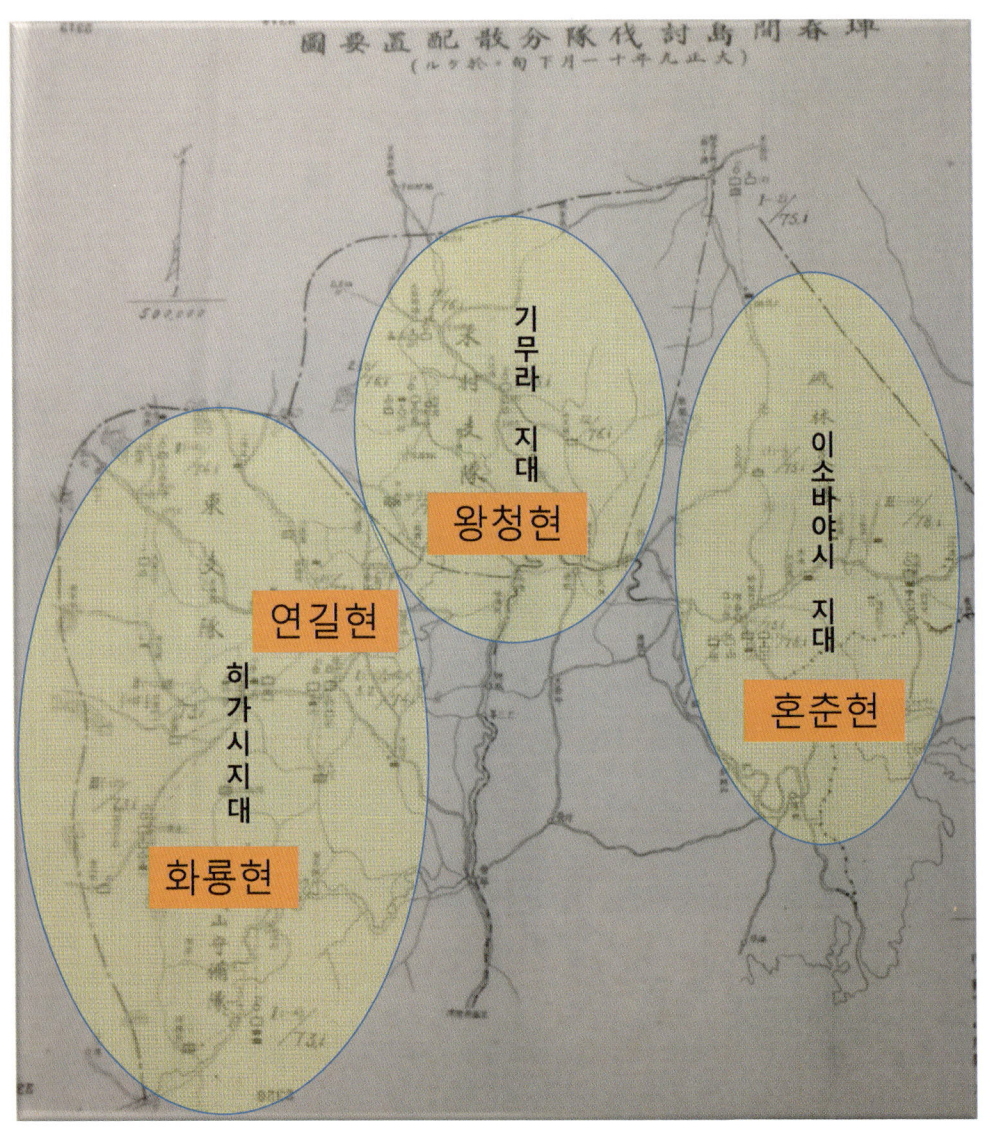

※상기 지도는 「조선군사령부 간도출병사」(김연옥 옮김. 경인문화사. 2019. 12). '부도 제6'에 제시된 당시 작전지도를 바탕으로 필자가 추가 도식한 것임. (이하 동일)

〈부도 3〉 히가시 지대 작전지역과 청산리 전역 개요

⟨부도 4⟩ 청산리전역 지형도

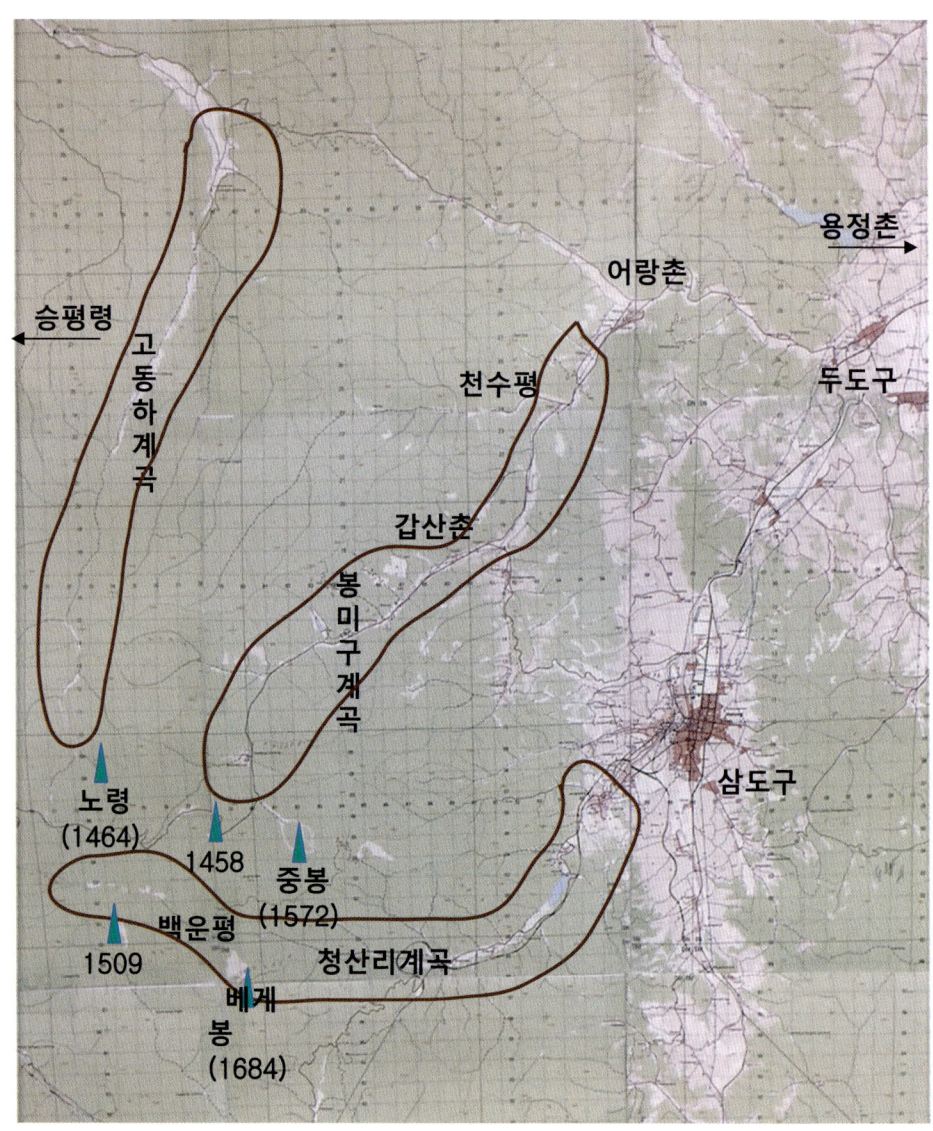

※ 이 지도는 필자가 획득한 1:5만 지도를 이용, 앞의 간도출병사 지도와 비교하여 제작한 것임. 현재는 도시화가 많이 진행되었으나, 앞의 일제 지도와 비교시 100년 전 일제의 지도 제작능력이 상당한 수준이었음을 알 수 있고, 그들의 사전 전투준비 수준도 알 수 있음. 청산리계곡의 특징도 파악 가능.

〈부도 5〉 전투 전 한인독립군과 일제 히가시지대 배치도

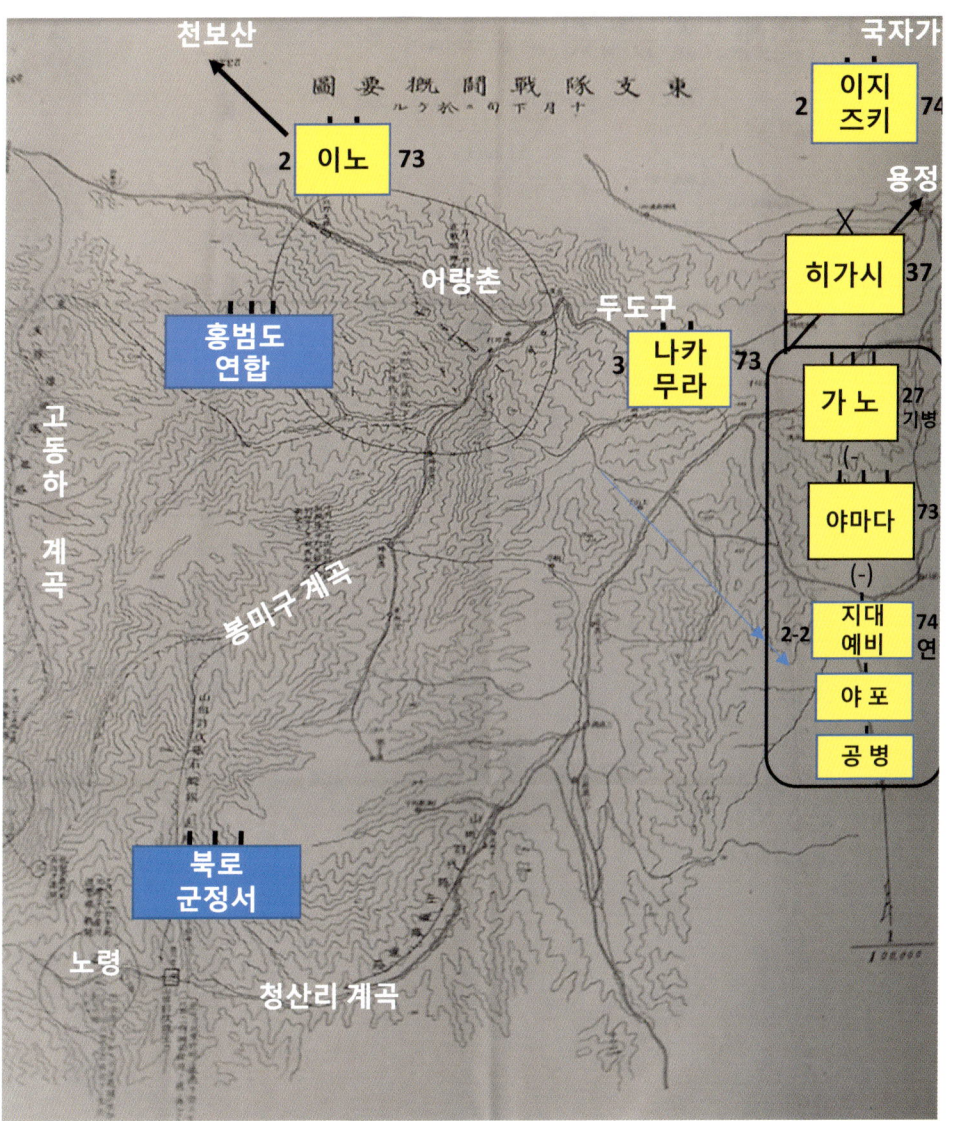

※ 히가시 지대 부대운용 기본개념
- 3개 보병대대(이노, 나카무라, 이지즈키, 각대대는 2개중대 규모)로 주요 지역 수색 및 초토
- 2개 연대급(가노 기병, 야마다 보병, 각 연대는 증강된 2개 중대 규모) 강력한 기동타격 예비, 1개 중대급 우발대비 소규모 예비 보유

〈부도 6〉 히가시지대 최초 작전개념

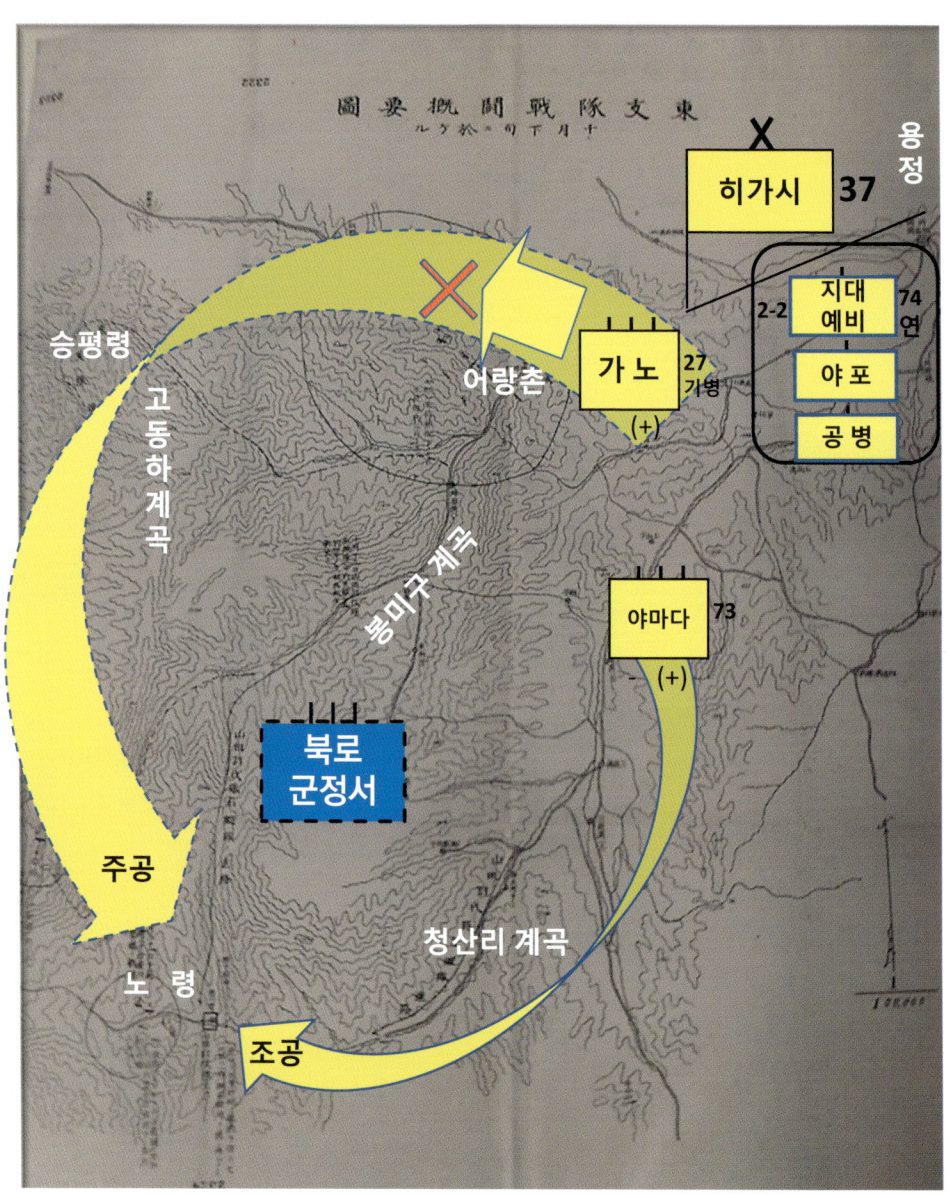

※ 히가시 지대 작전개념: 「망치와 모루」식 포위격멸
- 가노 기병연대: 주공으로 망치 역할, 승평령 우회, 노령 차단/격멸
- 야마다 보병연대: 조공으로 모루 역할, 청산리 압박

<부도 7> 「백운평전투」와 「갑산촌 작전적 기동」 개념도

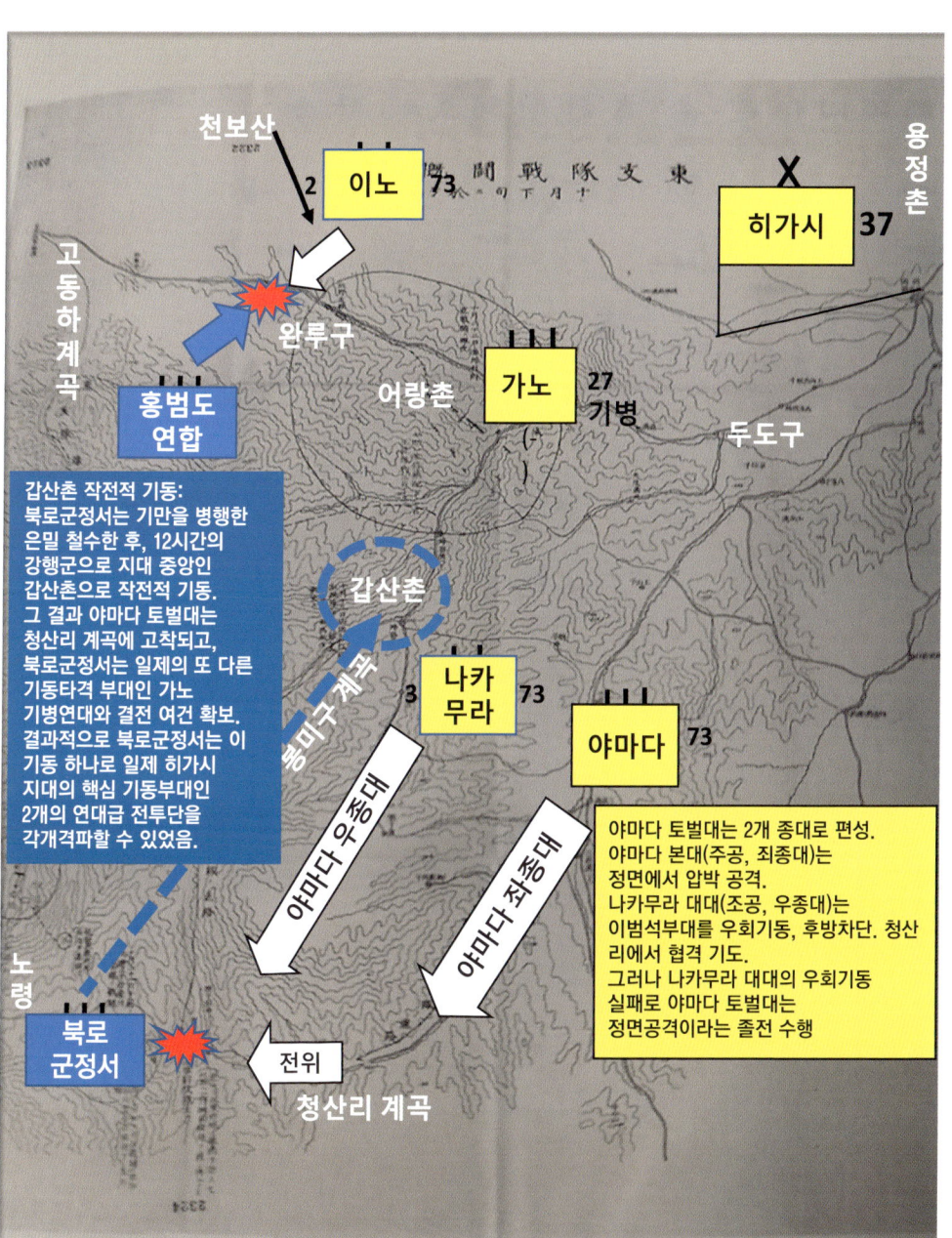

〈부도 8〉 백운평전투시 북로군정서 방어진지 배치요도

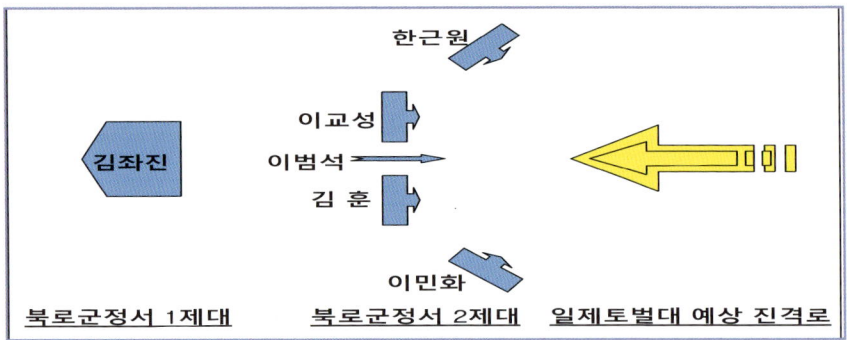

〈부도 9〉 '갑산촌 작전적 기동' 개요도

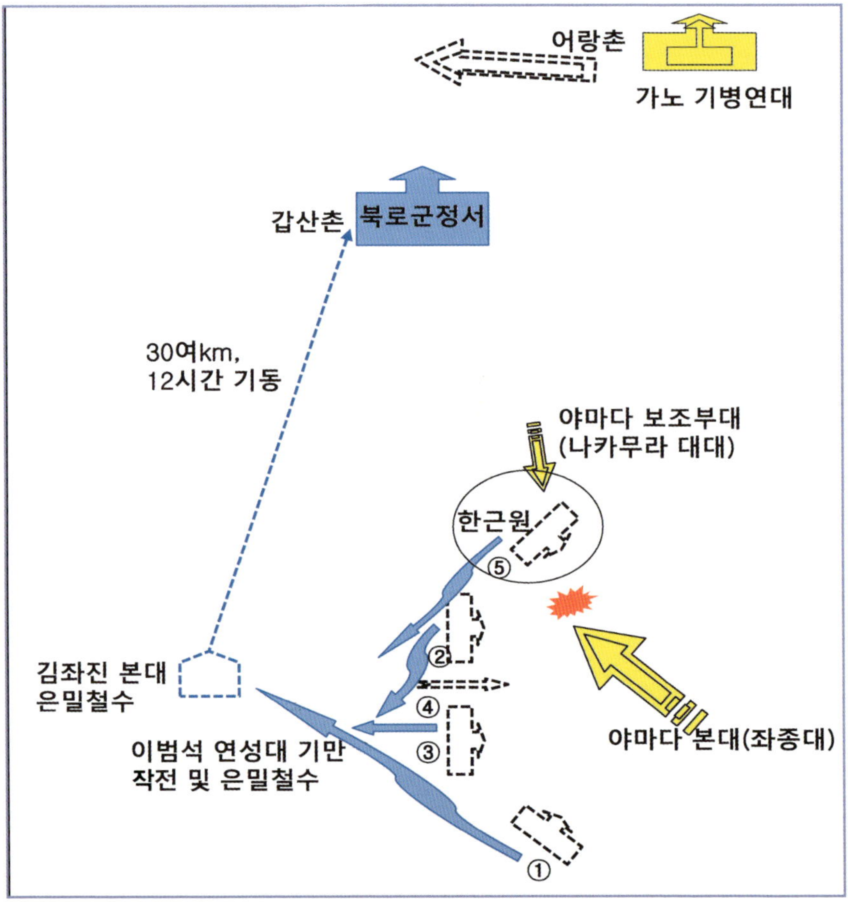

〈부도 10〉「천수평전투」,「마루꼬우(어랑촌)전투」 상황도

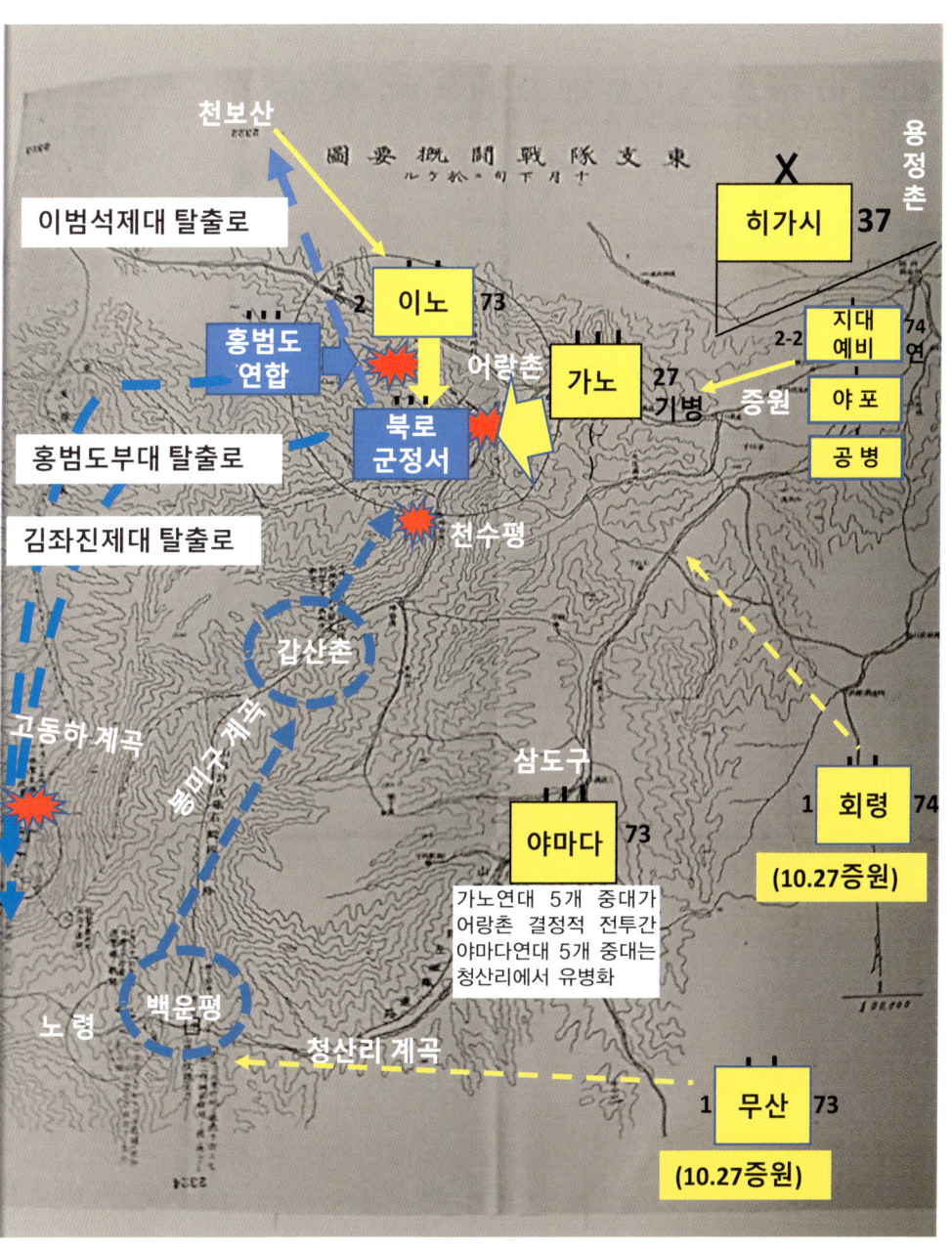

##〈부도 11〉 톰스크 이동

※일제 관동군에 밀린 중국 구국군들은 소만 국경지대에서 소련령으로 후퇴하였음. 철기와 소수의 한인독립군들을 포함하여 약 7만여명의 소련 국경 진입 세력은 시베리아 한복판 톰스크로 열차로 강제 이동 당한 후 약 7개월간 억류생활을 하게 됨. 이때 철기는 전통적 가정과 사회를 파괴하는 공산주의 계급투쟁의 반인류적 행태를 여실히 들여다보는 체험을 하게 됨.

〈부도 12〉 철기의 유럽 선진국 군사시찰

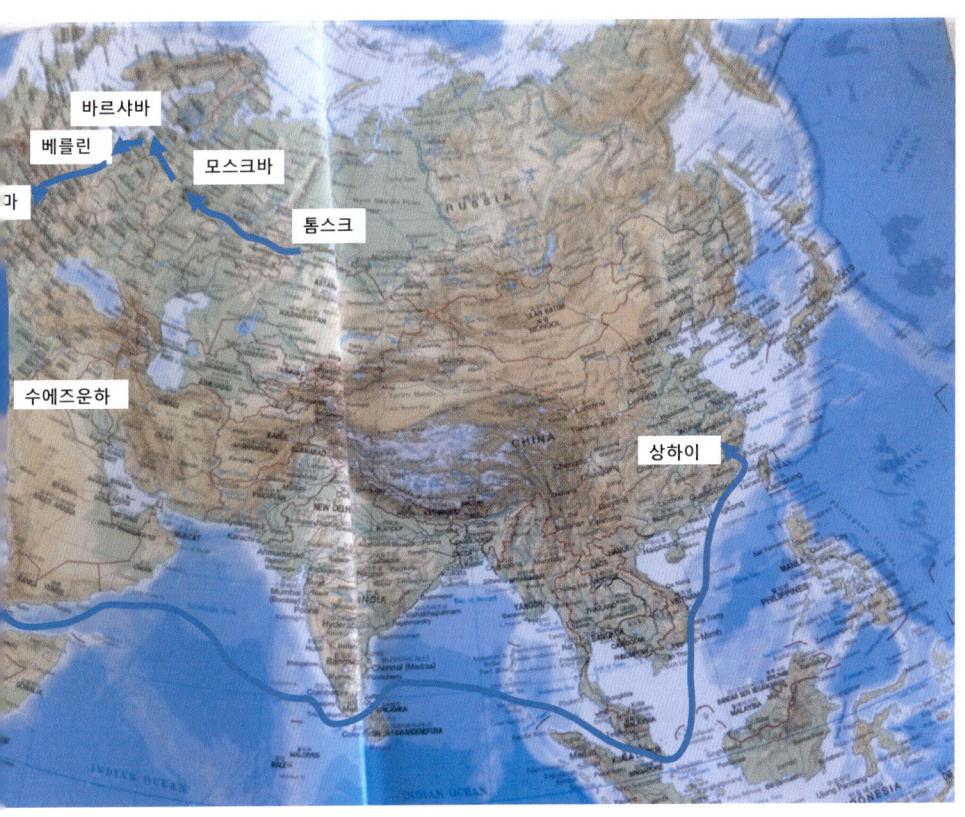

※ 중·소간 협상 결과로 억류 생활은 종료되고, 철기는 마잔산, 쑤빙원 장군 등 억류되었던 중국 고위장성들과 함께 복귀시 유럽의 군사선진국들을 시찰하는 기회를 가졌음. 중국 정부의 이들에 대한 격려와 배려의 차원이었음.

이는 당시 나라가 망한 독립군 지도자들 중에서는 매우 얻기 힘든 새로운 국제사회를 배울 수 있는 희귀한 경험이었음. 여기서 얻은 지식과 경험, 세계를 바라보는 안목은 이후 철기에게 한국광복군 창설, 한·미합작 독수리계획 추진, 그리고 대한민국 국군 창설시 한 차원 높은 안목을 갖게 하는 소중한 자산이 되었음.

<부도 13> 태평양전쟁과 독수리계획 추진

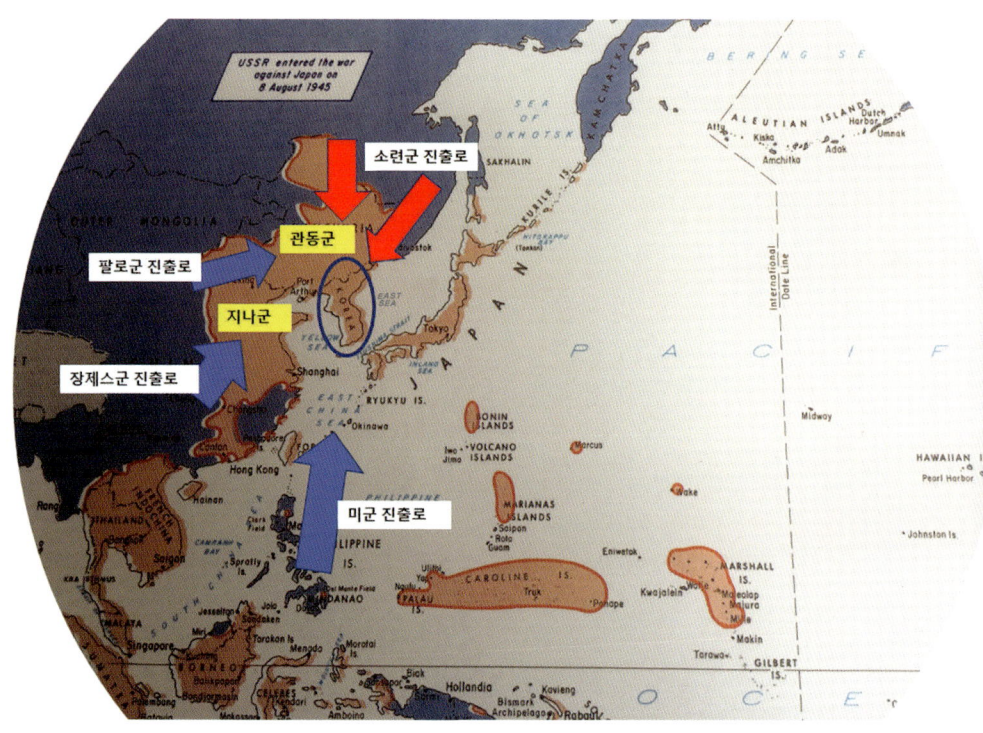

※한반도는 전통적으로 대륙의 변방이거나, 해양의 변방이라는 2분법적 인식 안에 있었음. 철기는 이를 타파하고 한반도가 대륙과 해양 모두에게 영향을 미칠 수 있는 전략적 가치가 있음을 주장하였음.

한반도는 서남 태평양으로부터 진격해 오는 미군에게는 대륙으로부터 일본 본토로 지원하는 지상 병참선을 차단하여 일제의 본토 항거 능력을 감소시킬 수 있음.

또한, 한반도는 중국전선으로 지원되는 일본본토로 부터의 지원을 차단할 수 있는 역할을 하는 등, 이중 역할을 동시에 할 수 있는 한반도의 군사전략적 가치를 철기는 미군과 중국 모두에게 설파하였고, 이는 한미합작의 독수리계획을 추진하는 중요한 배경이 되었음

차 례

|서 문| · 21

제1장   청년 이범석, 청산리전역 첫 사격개시 총성을 울리다

북로군정서에 합류하는 철기 이범석 · 28
청산리전역 · 62
자유시참변, 만주와 연해주에서의 외로운 항일투쟁 · 116

제2장   지략과 용맹의 북만주 호랑이, 그리고 억류 생활

중국 항일 구국군에 한국인의 우수성을 각인시키다 · 134
톰스크의 하늘 아래 · 140

제3장   철기, 한국 광복군의 제갈공명이 되다

중국군 일원으로 광복군 동량들을 양성하다 · 148
초대 광복군 참모장으로 광복군 창설 실무를 총괄하다 · 156

광복군 9개 준승으로 철기는 광복군 제2지대장으로 내려가다
· 166

중국군의 광복군 9개 행동준승의 해제 · 173

한미연합작전 추진으로 한반도의 전략적 가치를 부각시키다
· 179

아! 여의도 · 193

제4장 대한민국 국군 건설의 아버지, 철기 이범석

미군정 통위부장을 거절하고 새나라 청년운동에 매진하다 · 202

초대 국방장관, 독립군-광복군-국군 정통성의 맥을 잇다 · 209

국군 창설, 그리고 「국방군」으로서 사명을 설정하다 · 215

국방 상부지휘구조를 확립하고 연합국방으로 국방기조를 천명하다 · 221

정예장병 양성과 국군의 사상통일을 기하다 · 227

공산주의에 대항하기 위한 특별 조직을 만들다 · 234

국군의 인적 정통성을 바로 세우다 · 240

철기 국방시대 후기 · 247

제5장 인간 철기 이범석

항일 의식이 싹트다 · 256

중국으로 망명, 군인의 길을 걷다 · 271

중국 윈난육군군관학교에서 군인의 길을 시작하다 · 276
철기와 여인들 · 294
철기의 말(馬)과 서예 이야기 · 306
철기와 혁명동지들 · 312
조국과 국군의 영원한 「우등불」, 철기 이범석 · 319
우등불 리더십 · 325

| 에필로그 | · 331

| 연보 | · 334

| 참고문헌 | · 348

서 문

왜 지금 철기 이범석을 재조명하고, 국군 건설의 아버지를 논해야 하는가?

그것은 청산리전투로부터 시작하는 항일무장투쟁과 초대 대한민국 국방부장관으로 국군을 건설하였던, 철기의 '군인'으로서의 40여 년 긴 역정을 통해 대한민국 국군의 자존감과 대외적 권위, 즉 정통성의 중심이 어디에 있고, 그 굵기는 어느 정도인지를 제대로 알리고 인식시킬 필요가 있기 때문이다.

우리가 군의 정통성을 중요시하는 이유는 정통성이 국군의 모든 활동에 권위를 부여하고, 소속원들에게는 자부심을 갖게 하면서, 국민들로부터는 무한한 존경과 사랑을 받을 수 있게 하는 핵심이기 때문이다.

근대 사회학의 권위자 막스 베버(Max Weber, 1864~1920)는 국가나 조직의 정통성 확보 요건으로 전통적 권위(Traditional authority), 카리스마적 권위(Charismatic authority), 합리적·법적 권위(Rational·Legal authority) 등 3가지를 주장하였다.

전통적 권위는 인적 연계성으로부터 확보되는 권위를 의미하며, 카리스마는 뛰어난 업적을 통해 권위를 확보하는 것을 말한다. 합리적·법적 권위란 제도적 측면에서 권위를 확보하는 것을 의미한다.

한국군의 인적 정통성 연원을 항일무장투쟁기까지 올리게 되면 2개의 해결해야 할 과제에 봉착한다.

하나는, 항일무장투쟁을 하였던 사회주의 내지는 공산주의 계열의 항일무장투쟁 경력자들의 포용 문제다. 그들은 천황제를 부정하는 공산주의를 배격하였던 일제에 대항하여, 사회주의 건설 내지는 항일무장투쟁의 방편이라는 목적을 갖고 투쟁하였다. 살아남은 자 중 상당수는 종전 후 북한으로 들어갔고, 6.25전쟁시 전 한반도 사회주의화를 위하여 대한민국을 공격하기도 하였다.

다른 하나는, 일제 강점기 일본군 또는 그 괴뢰 만주군이었으나, 정부수립 후 국군이 되어 6.25전쟁에서 자유대한민국을 수호한 공이 있는 인사들에 대한 평가다. 그들은 일제 36년 긴 질곡 속에서 직업의 방편으로 일본군 또는 만주군이 되었거나, 아니면 황군으로 출세하기 위하여 그 군대로 들어갔다.

국군의 정통성을 항일무장투쟁(또는 독립전쟁)기까지 올리면 인적 정통성은 이렇게 복잡해진다. 그런 까닭인지는 몰라도 지금껏 한국군의 인적 정통성은 광복 이후 자유대한민국 수호에 역할을 하였던 인사들로 한정되어 온 것은 사실이다.[1]

---

[1] 국군의 이념과 사명 등 군인의 핵심 가치를 법제화한 '군인의 지위 및 복무에 관한 기본법'(2018. 2. 24). '제 5조 국군의 강령 제 1항'은 "국군은 국가 방위와 자유민주주의 수호, 그리고 조국 통일에 이바지함을 이념으로 한다."고 명시하고 있다. 군인기본법의 전신 격인 창군기의 국군 3대선서로부터 국군의 맹서, 군인의 길을 거치는 내내 자유민주주의 수호는 국군의 최상위 정신적 가치였다.

그러나 대한민국 헌법은 '임시정부 법통 계승'과 '자유민주제도 유지'를 동시에 천명함으로써 국군의 정신적 전통은 「항일무장투쟁의 가치」와 「자유대한민국 수호전쟁의 가치」를 동시에 존중해야 할 것을 요구하고 있다.2)

여기서, 두 개의 가치 모두에 해당한다면 문제가 안 되겠지만, 현실적으로 사람에 따라 하나의 가치에만 해당되거나, 아니면 하나에는 해당되나 다른 가치에는 충돌하는 경우가 나타날 수 있다. 문제는 후자에서 발생한다.

어느 가치에 더 비중을 둘 것인가는 사람에 따라 다를 수 있다. 그 평가는 결국 각자 배움의 결과에 달려 있을 것이다. 배움이 짧은 사람은 근시 내지는 외눈으로 보거나, 또는 사시로 볼 것이다. 제대로 배운 사람은 두 눈으로 바르게, 그리고 균형 있게 볼 것이다.

여기에 기준이 있다. 바로 후세에게 교육적 측면에서, 어떤 길을 걸어야 하는 것이 정도인가의 기준이다. 이를 기준으로 객관적이고 신중한 접근을 통해 원칙을 분명히 세운 가운데 공과 과를 균형 있게 따져 보아야 할 것이다.

---

2) 대한민국 헌법 전문을 보면, 첫째, 독립투쟁에 관하여, 제헌헌법(1948. 7.12)에서는 '위대한 독립정신을 계승'이라고 하였다가 9차 개헌시(1987. 10. 29)에는 '대한민국 임시정부 법통 계승'이라고 명시하였다. 둘째, 자유민주주의에 관해서는, 제헌헌법에서는 '민주주의 제도 수립'이라고 하였다가 7차 개헌(1972. 12. 27)부터는 '자유민주적 기본질서 공고히'라고 기술하여 오늘에 이르고 있다. 대한민국 헌법은 독립정신 계승 측면에서 항일무장투쟁을, 자유민주적 질서의 공고라는 차원에서 자유수호전쟁의 가치를 모두 강조하고 있다고 해석하여야 한다.

철기 이범석은 두 개의 가치 모두를 구현하였던 상징적인 인물이다. 이 책은 그 하나하나를 따지는 데 목적이 있는 것이 아니다. 철기의 삶 자체에서 던지는 메시지를 통해 한국군 정통성에 관해 어떤 원칙과 포용성을 가져야 하는가를 나타내고자 하였다.

철기는 실용주의자였다. 그는 민족주의자이자 반공주의자였지만 무조건적이고 극단적이지 않았다. 그러나 원칙이 있었다. 그 원칙 아래 배제할 것은 배제하고 포용할 것은 포용하였다.

철기는 민족주의를 기반으로 사회주의자를 포용하였지만 자유대한민국을 위협하는 친북 공산주의는 확실히 배격하였다. 그러면서 연합국방이라는 정책으로 미군과의 연합을 추구하였다. 변화하는 세계 속에서 혼자 힘만으로는 안 되며 그 대상은 미국이어야 한다는 것이었다.

화려한 30년 항일무장투쟁 경력을 가진 철기는 국방장관이 되면서 미군정 국방경비대의 주축이었던 구 일본군과 만주군 세력을 포용하는 실용주의적 자세를 견지하였다. 그러면서 그들을 배제하는 대신 광복군 세력과 일반 엘리트들로부터 군 간부를 대폭 충원하고 국군의 정통을 광복군에 두는 정책을 시행하여 국군의 정통성을 바로 세웠다.

철기로 인해 국군 정통성의 중심은 바로 서면서 한강과 같이 넓고도 도도한 형세가 만들어져 그 다음을 준비할 수 있게 된 것이다. 그 다음이란 바로 6.25 자유수호전쟁을 말한다. 그래서 우리는 지금 그를 재조명해야 하고, 그를 국군 건설의 아버지라고 불러야 하는 것이다.

20세기 초 이래 한반도 상공에 맴돌고 있던 항일과 친일, 반공과 용공이라는 두 개의 전선이 아직 그대로 그림자를 드리우고 있다. 우리 사회는 지금 여기에 지나치게 얽매여 있어 앞으로 제대로 나아가지 못하고 있다. 그러나 세계사적 수레바퀴는 우리의 의지와는 무관하게 지금도 쉼 없이 앞으로 전진하고 있다.

이 책에서 말하고자 하는 철기의 민족주의와 반공주의, 그리고 실용주의로 특징짓는 그의 생애와 사상이 독자들에게 이 혼돈의 시대에 미래를 위한 '우둥불'과 같은 역할을 했으면 한다.

또한 이 책이 청산리전투 100주년을 맞이하여 청산리의 영광을 되살리면서, 한국군의 정통성을 국민들 뇌리에 각인시켜 한국군이 국민들로부터 더욱 존경과 감사의 대상으로 자리매김하는 데 일조하기를 소망한다.

1

청년 이범석, 청산리전역 첫 사격개시 총성을 울리다

북로군정서에 합류하는 철기 이범석

1919년 5월 중순, 철기 이범석을 포함한 5명의 중국 윈난군관학교 한국인 졸업반 생도는 3년의 군관학교 생활 마지막 단계인 견습사관 실습을 하는 도중 기미 삼일만세운동 소식을 접하고는, 안락한 견습사관 신분을 한번에 박차고 감격과 흥분이 넘치는 가슴을 안고 상하이로 돌아왔다.

하지만 당시 임시정부는 아직 태동 단계를 벗어나지 못한 상태였다. 3년 동안 군관학교에서 갈고 닦은 실력을 마음껏 발휘하고 싶은데 길이 보이지 않았다. 시대는 철기에게 창조적으로 길을 뚫고 갈 것을 요구하고 있었다.

철기는 상하이 임시정부 내에서의 책상머리 길이 아니라 최전선 만주에서 풍찬노숙 무장투쟁의 길을 선택하였다. 가고 안 가고는 본인의 의사에 달려 있었지만 스스로 고난의 길에 올라섰다. 우둥불의 시작이다.

인간은 젊은 시절에 크던 작던 선택의 갈림길에 서서 한 길을 선택한 경험을 갖고 있다. 어떤 선택이 최선이었는가는 후에 결과로써 말하여질 것이다. 그 선택이 최선이었는가는 오직 그 사람의 그 당시의 판단력에 달려 있다. 여기에 젊은이들이 길잡이로 쓸 수 있는 금과옥조의 말이 있다. 한국 육군사관학교 생도들이 매일 되새기는 사관생도 신조다.

"우리는 안일한 길을 버리고 험난한 정의의 길을 택한다."

철기 이범석, 김좌진 장군을 만나다

"그대가 이범석인가!"

철기와 그 일행이 안내자의 안내로 사령관실로 들어가자 키가 칠척이 넘는 거구에 위엄과 총명이 몸 전체에서 뿜어 나오는 사람이 묵직한 목소리로 먼저 말을 건넸다. 상하이에서 예관 신규식 선생3)이 꼭 만나라고 했던 김좌진 장군이다.

"윈난중국육군군관학교 기병과를 수석 졸업했다고 들었네. 중국인들도 하기 어려운 일을 했구먼.
신흥무관학교에서도 독립군 양성에 노고가 많았다고 들었네.
그리고 남만에서 예까지 천리가 넘는 길을 오기가 쉽지 않았을 터인데 노고가 많았구먼."

간단한 인사를 마치고 자리에 앉자마자 김좌진 장군이 북로군정서에 대한 브리핑을 직접 하였다. 그리고 이어 사령부 경비대

---

3) 1880~1922. 충북 청원 출신 대한제국 군인. 신규식 선생은 철기의 군인의 길을 열어 주었던 은사이다. 1902년 대한제국 무관학교를 졸업하여 대한제국 장교로 복무 중 1905년 을사늑약이 체결되자 의병을 일으키려 하였으나 실패하자 음독자살을 기도한다. 이때 목숨은 건졌지만 오른쪽 눈이 망가져 외견상 흘겨보는 상이 되자 신규식은 흘겨본다는 뜻으로 스스로 예관(睨觀)이라 불렀다. 상하이 대한민국 임시정부가 수립되자 법무총장에 임명되기도 하였고, 임시정부 내부 갈등으로 이승만이 미국으로 건너가자 국무총리 대리와 외무총장을 겸임하기도 하였다. 경술국치 후 중국으로 망명하여 한국 독립운동을 하면서 쑨원의 신해혁명에도 참가하였다. 쑨원과의 이러한 친분을 이용하여 이범석 등 많은 한국 청년들을 중국 군관학교에 입교시켰다.

에 대한 사열을 주선하였다.

사령부 경비대는 150명 정도로 모두 독일제와 러시아제 소총으로 무장한 부대였다. 신흥무관학교에서는 꿈도 꾸지 못했던 무기가 지금 눈 앞의 북로군정서에서는 경비병들이 휴대하고 있는 것을 보고 철기는 가슴의 피가 격하게 끓어오름을 참을 수 없었다.

아! 이제 되었구나.
이제는 군인 노릇을 제대로 할 수 있겠구나!
이제는 일제의 심장을 향하여 그동안 가슴 깊이 참았던 분노의 총칼을 원 없이 내지를 수 있겠구나!
이제 이 무기들을 가지고 망국의 수치를 씻고 동포들의 원한을 한번에 풀리라!

철기가 잠시 흥분에 빠져 있을 때 김좌진 장군의 굵직한 목소리가 귀를 파고들었다.

"이 경비대가 갖고 있는 무기는 소총이 전부이나, 주력인 보병들은 권총이나 수류탄으로도 무장되어 있네, 그리고 지금 블라디보스톡에 집결하여 있는 체코슬로바키아 군대와 무기 구매가 한창 교섭 중인데 잘 진전되고 있다네.

거기에는 상당한 양의 기관총이나 박격포와 같은 중화기, 그리고 막대한 탄약이 포함될 것이네. 자네가 윈난군관학교를 나오고 중국어에도 능통하다 하니 경험도 쌓을 겸 곧 자네도 그 마지막 협상에 가야 할 것이네. 역할이 기대되네."

가자! 만주로

서로군정서에서 좌절과 시름에 빠져 있던 철기에게 북로군정서 행은 새로운 기회였다. 철기는 결사대로 같이 일했던 김훈4)을 동행자로 요청하여 승인을 받고 북만주로 향하였다. 때는 1920년 4월, 산과 계곡에는 아직 얼음과 눈이 채 녹지 않은 만주 1,000리 이상의 길을 걸어 북만주로 갔다.

치안 무질서로 마적이 들끓는 북만주 길이다. 펭텐(奉天)성과 지린(吉林)성 경계를 지나 천 리가 넘는 길을 20여 일에 걸쳐 강행군한 끝에 마침내 북로군정서가 있는 왕청현으로 들어섰다. 주변에 중국인들은 거의 보이지 않고 한국인들과 한국식 가옥들만 보였다. 낯선 사람에 대한 경계도 만만치 않다. 군정서 본부까지 가는데 수 차례 검문에 걸렸다. 그때마다 북로군정서가 보낸 공문을 보여주며 통과하였다. 지역 전체가 군율과 훈련이 제대로 되어 있는 인상을 강하게 주었다.

북간도와 서간도는 매우 달랐다. 말 그대로 북간도는 한인 무장독립투쟁의 성지였다. 북간도는 지금의 중국 지린성 연변 자치주 중심지역을 말한다. 우리 귀에 몹시 익은 연길, 용정 등의

---

4) 1901~1936. 평안북도 출신. 중국명 양림 또는 양령. 1919년 기미만세운동 동참 후 중국으로 망명하여 신흥무관학교에 입교하였다. 1920년 이범석이 북로군정서로 이동시 동행하였다. 1921년 3월 1일 상하이 독립신문 96호에 「북로아군실전기」라는 청산리전투 상보를 기고하였다. 이후 윈난군관학교 졸업 및 황포군관학교 교관을 역임하고 중국 공산당에 가입하였다.

지역들이 여기에 있다. 북간도는 크게 동으로부터 혼춘현, 왕청현, 연길현, 화룡현으로 나뉜다. 청산리전역 시작과 끝의 주요 무대들이다.

북간도에는 여러 무장단체들이 있었으나 그 중 '북로군정서' (정식 명칭은 대한 군정서)가 가장 돋보이는 단체였다.

북로군정서라는 별칭을 갖고 있던 대한군정서의 시초는 1911년 북간도로 망명했던 백포 서일 선생이 조직하였던 '중광단'이었다.

중광은 단군교의 부활을 의미하며, 바로 대종교를 일컫는 것이다. 중광단은 대종교 포교와 교육을 통하여 만주 일대 한인들의 민족의식과 독립투쟁 의지를 키우는 데 진력해왔다.

기미만세운동이 일어나자, 서일은 대종교 지도자와 교도들을 규합해 '대한정의단'이라는 조직을 만들고, 조직적이고 적극적인 군사활동을 위해 산하에 '대한군정회'라는 별도의 무장단체를 조직하였다. 그리고 1919년 8월에는 대한제국 무관학교 출신인 김좌진을 영입하고 대한정의단과 대한군정회를 통합하여 '대한군정부'로 확대 개편하였다.

1919년 12월, 대한군정부는 상하이 임시정부 명령에 복종하기로 하고[5] 군정부로 불렀던 종래의 명칭을 버리고 '대한군정서'로

---

[5] 이 결정에 의거, 대한군정부의 후신 북로군정서의 모든 전투는 명목상일지라도 임시정부의 통제하에 이루어졌다고 보아야 하며, 이를 통해 북로군정서의 항일무력투쟁은 임시정부 군대 수준의 독립전쟁이라는 의미가 부여될 자격이 생겼다고

개칭하였다. 이후 대한군정서는 서간도의 서로군정서에 대비하여 북로군정서로 불리며 임시정부 산하의 중요 전투군단으로서 무장활동을 펼쳐나갔다.

당시 북로군정서는 만주 동북의 한인 항일무장 단체 중 가장 정규적이고 무장력이 강력한 조직이었다.

신흥무관학교의 후신인 서로군정서는 단지 군사학교이며, 사실상 무장력을 제대로 갖추지 못했던 명목상의 군사 조직이었던 것에 비해, 북로군정서는 정규군 수준의 무장력을 갖춘 강력한 무장 조직이었다. 특히, 철기가 도착 후 얼마 지나지 않아, 시베리아를 횡단하여 블라디보스톡으로 철로 이동하여 왔던 체코군단으로부터 소총, 기관총, 박격포, 그리고 수십 만 발의 탄약도 구입하여 보유하게 되어 포병만 없는 거의 정규 연대급 수준의 전투력을 가진 조직이 되었다.

대한군정서의 총재는 서일, 부총재는 현천묵, 사령관은 김좌진이었다. 대한군정서 사령관으로 취임한 김좌진은 같이 일할 사람을 물색하던 중 신흥무관학교에 있는 이범석이라는 청년의 소식을 들었다. 소문을 통해 철기가 새로운 독립군단의 병사들을 제대로 훈련시킬 수 있는 인재임을 직감한 김좌진은 철기를 적극 영입하기로 하였다.

한편, 김좌진을 북로군정서 사령관으로 영입하였던 백포 서일은 누구인가? 서일은 대종교 지도자로 널리 알려진 분이다. 그러

보아야 한다.

나 그는 실제 북로군정서를 조직하고 김좌진 장군을 발탁하는 등 인재를 보는 눈이 특별하고 결과적으로 청산리전투 승리를 준비한 특별한 혜안을 가지고 있는 선각자였다.

그는 청산리전투 이후 만주지역 독립군들이 밀산지역으로 재집결하였을 때 통합 작업을 지휘하면서 홍범도, 김좌진, 지청천 등 개성이 강한 독립군 지도자들로부터 대한독립군단 총재로 추대될 만큼 대단한 능력과 인품을 가진 지도자였다.

러시아령 자유시참변이 발생하자 본인은 후방지원을 위해 자유시로 가지는 않았지만 그 책임을 통감하여 유일하게 스스로 목숨을 끊은 책임 있는 지도자 상을 일찍이 보여주신 분이었다.

철기가 북로군정서에 도착한 후 첫 인사에서 서일 총재가 당부한 말에 몹시 울림이 있다.

"자질구레한 일은 말할 필요도 없이 그대 스스로가 잘 처리해 나가리라 믿네. 다만 총사령관 김장군이 북간도에 들어와 매우 높은 덕망을 여러 사람들에게 보여주어 모든 사람들의 존경을 한 몸에 받고 있으니 그를 도와 거기까지 이른 인물을 더욱 완성하도록 하는 데에 그대에게 기대하는 바가 크네.

한 사람을 다치게 하기는 쉽지만 한 사람을 훌륭하게 만드는 것은 그리 용이한 일이 아닐세. 얼핏 내 말이 평범하다 생각하겠지만 사람이란 그 이면을 들여다 보면 이 사람이 이 사람이고 그 사람이 그 사람 아니겠나?

사람이 올라갈수록 까딱하면 상처를 입기 쉬운데 내 말을 잘 명심하여 총사령관을 잘 보좌하는 것이 쉽지만은 않겠지만 유의해서 최선을 다해 주기를 초면에 당부하네."

서일 선생의 사람을 보는 혜안과 사람을 키우는 방법이 남다르다. 파벌이 유독 활개치는 우리 사회에서 한 인물이 크는 것이 결코 쉽지 않음을 체험한 철기는 인간심리와 조직의 특성을 꿰뚫는 평범하면서도 심오한 서일 총재의 인재 육성론에 깊은 감명을 받았다.

1919년 국제정세와 동북아 정세

당시 세계는 제1차 세계대전이 막 종전되어, 기존의 질서가 무너지고 국제연맹이 태동하면서, 민족자결주의로 인해 새로운 국가들이 탄생하던 시기였다. 또한 세계대전 종전 무렵에 발생하였던 러시아 공산주의 혁명이 세계에 영향을 미치려는 거대한 정치적·사회적 변화가 소용돌이치던 격변의 시기였다.

아시아 지역에서, 같은 연합군이었지만 일본과 중국의 상황은 극명하게 대비되었다.

일본은 1차대전 후 전쟁기간의 지나친 경제 활성화에 따른 후유증으로 격심한 인플레에 시달리고 있었지만, 영일동맹을 기반으로 하면서 승전국의 일원으로서 국제적 발언권은 대폭 신장되었다.

전쟁기간 일본은 독일 식민지였던 중국 산둥반도 칭따오와 자오저우만 점령으로 산둥반도와 만주에서의 기득권을 반영구화하였다. 그리고 러시아 내전에서 백계러시아군을 지원하기 위해 약 7만 5천명이라는 대군을 시베리아로 출병시켰다.

전쟁은 끝났지만 일본은 팽창주의를 바탕으로 경제적 후유증을 해결하기 위하여 대륙으로 그 세력을 확장하기 위한 준비를 착착 진행시키고 있었던 것이다.

반면 중국은 1차대전 전승과는 무관하게 신해혁명이 구세력의 반동과 지방별 파벌로 그 기세를 이어나가지 못하고 방황하고 있었다. 중국은 1911년 신해혁명을 일으켜 청조(淸朝)는 타도하였으나 혁명을 가로챈 위안스카이로 인해 공화혁명은 미완의 상태였다.

1916년 위안스카이 사망 후 중국은 군벌중심의 북부 베이징 정부와, 이를 타도하고 혁명을 완수하기 위한 쑨원의 광둥정부로 분열되었다. 그 사이 외몽고지역은 러시아가 점령하고, 산둥(山東) 반도와 자오저우(膠州)만은 일본이 점령하는 등 만주지역에 대한 중국의 장악력은 급속히 저하되었다.

한편 상하이에서는 기미만세운동으로 터져나온 한국인의 독립 의지를 구현하기 위한 적극적인 움직임이 나타났다.

상하이 임시정부

기미만세운동 때 선포되었던 독립선언서에 기초하여, 1919년 4월 11일, 중국 상하이에 임시정부가 수립되었다. 국호는 「대한민국」, 정치체제는 「민주공화국」이었다.

1919년 4월 10일, 상하이 프랑스 조계에 각 지역 교포 1,000여명과 신한청년당 주축의 29인의 임시의정원 제헌의원들이 모였다. 행정수반으로 이승만을 국무총리로 추대하고, 4월 11일 정부 수립을 정식으로 선포하였다.

그러나 이어진 지도부의 분열 등으로 표류하던 임시정부는 11월 러시아에 체류하고 있던 이동휘 선생이 국무총리로 취임하면서 불완전하나마 정부 모습을 갖추게 되었고, 12월부터 군사정책을 수립하여 추진하였다.

핵심은 독립전쟁을 수행하기 위한 군대 양성이었다. 나중에 재정난으로 조기에 문을 닫지만 상하이에 육군무관학교를 설립하거나 미국 캘리포니아주 윌로우스(Willows)에 비행사 양성소를 설립하기도 하였다.

독립전쟁을 전개하기 위해 국내 비밀결사조직과도 연계하였는데, '대한독립애국단'을 비롯하여 '조선민족대동단', '대한국민회' 등이 그 대상이었다.

만주에서는 '서로군정서', '북로군정서'를 임시정부 군무부 산하로 편입시키는 한편, 서간도의 여타 군사조직을 통합하여 '광복군 총영'을 조직하고, '주만 참의부'를 설치하기도 하였다.

철기, 만주로 향할 것을 결심하다

철기 일행이 상하이에 도착했을 때 막 출범한 대한민국 임시정부가 이들을 열렬히 반겼다. 하지만 아직은 임시정부 설립 이전의 선각자들이 심혈을 기울여 위탁 양성했던 장교들에게 그 어떤 명령을 내릴 책임자나 방략이 존재하지 않았다.

먼저 내무총장 이동녕 선생을 찾아가니 귀중한 말씀을 주셨다.

"배운 것을 제대로 쓸 수 있는 곳으로 가야 될 것이네. 미리 명심해야 할 것은 제군들에게 무슨 터전이 있는 것이 아니므로 이제부터 그 터전을 만들어야 하겠다는 그런 창의적인 결심이 필요할 것이네.
정신적 준비가 충분하다면 우선 만주로 가는 것이 제일 좋은 길로 생각하네."

임정 군무부를 찾아갔다. 아직 조직과 계획이 미흡한 군무부는 시간을 갖고 상하이에 남아 같이 일하자는 정도였다. 철기는 다음과 같은 말로 단호히 선을 그었다.

"우리는 아무 터전이 없더라도 서간도나 북간도로 가서 무장투쟁을 하여 나라 망한 지 10년 만에 일어난 민족의 혁명 불길에 기름 붓기를 원하오.

상하이에서 책상에 앉아 있는 것은 우리가 원하는 것이 아니오."

윈난을 떠날 때 그 흥분과 열정이 상하이에서 지내면서 식기 시작하였다. 철기의 군관학교 한인 동기생 5명 중 3명은 만주로 서둘러 가길 원하는 것 같지 않았고, 최진과 철기만이 속히 만주로 떠나기를 주장하였다.

신병으로 항저우에서 요양 중이었던 예관 신규식 선생을 만나러 갔다. 역시나 예관 선생도 만주로 가야 한다고 말하였다.

"상하이에 머물수록 의지가 동요할 수 있네. 떠나려면 속히 떠나게, 그리고 신흥무관학교와 김좌진의 길림군정서6)를 반드시 찾아가기를 당부하네."

고별인사를 드렸다. 정신적 의지가 확고하고 육체적으로 더욱 단단해져 있으면서 군인으로서의 투쟁력도 갖춰진 철기의 모습을 보고 기쁨과 아울러 이별의 슬픔으로 쉴 새 없이 눈물을 흘리시는 예관 선생을 뒤로 하고 철기는 만주로 떠났다. 마지막 이별이었다.

상하이 임시정부의 표류에 노심초사하시던 예관 선생은 그 심적 상처로 1년 뒤 돌아가셨다. 철기에게는 정신적 아버지와 같은 존재였고, 대한민국에게는 무장독립투쟁의 아버지와 같은 존재가 그렇게 가셨다.

---

6) 1919년 12월에 발족된 북로군정서의 전신은 길림군정서와 대한군정부였다.

1920년 전후 만주 및 간도지역

1919년 10월 경, 철기는 상하이에서 수만 리 길을 달려 서간도 유하현 삼원보 서로군정서 본부에 도착하였다.

1919년 당시 독립운동에는 크게 세 갈래 흐름이 있었다. 하나는 상하이와 미주를 중심으로 외교로 독립을 되찾자는 '외교론', 다른 하나는 민족교육을 통한 '실력양성론'이었다. 그리고 마지막 하나는 외교나 교육으로는 한계가 있으므로 무장투쟁을 통해 독립을 되찾자는 '무장투쟁론'이었다. 주로 만주와 연해주지역이 그 무장투쟁론의 중심지였다.

기미만세운동 후 있었던 파리평화회의가 한국에 아무 희망도 없이 끝난 것에 대한 실망으로 국내외에서 무장투쟁을 열망하는 열혈지사들이 만주로 속속 몰려들었다.

당시 만주에는 40여 개 이상의 무장투쟁단체가 활동하고 있었다. 그 중 규모 면이나 지도자 면면, 그리고 임시정부 인식 면에서 대표적인 무장투쟁단체가 서간도의 서로군정서와 북간도의 북로군정서였다.

철기 나이 20세. 한창 혈기 왕성한 때이다. 만주에서 철기는 많은 사람들을 만나고 경험하고 배우게 된다. 복잡한 동북아시아의 정세 흐름, 다양한 독립운동세력의 이합집산, 공산주의라는 희대의 괴물스러운 사상이 한민족의 일제무장투쟁 가운데 끼어들어 민족사를 어지럽히는 일 등을 목도하고 몸으로 체험하게 된다.

그러는 가운데 판단과 결심, 그리고 지도력을 갖춰 나갔다. 후일 대한민국 국군을 건설하는 데 큰 자양분이 되는 경험들이다.

만주지역은 지금의 중국 동북3성 지역을 말한다. 현대 중국은 만주라는 명칭을 싫어한다. 과거의 만주국에 대한 어두운 기억 때문이리라.

만주지역은 중국 입장에서 보면 청나라의 발흥지이나 신해혁명 이후 신(新) 중국이 시발된 이후부터는 변방에 불과하였다. 1920년대 만주는 중·일·러 세력이 이해를 다투는 핵심 무대로 변모하고 있었다. 1931년 만주사변 발발 10여 년 전 이야기다.

간도지역은 만주의 동남방으로 두만강, 압록강과 직접적으로 맞닿아 있는, 압록강 상류와 두만강 북쪽의 한국인 거주지역을 일컫는 말이다. 지금의 연변 조선족 자치지역 일대다. 두만강 북쪽인 연변지역을 북간도 또는 동간도, 그 서쪽인 압록강 북쪽지역을 서간도라 불렀다.

청나라 시절 간도는 청과 조선의 국경 사이로 사람 출입을 금하는 비거주지역, 다른 말로 봉금지역이었다. 하지만 한반도와 바로 인접해 있는 심정적, 지리적 근접성으로 인해 한국인들이 일찍부터 이주해 있었다. 철종 시기부터 조금씩 이주민이 월경하여 간척을 시작하다가 1869년 전후 함경도에 대기근이 일어났을 때 본격적으로 대규모 이주가 시작되었다. 특히 경술국치 이후인 1910년부터 1911년 사이에 2만 5천여 명이 집단적으로 이주하였다. 1926년경에는 중국인이 990여 호였던데 비해 한국인은 5만 2,881

호일 정도로 한국인들이 지배적인 민족으로 자리잡게 되었다.

이 지역에는 일찍부터 한인들의 무장투쟁에 유리한 여러 조건들이 갖춰져 있었다. 우선 많은 한인 이주민들을 바탕으로 항일 무장세력들은 인적 물적 지원을 제공받을 수 있었다. 이들 이주민들은 그 심장에 항일의 뜨거운 피가 용솟음치는 동포들이었다.

간도지역은 중국 땅이기는 하나 국가 권력의 공백지역이나 다름없었다. 당시 동북군벌 장쮜린(張作林)이 만주지역을 지배하고 있었다고는 하나 베이징 일대를 중심으로 타 군벌들과의 세력 다툼이 우선이었다. 상대적으로 간도 일대에 대해서는 관심이 적었다. 치안이 부실하고 마적들이 들끓는 지역이었다.

한편, 일제는 1909년 중국과의 '간도협약'을 통해 간도에 조선총독부 파견 영사기관을 설치하였다. 이 기관은 이름 그대로 아직은 일본인 이주민들을 보호한다는 명목으로 한국인 이주민들을 감시하고 정보들을 수집하고 있는 정도의 수준이었다.

그래서 간도지역은 대한제국 군대 해산 후부터 경술국치에 이르기까지 국내에서 항거하던 무장 의병세력들이 넘어와 활발하게 무장투쟁을 할 수 있었다.

서로군정서와 신흥무관학교

독립운동사적으로 보면 1910년을 전후해 미구에 일본이 미·

중·러와 전쟁을 벌이게 될 것이고 이때에 대비하여 해외에 독립전쟁 기반을 만들어 무장투쟁을 해야 한다는 '독립전쟁론'이 대두하였다.

국내의 애국지사들의 비밀 항일조직인 신민회는 일제가 조작한 '105인 사건'에 얽혀 조직이 붕괴되자 국내보다는 국외 독립군기지를 확보하여 조직적 활동을 하기로 방략을 전환하였다. 1910년 12월, 전국 간부회의를 열어 국외 독립군기지 설치 장소를 구체적으로 확정하고, 대일 무장투쟁을 공식노선으로 채택하였다.

즉, 만주 서간도 황무지를 신(新)영토 개념으로 구입하고, 여기에 무관학교를 세워 기회가 오면 독립전쟁을 일으켜 국권을 회복할 것을 목표로 삼았다. 이에 따라 각 도 대표들은 지역으로 돌아가 서간도에 갈 이주민과 군자금 모집에 착수하였다.

그렇게 해서 우선적으로 영남지역의 이회영, 이상룡, 김대락, 김동삼 등의 일가들이 가산을 정리하고 집단으로 간도지역으로 이주하였다.

이주한 한인들은 1911년 유하현 삼원보에 이주민 자치기관인 '경학사'를 조직하고, 이주민의 정착과 경제력 향상, 항일민족의식 고취 등의 사업을 목표로 본격적인 활동을 전개하였다. 경학사는 이주민의 정착과 계도를 지도하면서 장차 군사력화하기 위한 일종의 비밀결사였다. 그리고 1911년 6월, 예하에 '신흥강습소'라는 교육단체를 만들었다.

경학사는 가뭄과 한재(旱災)로 인한 운영난으로 1914년 해체되었다. 신흥강습소는 중국인과의 토지 분쟁으로 1912년 7월 통화현 합니하로 이전하여 '신흥학교'라는 이름으로 확대·개편되어 운영되고 있었다.

이후, 한족자치단체는 '부민단' 시절을 거쳐 1919년 기미만세운동 후 통합 열기에 의해 '한족회'로 확대·통합되었다. 그리고 그 산하에 서간도, 즉 남만주 일대의 독립운동 총본영으로서의 군정부를 조직하였다. 군정부란 일종의 군사정부조직이다.

1919년 4월, 상하이에서 대한민국 임시정부가 수립되자 한족회는 상하이에 대표를 파견해 임정 산하로 들어가기를 협의하고, 이후 상하이 임시정부 산하의 '서로군정서'로 개편하였다. 그리고 이상룡을 독판에, 여준을 부독판에, 그리고 지청천을 사령관에 임명하였다. 소요되는 군자금은 주로 지역 내 한인들로부터 갹출하거나 국내로 잠입하여 모금하였다.

군정서의 첫 사업은 신흥학교를 무관학교로 개편하여 독립군 간부를 양성하고 독립군을 조직하는 일이었다.

부민단에서 경영하던 신흥학교는 서로군정서 산하로 들어가면서 1919년 5월 3일(음력) '신흥무관학교'로 정식 개교되었다. 신흥무관학교는 3.1운동 영향으로 학교를 찾아오는 청년들이 넘쳐나자 합니하에서 한국인이 많이 거주하고 교통이 편리한 유하현 고산자 하동 대두자로 이전해 개교하였다.

개교된 신흥무관학교는 교장에 이세영, 연성대장에 지청천, 교관에 오광선, 신팔균, 김경천 등을 선임하였다.

신흥학교 설립자 중 한 명이면서 당시 상하이에 있던 이시영의 추천으로 만주에 온 철기는 한족회 학무부장 김규식을 통해 신흥무관학교 교관으로 임명되었다.

그 당시 신흥무관학교 개교 소식은 국내는 물론이고 당시 만주 일대에 흩어져 있던 한인 청년들에게 큰 희망이 되었다. 일본 육사를 나온 김경천이나 지청천[7]이 일본군을 탈출하여 합류했다는 사실과, 중국 윈난군관학교를 나온 이범석이 합류하였다는 소식은 그들의 입학 열을 크게 자극하였다.

신흥무관학교 교관 시절의 열정과 좌절

독립을 위한 무장투쟁을 준비하던 선각자들은 최우선 과업 중 하나가 무장투쟁을 몸으로 지도해 나갈 무관 양성임을 자각하였다. 지나치게 문관 우대에 치우쳤던 조선왕조가 망하고 나서야 무인 양성의 중요성에 눈이 뜬 것이다. 당시를 보면 신흥무관학교 외에도 상하이나 만주, 연해주에 여러 이름과 형태의 무관학교가 존재하였다.

대표적인 것이 1919년 상하이 임시정부가 설립하였던 임시정

---

7) 김경천은 일본 육사 23기, 지청천은 일본 육사 26기생으로, 이들은 1919년 일본 도쿄에서의 2.8 독립선언을 계기로 일본군을 이탈하여 망명하기로 계획하고, 1919년 6월 함께 만주로 망명하였다.

부 무관학교였다. 비록 3개 기수 배출 후 재정난으로 문을 닫았지만 임시정부를 대한민국 뿌리로 하는 우리의 정통성을 고려한다면 이 학교는 근대 사관학교의 기원이라는 무시할 수 없는 역사성이 있다.

그 이전에는 1910년 안창호와 조성환 등 신민회에서 소만 국경도시 밀산지역에 세웠던 '밀산무관학교', 1919년 청산리전투의 주역들을 배출한 왕청현 십리평의 '북로군정서 사관연성소', 그리고 청산리전투 이후인 1925년 대한군정서와 대한독립군단이 통합하여 만든 신민부가 북만주 목릉현에 세웠던 '성동사관학교' 등에서 무수한 독립군 간부들이 양성되었다.

철기의 신흥무관학교에서의 활동 기간은 6개월 정도로 그리 길지 않았다. 그러나 많은 것을 배우는 시간이기도 하였다. 실패를 통해 경험도 쌓게 되었다.

신흥무관학교에서 철기는 독립군 양성이라는 교관 일을 기본적으로 하면서, 특별히 교성대라는 유격대를 조직하여 조국 땅으로 잠입해 습격과 교란활동으로 기미만세운동의 기세를 이어가는 특별공작을 주도하게 되었다.

교관으로서 자신의 가슴에 담은 그 뜻과 갖고 있는 군사지식을 후배들에게 전수하며 윈난군관학교에서 연마한 실력을 유감없이 발휘하였다. 그러면서 교성대 특수작전의 추진과 좌절을 통해 망국의 백성으로 타국에서의 무장독립투쟁이 얼마나 어려운 것인지 절감하고, 그러면서 본인만의 군사지도자상을 갖춰나갔다.

신흥무관학교는 하사관반 3개월, 장교반 6개월, 속성 특별반 1개월 과정을 두었는데, 국내외에서 많은 청년들이 독립군이 되고자 이 학교를 찾아왔다.

훈련과 교육여건 면에서 철기가 본 신흥무관학교는 말이 무관학교지 모든 면에서 부족한 상태였다. 제대로 갖추자면 우선 자금이 있어야 했다. 그러나 나라 없는 백성으로 오직 서간도 일대 농촌의 여러 독지가들의 금전적 지원에 기반하였으니 지원에 한계가 있을 수밖에 없었다.

그야말로 적수공권이었다고 철기는 회상하였다. 하지만 망국 백성의 나라를 되찾기 위한 사업에 만족스러운 여건이 어디 있었겠는가? 오직 의지와 열성 하나로 모든 어려움을 극복해 나갈 수밖에 없었다.

본디 군사학이란 맨주먹만으로 되는 것이 아니다. 우선 가장 중요한 총과 탄약이 있어야 했다. 또 생산활동을 하는 것이 아니니 급식도 제공해 주어야 했다. 모든 것이 부족했다. 그러나 다른 데 가도 더 나은 곳이 없으니 운명이라 생각하고 마음을 잡고 훈련을 시키니 학생들은 열심히 따라왔다.

장비는 거의 없고 총은 목총으로 대신하였다. 사격훈련은 있을 수가 없었고 학과는 교범이 있는 것이 아니고 등사판으로 밀어낸 중국이나 일본군 군사학 자료를 가지고 교육하였다.

급식은 급식이라고 할 수도 없는 수준이었다. 중국인이 농사 후 수거를 마친 밭에서 가져온 얼어터진 무우와 맨 소금으로 끓인 국이 유일한 부식이었고, 성치 않은 질 낮은 좁쌀 등의 급식이 제공되었다.

이런 것을 먹으면서 학과와 술과를 합해 매일 16시간을 훈련했고 정신교육과 내무교육에도 치중하였다. 영양학적으로 기적에 가까울 정도의 상태에서 오직 독립군으로서의 의지 하나로 활동하였다.

그 힘의 첫째는 이시영 선생이나 김동삼 선생 같은 훌륭한 인격자들의 감화였으며, 둘째는 국내에서 3.1운동을 하다 적수공권으로 일제를 피해 탈출한 혁명정신이었고, 무엇보다 셋째는 교관들의 순수한 정신과 솔선수범 노력에 기반하였다고 철기는 회상하였다.

그러나 정신교육만큼은 어느 강국 군대 못지않게 시켜서 그 군기와 풍기만큼은 나무랄 데 없이 훈련되었다.

여기서 철기는 군사훈련 이치 하나를 깨달았다. 하나는, 군기교육은 어떤 법적 제재나 국가의 권위를 가지고 실시해야 하는 것이 아니라 각자의 자각과 자율, 높은 이상과 깊은 신념이 서야 한다는 것, 그리고 다른 하나는, 상식적인 것이지만 남을 거느리는 사람은 이신작칙(以身作則), 즉 내가 먼저 몸으로 모범을 보여 남이 그것을 규범으로 따라오게 한다는, 요즘 말하는 솔선수범을 해야 한다는 것이다. 이 두 가지가 지도자의 역량을 결정적으로 좌우함을 깨닫고 신념화하였다.

사례를 하나 이야기한다. 일본육사 출신 교관들은 군사기술적 부분은 우수하였으나 때에 따라 간부훈련생들을 구타하는 방식을 사용하였다. 철기는 혁명간부 동지들은 계발적인 교육을 해야 하며 인격의 존중이 중요하다고 하였다. 자주 갈등이 있었지만 나중에 모든 교관들이 철기의 주장에 동조하고 교육방식을 바꾸었다.

여기서 우리도 아직까지 우리 한국군에 일제 잔재의 훈련방식은 남아 있지 않은지 돌이켜 보아야 한다. 지금 한국군이 독립군·광복군 전통을 계승하는 사업을 역점적으로 추진하고 있는데 그 목적 면에서 역사 잇기 측면을 떠나 문화 바로세우기도 반드시 병행하여야 한다.

아직도 우리 군에 잔재한 일제 군국주의문화의 하나인 구타나 가혹행위, 지나치게 강압적인 조직문화, 정치지향적 문화 등을 척결하고 순수한 애국심을 바탕으로 자발적으로 법과 규정에 복종하는 건전한 시민정신에 입각한 자유민주군대 문화를 강화해야 한다는 것이다. 그것이 진정한 독립이요 광복이다. 그러려면 철기의 말대로 고급 간부들의 인격적 감화와 그들의 애국심과 희생정신, 그리고 순수함과 솔선수범 등이 반드시 전제되어야 할 것이다.

서로군정서는 1920년 기미만세운동 1주년을 맞이하여 특별 국내 진공작전을 준비하였다. 그 작전 추진 책임이 철기에게 떨어졌다. 철기가 교성대[8]를 조직하여 국내로 진입, 혜산진 등을 공격해

---

8) 무관학교 졸업생 중 우수한 자들로 편성하는 특별 정예부대를 말한다.

제2의 3.1운동을 일으키고자 하는 계획의 책임자가 된 것이다.

시작은 5만 원이라는 거금의 군자금이 상하이에 도착하는 것에서 비롯되었다. 국내 대구의 유명한 부자 장길상9)씨가 독립운동에 효과적으로 써달라는 부탁과 함께 돈 5만 원을 상하이 임시정부로 보냈다는 정보가 서로군정서에 입수되었다.

김동삼 선생 등 군정서 간부들이 모여 회의하기를 상하이에 도착해 있는 그 돈을 임시정부가 쓰기 전에 어떻게 하든지 서로군정서 군사활동에 사용할 수 있도록 끌어 와야 한다고 의견을 모았다. 설득작업의 대표로 지청천 교관을 보내기로 하였다.

이때 철기는 상하이에 남아 있던 윈난군관학교 동기였던 배천택(또는 배달무)을 떠올렸다. 군관학교 시절 듬직하고 신의가 있었던 배천택을 생각해 내고는 그로 하여금 임시정부를 설득하는 데 동참시키고 또 그가 그 돈을 가지고 서간도로 오게 하는 방책을 건의하고 내락을 받았다.

예상한 대로 상하이에서는 그 돈의 용처를 가지고 각축전이 벌어지고 있었다. 돈의 액수도 그렇지만, 앞으로도 그만한 자금이 또 그렇게 획득될 수 있을지도 불확실하였기에 그 돈을 잡으려는 움직임이 많았던 것이다.

하지만 당시 임시정부 재정부장이자 신흥무관학교 창설자 중 한 분이었던 성재 이시영 선생이 이 돈을 만주의 무장투쟁에 써

---

9) 자유당 시절 정치인 창랑 장택상 선생의 친형을 말한다.

야 한다고 힘을 보탰다.

"내가 임정 재정부장으로 한마디 하겠소. 모두 잘 알겠지만 현재 임정의 재정상태가 굉장히 열악하오. 누구보다도 이 돈을 임정에서 사용하기를 바라는 게 나일 거요. 하지만 나는 그리 주장하지 못하오. 왜냐하면 만주에서 무장투쟁하는 동지들을 생각하면 가슴이 미어지듯 하기 때문이오. 그들은 우리보다 훨씬 더 열악한 가운데 목숨을 걸고 있소이다. 이 돈을 그리로 보내 무장투쟁하는 동지들을 위해 씁시다."

당시 임정 재정부장으로서 임정의 재정적 어려움을 누구보다 잘 아는 성재 선생의 용단이 대단하였다. 그리고 철기의 추천대로 배천택 동지가 그 돈을 가지고 서로군정서에 도착했다. 철기는 서로군정서에 가담한 지 얼마 안 되었지만, 거액의 군자금이 들어오는 데 일조하였기에 위상이 높아지고 일 처리 실력도 인정받았다.

그래서 이듬해 경신년 기미만세운동 1주년에 즈음한 서로군정서가 도모하는 국내진공 결사대 공작에서 그가 중책을 맡을 수 있게 된 것이다. 결사대장이자 훈련 총괄책임자다. 철기의 첫 데뷔작이었다.

135명의 완편 중대를 편성하고 인원을 선발하였다. 신흥무관학교 출신 최정예 자원들이었다. 소대장으로 오광선, 한호, 김승빈 세 사람을 선발하였다.

당시 신흥무관학교에는 무기가 없었다. 따라서 무기를 사들여

대원들을 무장시키는 것이 급선무였다. 군정서는 무기 구입을 위해 일본육사 출신 김경천을 시베리아로 파견하였다.

그때는 러시아혁명 와중으로 시베리아에는 적계 러시아군에 대항하던 백계 러시아 군대뿐만 아니라, 유럽의 동부전선을 이탈하기 위해 움직이던 체코군과 이들을 지원하기 위해 시베리아로 파견되어 왔던 다국적연합군(미·일·영·불·이·캐나다·중국)이 진주해 있었다. 그 넓은 지역에 무기는 지천으로 널려 있었다. 혁명 와중이라 통제는 거의 불가능하였던 반면에 소요는 많아 돈만 있으면 쉽게 1개 내지 2개 연대 정도를 무장시킬 수 있었다.

지청천은 상하이에 남아 임정과 군정서 간의 연락과 대외선전을 담당하고, 신팔균은 압록강 접경지역의 독립운동단체와의 접촉을 담당하였다. 돈은 배천택 동지가 산성자 해룡현 은행에 맡겼다.

철기는 온 역량을 쏟아부어 결사대를 양성하였다. 결사대는 선도 및 차단조, 공격조 1~2개, 지원조 및 본부로 구성했다. 철기는 부대원 하나하나를 가정상황, 교우상태, 성격까지 분류하여 세밀히 관찰했다. 히포크라테스의 4대 기질론에 입각하여 다혈질, 담즙질, 점액질, 우울질 등 사람의 기질별로 임무를 부여하고 각 개인마다 쓸 곳을 설정하여 눈으로 보면서 훈련상태를 기록, 분류, 조직하고 훈련시켰다. 첫 임무에 군관학교에서 3년간 배운 모든 것을 적용하는 데 혼신의 힘을 다한 것이다.

계획과 준비는 완벽했고, 무기가 도착하여 무장시키는 것만 남았다.

그러나 아직 시기가 아니었던가? 무기를 구매하러 갔던 김경천이 끝내 돌아오지 않았다.[10]

---

10) 김경천은 1888년에 태어났다. 본명이 김광서로 함경남도 북청의 무관집안 후예다. 일찍이 구 한말 무관으로 일본 유학을 하였던 부친의 영향으로 일본 육군 중앙유년학교를 거쳐 1911년 일본 육사 23기 기병과를 수석 졸업했다. 이후 기병장교로 복무하던 중 1919년 3.1만세 운동 직후인 6월 일본 육사 3년 후배인 지청천과 함께 일본군에서 탈출하여 독립군으로 넘어왔다. 하지만 그는 신흥무관학교 교관 시절 갑자기 사라져 많은 의문을 자아내게 하였다. 후에 발견된 그의 일기 '경천아일록'의 1919년 8월자의 내용으로 신흥무관학교 내의 파벌을 한탄하는 글로 보아 그와 연관 있거나, 일부에서 말하듯 시베리아에서 목도한 일제 시베리아 출병군의 탄압과 마적단 노략질로 고통을 당하고 있던 한인 이주민 실상을 보고 이들을 도와주기 위해 남았다는 이야기가 전해진다. 하지만 연유야 어떻든 간에 그는 시베리아로 간 후 러시아령 연해주 스찬(한자음 수창. 현 지명 파르티잔스크)지방에서 한인 청년들을 규합하여 '수청고려의병대'를 조직하여 현지 한국인 이주민들을 억압하는 일본군이나 마적들을 상대로 전설적인 빨치산 활동을 펼쳤다. 이때, 그의 초명이 김일성이고 기병 출신으로 주로 말을 타고 활동을 하였기에 그가 북한 김일성이 도용한 '백마탄 김일성'의 원조로 알려져 있다. 1925년경부터 항일무장투쟁 일선에서 사라진 그는 일본 육사 졸업이 결국 족쇄가 되어 소련 공산당으로부터 2번이나 체포되어 복역하다가 결국 1942년 북시베리아 철도 공사장 수용소에서 옥사하였다. 만약 그가 그때 신흥무관학교 교관으로 무기를 구입하여 돌아왔으면 이후 청산리전투에도 참가했을 가능성이 높았고(청산리전투에서 서로군정서 병력은 총이 없었기에 단지 백두산 기슭에 은거해 있다가 일본군 포위망을 뚫고 탈출한 홍범도 연합부대로부터 총을 지원받게 된다), 대한민국 독립 및 광복운동의 큰 인물 중 하나로 자리 매김하였을 텐데 대단히 아쉬운 장면이다. 김경천과 같이 일본군에서 탈출하였던 일본 육사 3년 후배 지청천이 광복군 총사령관으로 광복 운동을 한 것과 비교하면 더욱 그렇다. 대한민국 정부는 김경천에게 건국훈장을 수여하였다.

각자 임무를 맡아 각지로 파견하였던 동지들이 난관에 부딪혀 목적한 바를 이루지 못하고 경신년 3월 1일을 그대로 보내야 한다는 안타까움에 철기는 낙망하였다.

더군다나 윈난군관학교 동기인 배천택 동지가 은행에서 돈을 찾아오다가 마적의 습격에 산속으로 도주하여 전전하다가 동상에 걸려 발의 1/3을 절단하는 손상을 입는 참사도 발생하였다.

설상가상으로 5만 원의 군자금도 어느새 대부분 눈 녹듯이 소모되고 말았다는 말에 심한 분노와 좌절감도 느꼈다.

좌절과 책임감으로 번뇌하던 철기는 젊은 혈기를 참지 못하고 아편가루 2온스를 독한 배갈에 타 단숨에 들이켰다. 음독이었다. 다행히 이에리사라는 여간호원이 조기 발견하여 응급처치를 한 결과 생명을 건졌다.

바로 이때 철기에게 새로운 길이 열렸다. 그 해 3월 하순경 북로군정서 김좌진 장군이 철기를 '콕' 집어 북로군정서로 보내달라고 공식문서로 요청하였다. 서로군정서는 군사간부가 많지만 지형적으로 북로군정서만큼 무장투쟁에 유리하지 않아 아까운 인재들이 유휴화될 수 있으므로 우선 '이범석'을 보내달라고 요청한 것이다.

김동삼 선생 등은 철기를 아꼈으면서도, 한편으로 애물단지였다. 철기는 성격이 급하고 과격했고 자기주장이 강했다.

북만주행 소식을 들은 철기는 내면으로 뛸 듯이 기뻐했다. 좋게 말하면 선발이요 뒤집어 말하면 방출이다. 그러나 그게 중요한 것은 아니었다. 뜻이 있는지가 첫째요, 그 뜻을 알아주는 사람이 있는지가 둘째다. 순응하고 타협만 하면 그저 그런 사람일 뿐이다.

북로군정서 정예독립군 양성

북로군정서 사관연성소에서 철기는 물 만난 고기였다. 윈난군관학교 수학과 신흥무관학교 교관 경험을 바탕으로 한 가운데 김좌진 장군의 전폭적인 신임 아래 앞으로 있을 청산리전투의 300 용사들을 훈련시켰다.

북로군정서는 길림성 왕청현 서대파에 본영이 있었고 사관연성소는 본영에서 20여 리 오지로 깊숙이 들어가 울창한 밀림지대의 한가운데인 십리평에 자리잡고 있었다.

연성소에 제1차로 입학한 사관훈련생들은 60여 명 정도의 명동학교[11] 재학생 또는 졸업생들이었다. 그러나 시간이 갈수록 명동학교 졸업생들뿐만 아니라 국내에서 북간도로 건너온 많은 한인 청년들이 사관생도로 들어와 1920년 3월 무렵에는 300여 명의 사관 훈련생들이 군사훈련을 받았다.

---

11) 1908년 화룡현 명동촌에 설립된 한국 민족교육기관이다. 1925년 일제 압력에 의해 폐교될 때까지 시인 윤동주 등 천여 명의 애국 청년들을 교육하였다. 이들 졸업생 중 상당수가 만주의 무장투쟁요원으로 변신하였다.

사관 연성소장은 대한군정서의 사령관인 김좌진이 겸직하였고, 철기는 본부 교수부장으로 교육과 군사훈련의 실무책임을 맡았다. 그리고 신흥무관학교 졸업생 이장녕은 학도단장으로, 그 외에 김규식, 김홍국, 최상운 등이 교관이었다.

군사학과 총검술을 주된 교과목으로 하였고, 「보병조전」, 「축성교범」, 「군대내무서」, 「야외요무령」 등이 교재로 쓰였다.

강도 높은 훈련 끝에 1920년 9월 9일, 사관연성소의 제1회 졸업식이 거행되어 289명의 사관후보생들이 배출되었다. 9월 12일에는 이들 졸업생을 중심으로 본대인 대한군정서 사령부에 새로이 보병대대를 편성하였다.

독립군이 무장투쟁을 벌이기 위해서는 무엇보다도 총기류와 탄약이 필수였으나 신흥무관학교 사례처럼 그것은 쉬운 일이 아니었다.

당시 북로군정서는 주로 러시아로부터 무기를 구입하였는데, 일·중 군경이 엄중히 경계하고 수색하는 바람에 무기획득과 운반이 여간 어려운 것이 아니었다. 그러던 차에 시베리아로부터 철수하는 체코군의 무기를 입수할 수 있다는 정보가 입수되었다.

북로군정서, 체코군단으로부터 막대한 무기와 탄약을 획득하다

체코군이 시베리아에 있게 된 경위는 매우 복잡하였다. 1차세계대전이 막바지에 이른 1917년 10월, 러시아에서는 볼셰비키혁명이 발생하였다. 이 볼셰비키 적군에 대항해 구 러시아를 지지하는 백군이 우랄산맥 이서지역뿐만 아니라 시베리아 일대에서도 봉기하였다. 한국독립운동사에 큰 영향을 주었던 시베리아 내전이다.

바로 이때 전혀 예상치 않은 일단의 군대가 움직였다. 체코군이 동부 유럽전선에서 이탈하여 시베리아로 몰려들어 온 것이었다. 당시 러시아에는 1차세계대전 때 독일·오스트리아 동맹군으로 참전했다가 포로가 된 체코 병사들이 많았다. 이들을 포함하여 전쟁 이전부터 러시아에 살고 있던 체코인들이 연합군측에 가담하여 오스트리아와 싸워 독립을 얻겠다고 러시아군의 지원 아래 의용군을 편성하였다. 그 병력은 5만 명 정도였고 1개 군단을 창설해 키예프 근처로 배치되었다.

이후 러시아가 독일과 단독강화를 하자 종전 후 승전국 대열에 동참하기 위해서는 유럽 전선에서 전투를 계속해야 함을 인식한 체코군단은 1918년 4월부터 시베리아를 횡단해 블라디보스톡으로 이동하였다. 아시아 대륙을 해안선을 따라 배를 타고 남쪽으로 돌아 수에즈 운하를 거쳐 유럽전선으로 가는, 지구 반 바퀴를 돌아가는 행로이다.[12]

5만여 명이라는 대규모 군대가 단일 철로로 이동하였기에 키예프로부터 블라디보스톡에 이르는 시베리아 횡단철도 연변에는 온통 체코군들이 늘어섰다.

---

12) 당시 서부전선으로 가는 육로는 전쟁으로 막혀 있었다.

그러던 중에, 러시아혁명 2인자 트로츠키가 체코군대를 반혁명세력으로 선포하고 무장해제를 명령하자 이를 거부한 체코군단이 봉기하였다. 그리고 이 체코군단을 보호하기 위해 미·일·영 등 다국적 연합군이 출병하였다.

그러는 도중인 1918년 11월, 1차대전이 종전되고 체코공화국이 독립하는 상황에 맞춰 시베리아 체코군단은 모두 유럽으로 귀환하게 되었다. 이들은 무장귀국이 의미가 없게 되자 러시아가 주로 지원했던 무기들을 어떻게 처리해야 할 것인가를 고민하게 되었다.

체코군과의 무기구매 교섭은 당시 북로군정서 군무부장이었던 청사 조성환 선생이 담당하였다. 교섭은 성공적으로 진행되었다. 철기가 북로군정서에 도착한 지 한 달 정도 지난 6월, 철기는 갑자기 블라디보스톡으로 이동하여 조성환 선생을 도우라는 지시를 받았다.

철기는 사관연성소 생도 8명과 함께 블라디보스톡으로 건너가, 일본군의 감시를 피해 중국인 집에서 가이다 장군과 접촉하는 조성환 선생의 협상에 배석하였다. 여기서 가이다 장군은 한인독립군 제안에 흔쾌히 동의하였다.

"우리도 한국과 비슷한 입장이므로 무엇으로라도 도와주어야겠다고 생각하오. 당신네들을 도와주지 않으면 누구를 도와주겠소?
다만 나의 처지로는 공개적으로 도울 수 있는 입장이 아니니 아주 은밀하게 우리 무기 일부분을 넘겨주겠소."

장비세목에 대해서도 크게 망설임이 없었다. 합의한 소총 한 자루 가격은 불과 7원이었다. 거의 헐값이었다.

남은 것은 무기 운반이었다. 의논 끝에 '인간 사다리'를 만들어 릴레이식으로 약 5백 리 길을 연결하는 방식을 채택하기로 하였다.

우선 전체 노정을 여러 구간으로 나눠 놓은 다음, 수 개의 운반대를 조직하였다. 먼저 한 운반대가 맡은 지역으로 무기를 운반해 놓으면, 다음 운반대가 인계받아 그 다음 지역까지 운반하는 것을 반복하는 것이었다.

2차례에 걸쳐 운반하기 위하여 전체를 2개 제대로 나누었다. 1개 제대는 1백 50명 가량으로 하고 이를 세부적으로 30여 개 무장운반대로 나누었다. 군정서 자치구역 속에서 청장년들을 동원하는 데 이틀이 안 걸렸다. 그들은 이 동원에 대해 원망은커녕 자발적으로 나서는 뜨거운 애국심을 보였다.

무장운반대가 처음 출발할 때 가지고 떠난 물건은 가능한 한 많은 양의 먹을 양식과 취사도구였다. 무장운반대는 각각 구획된 장소에 도착해서 생활하며 무기운반 준비를 했다. 산비탈을 파서 막을 짓고 그 안에 온돌을 깔았다. 그 안에서 간단한 취사도구로 밥을 지어 먹으면서, 앞의 운반대에서 무기가 운송되어 오면 그것을 받아 자기가 맡은 구역 다음의 구역으로 넘길 수 있는 준비를 하였다.

1차로 동원된 30여 개의 무장운반대에 이어, 2차로 10일 후에 교대할 예비 인원을 조직, 대비시켜 두었다. 도중에 마적의 습격을 받을 염려도 있었기에 중간 중간 북로군정서 독립군들이 주둔하여 경계를 제공하였다.

거의 영화 같은 이야기다. 북로군정서를 지원하는 북간도지역 한국인들 모두의 헌신으로 인류역사상 보기 드문 비밀 무기운반 드라마가 1920년 7월과 8월에 북만주에서 만들어진 것이다. 청산리전투 발발 불과 약 2개월 전이다.

기가 막힌 타이밍이었다. 임진왜란 발발 바로 직전에 거북선의 화포시험을 마쳤다는 충무공의 난중일기 기록이 떠오른다.
역사적 위업에는 천시(天時)가 따라야 함을 입증하는 또 하나의 사례다.

아무 보수도 없이 일제 밀정과 마적들을 피하면서 북만주 삭풍을 이겨내어 나라를 다시 찾는 데 조금이라도 힘을 보태겠다는 망국 백성들의 눈물겨운 애국심이 결정적인 몫을 하였다. 여기에 간도와 연해주에 거주하는 한인 이주민들의 물질적 지원도 결정적이었다고 역사는 기록하고 있다.

무기는 총액 19만 원 가량[13])으로 구입하였지만, 워낙 싼 가격이었기에 북로군정서 전 장병들을 무장시킬 수 있었다. 북로군정

---

13) 당시 무기구입 자금은 간도와 연해주의 한인 이주민들로부터 현금 또는 금붙이 등이 주로 지원되었다. 그 예로 체코 중고시장에 한국제로 보이는 금수저, 은비녀, 요강 등이 나오곤 하였는데, 학자들은 요강에 금붙이 등을 담아 전달하였다고 해석한다.

서가 체코군으로부터 비밀리에 구매한 무기는 소총 1,200여 정, 기관총 2정, 박격포 2문, 탄약 80여 만 발, 그리고 다량의 수류탄과 권총들이었다. 특별히 탄약을 많이 구입하려 하였기에 그 수량이 엄청 많았다. 소총 1정에 평균 6, 7백 발에 이를 정도였다.

이제 무장이 되었으니 남은 것은 실력을 발휘하는 것뿐이었다. 철기의 가슴속에는 무장을 제대로 갖춘 군대의 지휘관으로서 뿌듯함과 함께 일제 군대를 쳐부수겠다는 애국심이 가슴 속 저 깊은 곳에서 파도처럼 일어났다.

청산리전역

　　청산리전역이란 1920년 10월 21일부터 26일까지 6일간 간도 청산리일대에서 벌어진 한인독립군의 북로군정서와 홍범도연합부대가 일제 '간도침공부대'와 벌인 10여 차례의 대소전투를 묶어서 말하는 것이다. 정확히는 북로군정서가 일제 주력부대인 히가시지대의 주력 기동타격부대인 가노 기병연대와 야마다 보병연대를 상대로 3차례의 대규모 전투와 4차례의 소규모 전투를 하였고, 홍범도연합부대는 중대급 히가시지대 예비대 및 지역담당 1개 대대와 각 3차례의 소규모 전투를 하였다. 북로군정서의 모든 주력전투에서 연성대장으로 전투현장을 지휘하였던 철기는 이를 '청산리혈전' 또는 '청산리대첩'이라고 표현하였다.

<부도 1> '일자별 청산리전역 흐름도' 참조

※ 청산리전역은 군사적 관점에서 회전(會戰) 형식의 전역(戰役, Campaign)이다. 회전인 이유는 양개 부대가 전선을 이루다 공방을 벌이다 전투한 것이 아니라, 특정 장소에 모여 전투했기 때문이다.

또 6일간의 작전기간, 사단규모 대 사단규모의 전투, 서로 다른 10여회 전투의 연결 등을 고려시 단순 전투라는 협소한 명칭으로는 전체 의미를 전달하지 못한다.

따라서 군사적으로는 전역이라는 명칭이 적합하며, 이 경우 삼둔자, 봉오동전투는 청산리전역의 전초전 성격이다.

전투는 청산리의 백운평전투로부터 시작하여 한인독립군이 일제 토벌대의 포위망을 벗어나 안전지역으로 철수한 것으로 종결되었다. 그 뒤 일제의 가혹한 복수와 탄압으로 나타난 것이 간도대학살, 또는 경신대참변이다.

이 전투는 한마디로 한국인의 국토와 국권회복을 위해 거세게 타오르던 독립전쟁 의지와 일제 대륙침략의 전초로 만주지역 영향력 확대를 위한 소위 '간도지역 불령선인 초토' 음모가 전면적으로 충돌한 사건이었다.

한국 독립전쟁사의 '가장 큰 승리의 봉우리'이자 군인 철기에게는 일생 최대의 영광의 순간이다. 군인의 길을 걷기 시작해 벌였던 첫 전투가 최대 영광의 순간이 되었다. 모든 군인의 로망이다.

이 전투의 연원은 몹시 깊다. 일제의 팽창주의가 러시아혁명과 내전, 중국 동북 군벌의 친일야합 등이 대한민국 무장독립투쟁과 상호작용하는 가운데 니콜라예프스키 사건 - 블라디보스톡 신한촌참변 - 봉오동전투 - 혼춘사건 - 청산리전역 자유시참변이 짧게 길게 서로 연결된다.

일제의 만주 장악 기도

일제는 한반도 강제병탄 후 만주와 몽고지역으로 소위 일제 그들의 '생명적 이익권' 확장을 기도하였다. 러일전쟁 당시의 이익권은 한반도까지였으나 이제는 한걸음 더 나아간 것이다. 특히 만주는 중국내륙으로 들어가기 위한 발판이자, 이 지역의 엄청난 콩이나 수수, 탄광과 산림자원 등은 미구에 발생할 것으로 예상

된 중·러·미·영과 전쟁을 위한 필수적인 병참기지였다.

일제가 만·몽을 그들의 '이익선'이라고 지칭하기 시작한 것은 1930년부터였다. 그러나 그 유래는 더 오래되었다. 먼저, 메이지 시대는 한반도를 병탄하기 위해 청일, 러일전쟁을 일으켰다. 이어진 다이쇼시대는 산둥반도를 집어삼키기 위해 1차대전에 참가하였다. 아직 만주에는 관심이 없는 듯 보였다.

그러나 1907년, 일제는 이미 만주의 북쪽은 러시아가, 남쪽은 일본의 세력권으로 한다는 '제1차 러일협약' 비밀조항을 체결하였다. 1912년 '제3차 러일협약' 비밀조항에는 중국 수도 베이징을 통과하는 그리니치 동경 116도 27분을 기준으로 만주와 내몽고를 포함한 동쪽은 일본이, 서쪽은 러시아의 세력 범위로 한다는 내용을 두었다. 이미 일제는 만주를 이익권으로 보고 있었던 것이다.

러일전쟁 직후, 일본은 가상적국을 설정하여 전쟁준비를 하는 '제국국방방침'을 설정하였다. 1907년 최초 제정된 '제국국방방침'의 가상적국 우선순위는 러시아 – 미국 – 독일 순이었고, 1918년 1차 개정 때는 러시아 – 미국 – 중국 순이었다. 러시아는 부동의 우선순위 1번이었다.

러시아에 대해 주도권을 가지려면 만주지역 장악이 필수였다. 일제는 중국영토를 강제 할양할 때는 러시아와 협조하는 척하면서, 실제는 그와의 전쟁에 대비하여 만주를 세력권으로 하는 데 여념이 없었던 것이다. 만주에는 일찍부터 섬나라 일본의 사활적

이익이 걸려 있었다.

1919년, 일제는 러일전쟁 이래 점령하던 랴오뚱(遼東)반도의 관동군을 확대 개편하여 '관동군사령부'로 승격시켜 만주지역 장악의 군사기반을 강화하였다.

한편, 시베리아내전 시 체코군대를 보호할 목적으로 다국적 연합군이 출동하자 일제는 이때다 싶어 1918년 8월 1일 오오타니 기꾸조(大谷喜久藏) 대장을 사령관으로 8개 사단, 7만여 명이라는 대규모 병력을 조직하여 시베리아로 출병시켰다. 일제 시베리아 출병군은 바이칼호 서쪽 이르쿠츠크까지 깊숙이 진출하여, 시베리아에 대한 영향력을 극대화하려 하였다.

일제는 체코군과 다국적 연합군이 모두 철수한 뒤에도 시베리아에 대한 욕심과 러시아 공산혁명의 중국과 한국에 대한 영향을 두려워하여 철병하지 않았다.

목적 없이 무의미하게 연해주에 군대가 주둔하니 적색 빨치산의 공격 대상이 될 수밖에 없었고, 연해주의 개방된 유럽식 문화에 노출된 일본군은 염군사상 발생 등 군기와 사기가 땅에 떨어지게 되었다. 특히 성병이 유행하여 전체 병력의 10% 가까이 피해를 입었다는 기록이 있었다. 일제에게는 군대 주둔 명분과 상황을 반전시킬 대책이 필요했다.

당시 만주의 주인으로 동3성 순열사였던 장줘린의 관심은 오로지 중원으로의 진출이었다. 당시는 중국 군벌 간의 대표적 전쟁이었던 안직전쟁14) 직후로 장쭤린은 직예파와 한판승부를 준비하고 있었고, 이를 위하여 장쭤린은 비밀리에 일제와 야합하였다.

한편, 중국 중앙의 베이징정부는 일본과 함께 1918년 소비에트혁명군의 극동 진출을 차단하기 위해 공동방위한다는 '중일공동방적협정'이라는 비밀군사협정을 맺었다. 이 협정으로 북만주, 동내몽고, 시베리아 동부 극동 러시아령지역은 일본군 작전구역으로 인정되어 이 구역 내에서는 일본군이 중국군을 통제할 수 있게 되었다. 이는 결과적으로 일제가 중국과 큰 충돌 없이 간도에서 한국 독립군들을 토벌할 수 있는 여건이 되었다.

러시아혁명의 극동지역 영향

일제의 가상적국 1번인 러시아의 전통적인 남진정책과 함께 새로이 나타난 공산주의 물결은 한국 독립투쟁에 지대한 영향요소로 나타나게 되었다.

제정러시아 이래로 러시아의 동방정책과 아울러 부동항을 획득하기 위한 남진정책의 주요 대상지역은 만주와 연해주였다. 비록 러일전쟁 패전이라는 불의의 일격으로 랴오뚱반도를 일본에게 빼앗기기는 하였으나 끊임없이 만주지역에 대한 진출을 시도하고 있었다.

---

14) 1920년 7월 직예군벌 우페이푸(吳佩孚)가 안휘군벌 돤취루이(段棋瑞)를 꺾은 전쟁

러시아 영토를 가르는 시베리아 횡단철로에 이어, 만주 북방을 지나는 중등철로를 추가 가설하여 몽고 - 북만주 하얼빈 - 블라디보스톡을 연결시킴으로써 북만주 일대를 러시아 세력권 아래 두었다. 그리고 다시 하얼빈 - 려순항 간 중등철도 남부지선(만철)을 가설하여 그 철로에 인접한 지역 일대를 자국 영향권 아래 두려 하였다.

한편, 전통적인 러시아 남진정책과 괘를 같이하는 볼셰비키혁명의 물결은 중·일을 자극하였다. 공산혁명이 중국과 한국인들에게 미칠 것을 우려한 중·일은 '공동방적군사협정'을 맺었다.

이러한 중·일의 공동방적군사협력은 역설적으로 한국 독립운동가들 일부에게 공산주의를 새로운 의지세력으로 인식하게 하면서, 일제에게 한인독립군을 제거하려는 또 하나의 이유로 작용하게 되었다.

반일 공동전선 차원에서 공산주의를 이용 또는 의지하거나, 계급투쟁 그 자체에 매료된 세력도 나타났다.

이 공산주의 영향은 향후 한국독립운동에 큰 갈등요소로 작용하였다. 공산주의사상의 침투는 상하이 임시정부를 분열시켰을 뿐 아니라, 청산리전역 후 일제를 패퇴시킨 독립군이 동족에게 자멸당하는 자유시참변의 원인이 되었다. 그 괴물로 인한 분열이 아직도 우리 앞에 남아 있는 것이다.

한인독립군의 무장투쟁 격화와 일제의 대응

1920년 전후 한국인의 항일무장투쟁은 더욱 격화되고 있었다. 특히, 연해주와 만주 일대의 50여 개 항일무장단체의 집요한 국내 진공작전은 일제의 한반도 식민정책과 향후의 만주 진출에 큰 가시였다.

청산리전역이 일어난 1920년만 해도 연인원 4천 6백여 명의 독립군이 1천 6백여 회에 달하는 국내 진공작전을 전개하여 경찰서와 관공서 공격, 일제부역자 처단, 군자금 모집활동 등을 하였다. 또한 상하이 임시정부의 출현으로 일제는 한국독립투쟁의 상승작용을 염려하지 않을 수 없었다.

일제는 우선 국경수비를 강화하고, 독립군을 탄압하기 위하여 국경지역에 군사 및 경찰 경비력을 대폭 증강시켰다. 그리고 만주지역 장악에 앞서 간도지역에서의 불안정한 상황을 조기에 제거하기 위해 한·만 국경을 넘어 대규모 군대를 투입할 것을 획책하였다.

1920년대 초, 만주와 연해주에서는 한인독립군과 관련된 굵직한 일제 만행들이 연이어 발생하며 독립군과 한판 승부의 운명의 시간이 다가오고 있었다. 그 와중에 봉오동전투가 일어나고 그로 인해 북간도의 독립군은 뜻하지 않게 백두산 인근 청산리지역으로 근거지를 옮기게 된다. 철기는 김좌진 장군의 전폭적인 신임으로 부대이동 총책임자인 여행대장이 되었다.

연해주 '신한촌참변'

1920년 3월 12일, 러시아와 한인 합동 적색 빨치산에 의한 연해주 북부 니콜라예프스키에서 일인 학살사건이 발생하였다. 이에 일제는 보복작전으로 4월 4~5일 이틀 동안 블라디보스톡의 한인 집단촌 내 한인 300여 명을 무참히 학살하였다. 이것이 '신한촌참변'이다.

일제는 니콜라예프스키 사건을 이용하여 국제사회의 시베리아 철병 압박을 피하고 눈엣가시였던 연해주 한인독립투쟁세력을 제거하려 한 것이다. 최재형 선생도 이때 순국하였다. 이 신한촌참변은 일제의 간도침공과 간도대학살의 서곡이었다. 피 맛을 본 일제의 총칼이 이제 간도로 향한다. 그러던 중 삼둔자·봉오동에서 한인독립군이 일제 정규군을 패퇴시키는 사건이 발생하였다.

삼둔자·봉오동전투

1920년 6월 7일 발생한 봉오동전투는 홍범도, 안무, 최진동이 연합한 대한북로독군과 일제 19사단 예하 월강추격대 간에 벌어진 한인독립군과 일본군의 전투다.

이의 시발은 삼둔자전투였다. 삼둔자전투는 청산리전역의 전초전의 전초전 성격이다. 6월 4일 북간도 일대에서 활동하던 대한신민단 소속 30여 명 가량의 독립군이 두만강을 건너 함경북도 종성군 강양동으로 진입하여 일본군 헌병소대를 습격하고 철수하자, 이를 추격하던 일본군 남양수비대 1개 중대가 중국령 삼둔자 부근에서 독립군에 기습당해 패퇴하였다.

삼둔자에서의 패전 소식을 접한 일본군 제19사단은 증강된 2개 중대 규모의 '월강추격대'를 편성하여 두만강 바로 북방의 독립군을 전면적으로 소탕하려 6월 6일 야간에 두만강을 월강하여 간도로 진입하였다.

하지만 이들은 봉오동 골짜기에 매복한 홍범도·최진동·안무의 북로독군부와 대한신민단 연합부대에 기습당해 수십 명의 사상자를 내고 패주하였다. 일제는 만주지역의 한인독립군을 본격적으로 토벌하기 위한 때가 드디어 왔다고 판단하고는 대규모 간도침공을 본격적으로 계획하였다.[15]

일제의 작전계획과 혼춘사건

10월 9일, 일본군 참모총장은 8월에 준비했던 작전명령을 조선군 사령관, 포조(블라디보스톡)파견군 사령관, 그리고 관동군 사

---

15) 봉오동전투를 한국독립전쟁의 시발이면서 별개 전투로 보는 주장이 있으나 홍범도연구의 권위자 장세윤 박사는 전투의 규모나 기간을 고려할 때 이는 무리한 해석이라고 하였다. 봉오동전투가 있었기에 청산리전투가 발발했다는 주장이 있지만, 당시 일제의 만주에 대한 팽창하는 야욕과, 확대되는 한인독립군의 활동을 고려시 청산리전역은 필연적이었다. 봉오동전투가 없었더라도 청산리전역은 발발할 수밖에 없었다. 봉오동전투는 청산리전역의 전초전이었던 것이다.

령관에게 하달하였다. 한반도 주둔 조선군이 주동이 되어 훈춘과 간도 일대의 불령선인을 초토하며 이를 위해 조선군작전에 호응하여 관동군 사령부와 블라디보스톡 파견군 사령부, 북부 철도경비대, 항공기 등도 지원한다는 내용이었다.

명령은 조선군 사령관 오바 지로(大庭二郎) 중장을 통해 한반도 북부 나남의 제19사단장에게 하달되었다. 조선군 사령부 명령을 수령한 제19사단장 다카시마 도모타케(高島友武) 중장은 구체적인 작전계획을 예하 37, 38여단장에게 하달하였다.

당시 19사단은 사단 사령부가 함경북도 경성군 나남읍에 위치하였고, 예하에 37여단 사령부16), 38여단 사령부17), 73, 74, 75, 76연대를 보유하고 한반도 북부를 담당하면서 특히 간도와 러시아 연해주의 사변에 대응하고 있었다.

초토부대의 주력은 간도지역의 용정현과 화룡현 일대를 담당하는 히가시(東)지대로 37여단장 히가시 소장이 지대장이었다. 보병 73연대 2개 대대와 보병 74연대 제2대대 등 보병 3개 대대, 기병 27연대 2개 중대(-), 포병 2개 중대(특종포대 1, 야포 중대 1), 공병 1개 중대, 헌병으로 편성되었다.

---

16) 여단장은 히가시 마사히코 (東正彦). 1874~사망시기 불명. 일본육사 6기. 일본 육군대학 16기. 만주군 총사령부 참모로 러일전쟁 참전. 1918년 7월 육군 소장 진급. 진급과 동시에 37여단장 취임. 1920년 37여단장으로 간도 출병. 청산리전투 이듬해인 1921년 7월에 전역 대기명령, 11월에 예비역 편입.

17) 여단장은 이소바야시 나오아키(磯林直明) 육군 소장. 상세 이력 불명.

제1조공 초토부대 격인 이소바야시지대는 38여단장 이소바야시 소장이 지대장으로, 보병 제75연대 2개 대대와 78연대 제3대대 등 보병 3개 대대, 기병 1개 중대, 포병 1개 대대(75미리 6문, 산포 1개 소대), 공병 1개 중대로 편성되었다.

제2조공 초토부대 격인 기무라지대는 76연대장 기무라 대좌[18]가 지대장이고, 보병 제76연대 2개 대대, 기병 1개 소대, 산포병 1개 중대(-1), 공병 1개 소대, 헌병으로 편성되었다.

전체적으로 일제 초토부대는 동·서·남·북으로 간도를 포위한 후, 포위망 내부로 강력한 3개의 초토부대를 각각 '갑'·'을'·'병' 지역으로 나눠 투입하여 해당 지역 내의 독립군을 격멸하려 하였다.

이소바야시지대는 혼춘현 일대의 '갑' 구역을, 기무라지대는 대한독립군 북로군정서가 있었던 왕청현 일대의 '을' 구역을, 그리고 가장 강력한 히가시지대는 독립군이 일본군의 진공에 대비하여 피신해 있던 연길현과 화룡현 일대의 '병' 구역을 담당하도록 하였다.

<부도 2> '일본 제19사단 간도지역초토부대별 지역할당' 참조

※ *한인독립군은 대부분 백두산과 근접한 화룡현 지역에 집결되어 있었으므로 청산리 전역은 한인독립군과 히기사지대가 핵심 교전 당사자였다.*

---

18) 기무라(木村). 1875~사망시기 불명. 최종 계급은 육군 소장.

동원된 병력은 19사단 약 9천 명, 20사단 약 2천 명, 11사단 약 1천 명, 안서지대 약 1천 명, 관동군 약 1천 2백 명 등 총 1만 8천에서 2만여 명이 동원되었으며, 여기에 비행기까지 동원하였다.

남은 것은 중국령 간도에 버젓이 대규모 군대를 집어넣을 수 있는 구실이었다. 일제는 간교한 책략을 꾸민다. 그것이 훈춘사건이다.

1920년 10월 2일 새벽 4시, 일본군의 사주를 받은 중국인 장강호 마적단이 훈춘의 일본영사관 분관을 습격·방화하였다. 이때 일본인 부녀자 9명이 살해되었다.

이 사건 직후 일제는 훈춘영사관을 습격한 마적단에 중국인과 한인독립군, 그리고 러시아인 일부가 끼어 있었다고 주장하였다. 중국과 러시아를 견제한 가운데 한인을 치기 위한 흉악한 책략이었다. 그리고 일제는 일본영사관 및 거류 일본인을 보호한다는 구실로 미리 대기시켜 놓은 대병력을 즉각 만주로 출병시켰다.

일제는 우선 중국 측에 피해보상을 요구하면서, 일본군이 10월 17일 자정을 기해 간도에서 군사작전을 실시할 것임을 일방적으로 통고하였다. 그 주요 내용은 일본군의 토벌작전 지역은 중지철도 이남 20리 일대의 동녕, 훈춘, 연길, 왕청, 화룡 등 5개현이고, 일본군대는 2개월의 최단시간 내에 군사작전을 종료하며, 이외 지역은 출병하지 않는다는 것이었다.

한인독립군의 부대이동과 작전준비

한편, 봉오동에서 홍범도부대에게 일격을 당한 직후 일본은 우선 그 지역 내 중국군의 책임을 강하게 압박하였다. 중국은 할 수 없이 중국군 제2혼성여단 맹부덕부대를 출동시켰다. 그러자 북로군정서는 본디 한인독립군에 우호적이었던 맹부덕과 비밀교섭을 하여 일단 타 지역으로 피신하기로 하였다.

1920년 8월 하순부터 북간도 각 지방의 한인독립군은 북만주와 남만주 사이의 울창한 산림지대인 백두산 일대 안도현으로 서진(西進)을 개시하였다. 홍범도연합부대[19]가 먼저 움직였다.

북로군정서는 중국군과 협의 하에 부랴부랴 9월 9일 사관연성소의 제1회 사관생도 졸업식을 거행 후 9월 17일 부대이동을 개시하여 10월 13일에 청산리 부근에 도착하였다.

북로군정서는 이동에 앞서 조직을 장거리 행군에 맞게 개편하였다. 사관학교 졸업생으로 편성된 연성대와 완전무장한 보병대대를 합하여 여행단이라고 칭하였다. 현대 군사교리로 말한다면 행군종대로 개편한 것이다.

---

19) 홍범도 대한독립군 300여 명, 안무 국민회군 250여 명, 한민회군 200여 명, 광복단군 200여 명, 의군부군 150여 명, 신미단 200여 명, 의민단 200여 명 등 1,400~1,500여 명으로 이루어진 부대를 말한다. 홍범도를 지도자로 내세웠다. 그러나 무장 면에서 주로 장총 중심의 전투력이고 여러 부대가 연합하였기에 지휘체계나 무장면에서 일제 대규모 정규부대와 전면전을 벌이기에는 제한적이었다.

앞에서 말한 대로 철기는 김좌진 장군의 신임으로 부대이동을 책임지는 여행단장으로 임명되었다. 달구지만 약 180량 정도 되는 거대한 행군대열이다. 이동하는 동안 마적의 습격을 막고, 중국군과 일제 정보원들을 피하면서 1,500여 명의 독립군을 달구지에 실린 식량과 무기, 탄약 등과 함께 성공적으로 고국 땅 근처 청산리로 이동시켰다.

북로군정서가 왕청현에서 백두산 근처 안도현으로 서진한 이유는 백두산의 밀림지대를 이용하여 일제 추격군을 따돌림과 동시에, 향후 한반도의 척추를 구성하는 낭림산맥 줄기를 타고 국내진공을 도모하고자 함이었다.

청산리에 도착한 북로군정서는 전투대형으로 부대를 재편하였다. 지휘부는 사령관 김좌진, 참모장 나중소, 부관 박영희였다.
연성대장은 이범석, 연성대 종군장교로 이민화, 백종렬, 한근(달?)원, 김훈이었다.[20]
보병대대장은 김규식, 1중대장 강하린, 예하 1소대장 강승경, 2

---

[20] 북로군정서는 제1기 사관연성소 졸업식을 한 후 이들을 중심으로 부대 재편을 실시하였는데, 졸업생 중 일부를 선발하여 기존 1개 보병대대 하급간부로 보충하고, 나머지 졸업생들은 아직 편성할 보병대대가 준비되지 않아 졸업생들을 그대로 사병무장시켜 연성대라는 조직을 만들었다. 따라서 150명 정도의 연성대는 그 전투력이 기존 보병대대보다 강력한 조직이었다. 또한 연성대 종군장교라는 직책이 있었는데 이는 일종의 임무형지휘관으로 현대 용어로 Task Force 지휘관이다. 연성대는 예하부대원들을 소대와 같은 정형화된 조직을 편성하지 않고 임무에 따라 규모를 다르게 운용하였던 것으로 보인다. 이 편성상 융통성이 청산리전투 승리의 또 다른 요인이었다.

소대장 신희경, 2중대장 홍충희, 예하 1소대장 채춘, 2소대장 김명하, 3중대장 김찬수, 예하 1소대장 이익구, 2소대장 정면수, 4중대장 오양세, 예하 1소대장 김동섭, 2소대장 이운강, 기관총1소대장 김덕선, 기관총2소대장 최인걸, 특무정사 라상원, 권중행이다.

김좌진 부대는 450여 명의 보병대대와 150여 명의 연성대로 구성되어 있었고 그 중 이범석이 직접 지휘하는 북로군정서 사관연성소 출신으로 구성되었던 연성대가 핵심 전투력이었다.

바야흐로 이제 청산리 일대에서 한인독립군과 일제의 한판 승부가 벌어지려는 기운이 감돌고 있다. 철기의 가슴은 다가오는 전투로 흥분과 각오가 교차하였다.

백운평에서 청산리 전설을 시작하다

1920년 10월 21일(음력 9월 10일) 오전 8시를 넘긴 시간, 청산리 전역의 첫 전투인 백운평전투가 벌어졌다. 전설의 시작이다. 철기는 이 첫 전투를 위해 16세의 어린 나이에 중국 망명의 고난과 3년여 간 중국 윈난군관학교에서의 망국백성 설움을 곱씹으면서 총칼을 벼려왔던 것 아닌가!

철기는 첩보획득과 활용, 유리한 지형선정과 진지편성, 정신교육과 전투요령 강조, 진두지휘, 사령관 김좌진 장군과의 소통, 적시적 엄호와 철수, 기만작전 등 배우고 익힌 모든 것을 이 전투에 퍼부어 전투를 승리로 이끌어냈다.

청산리는 백두산 동측, 1,572고지 중봉산과 1,684고지 베개봉을 중심으로 이루어진 거대한 산악지대의 동편에 자리잡고 있다. 이 산악지대의 북측으로는 고동하계곡이 남에서 북으로, 북동쪽으로는 봉미구계곡이 남서에서 북동으로, 그리고 동측으로는 청산리계곡이 서에서 동으로 약 30km 길이로 발달되어 있다.

<부도 3> '히가시지대 작전지역 및 청산리전역 개요'와 <부도 4> '청산리전역 지구 지형도'를 참조할 것.

※ 청산리 전역의 주요 전투들은 백두산 동편의 1500~1600 고지군과 이어진 600~800 고지군, 그리고 고동하 계곡, 봉미구 계곡, 청산리 계곡이라는 각 수십km에 달하는 3개의 긴 협곡을 오가며 발생하였다.

이 시기는 백두산에 이미 10월 초에 첫 눈이 내려 초겨울의 매서운 추운 시기였음. 일제도 이를 고려 늦어도 11월 10일에는 전투행동을 종료할 것을 강조하였다.

이 지역에는 한국인 이주민들이 많이 거주하여 한국 독립군들에게 급식과 더불어 소중한 정보원 역할을 하였다.

삼도구로 불리는 청산리는 말 그대로 심산유곡이다. 조금이나마 사람이 살 만한 곳에는 한인 이주민들이 농사터를 일구어 살고 있었다. 이들은 독립군의 소중한 정보원이었다.

철기는 청산리계곡 모습을 다음과 같이 회고하였다.

"폭은 제일 좁은 곳이 4 내지 5리, 제일 넓은 곳이 8 내지 9리나 된다. 청산리 서북쪽은 비교적 수림이 적고 동남쪽으로 갈수록 울창했다. 동남간은 푸른 활엽수림과 침엽수림에 뒤덮이고 도처에 2내지 30길 높이의 송백떡갈나무 벚나무가 꽉 차있었다.

하늘을 가린 나뭇잎들은 마치 겹겹이 닫힌 암흑의 문처럼 모든 빛을 차단하고 있었다. 어두컴컴하고 축축한 땅에 해마다 떨어진 낙엽이 쌓여서 그 두께만도 두어 치 가량 되었다."

10월 19일, 화룡현 북방 삼도구 묘령에서 제 단체 연석회의가 소집되었다. 북로군정서에서는 부총재인 현천묵과 연성대장 이범석, 김좌진의 비서였던 이정이 참석하였으며, 홍범도 측에서는 홍범도, 안무, 계화 등 7명이 참석하였다. 철기의 회상이다.

"나는 시베리아에서 조성환 선생이 보내 온 코작크 기병이 타던 좋은 말을 타고 마음껏 내달렸다. 현 부총재는 노인으로 말을 달릴 형편이 못되었다. 더군다나 회봉(이정의 호)은 평소에 몇 번 말을 타본 경험조차 없었고 게다가 탄 말도 늙어서 제대로 걷지도 못하였기에 행진이 늦어졌다."

이 회의에서 피전책(전투를 피하자는 방책)과 주전책(전투를 주로 하자는 방책)을 놓고 토의하였다. 현천묵이 주로 피전책을 주장하였다고 일제 정보보고서는 기록하고 있다.[21]

---

[21] 일제의 1920년 10월 29일자 간도정보 제47호' '불령선인의 행동'에는 묘령회의에서 현천묵 등의 회피하자는 주장이 결의되었다고 기록하고 있다. 일제가 이러한 비밀정보를 획득한 것은 당시 북로군정서 대표의 한 명으로 참석한 이정으로부터였다고 의심되고 있다. 이정은 청산리전투 당시 김좌진의 비서였지만 실제는 일제 밀정이었고, 그는 김좌진, 이범석 등의 인적 정보와 함께 많은 독립군 정보를 일제에 넘긴 것으로 일제 외교문서에 기록되어 있다고 KBS는 2019년 8월 13일에 보도하였다. 일제 간도출병사를 보면 일제가 독립군 활동을 아주 상세히 파악하고 있는 것으로 나타나고 있어 이러한 의심은 충분히 일리가 있다.

최종적으로 더 이상 피할 수 없고 싸울 상황이 되면 싸우자는 의견이 채택되었다.

북로군정서는 청산리로 접근하는 적의 규모가 보병, 기병, 포병, 공병 등 연합부대로 약 1개 혼성여단급이라는 정보를 접하고는 평지에서 정면으로 부딪히지 말고 매복에 유리한 지형으로 적을 유인하여 일거에 타격하기로 하고 그러한 지형을 찾기로 하였다.

정찰장교가 보고하기를 청산리 골짜기를 따라 십여 리를 더 들어가면 5, 6리 길이에 2리 넓이의 빈 터가 있는데 그 가운데에는 한 줄기 실개천이 흐르고 그 양 옆은 칼로 깎아 세운 듯한 산과 무성한 산림이 있어 단 한 사람도 자유롭게 빠져나갈 수 없을 정도라 하였다. 북로군정서가 찾던 바로 그 지형이었다.

10월 19일 오전 9시경, 북로군정서는 제1제대의 선도로 청산리계곡과 봉미구계곡의 분수령인 노령고개 마루에 도착하였다. 이때 일본군이 급속히 추격하고 있다는 보고가 도달하였다.

일제 토벌대의 추적을 따돌리는 회피기동 작전 간에 북로군정서는 2개제대로 편성하였다. 김좌진 장군이 직접 지휘하는 제1제대는 북로군정서 전체 인원의 3분의 2 정도로 군사훈련수준이 미흡한 보병대대 병력과 지원인원 중심으로 선두에서 길을 여는 부대였다.

제2제대는 제1제대의 후미에서 일본군과 접전할 때 전투를 담당하는 강력한 전투부대로서, 전체의 3분의 1 정도 되는 병력으로 철기가 지휘하는 연성대를 중심22)으로 박격포와 기관총이 추가되었다.

한편, 10월 15일, 보병 제37여단장 히가시 소장은 작전구역 '병'의 중심도시인 용정촌에 도착하여 여기서 히가시지대를 편성하였다.

<부도 5> '전투전 한인독립군과 일제 히가시지대 배치 요도'를 참조할 것.

※ 10월 15일, 용정에 도착한 히가시(東) 보병 제37여단장은 작전을 위한 히가시 지대(일종의 Task Force)를 편성하고 부대 배치를 실시하였다.

이노, 이지즈키, 나카무라 대대를 천보산, 두도구, 국자가(연길)에 각각 배치하여 지역 확보 및 지대 내 소탕임무 부여하였다.

여단지휘소와 가노 기병 27연대, 야마다 보병 73연대, 지대 예비 1개 중대, 야포 중대, 공병 중대는 지대 중앙인 용정촌에 배치하여 융통성을 확보하였다.

개념은 3개 대대(-)로 주요지역을 확보하고, 2개의 연대전투단(-) 형식의 강력한 기동예비로 한국 독립군 포착시 집중 공격할 의도였다.

10월 17일 야간, 히가시 지대장은 기관총을 가진 약 500~600여 명의 한인독립군이 청산리 부근 계곡에 멈춰 있다는 정보를 입수하고 즉각 다음과 같은 작전명령을 하달하였다.

1. 야마다 토벌대(제73연대장 야마다(山田) 대좌 지휘. 보병 5개 중대

---

22) 『일제 간도출병사』 '히가시지대 초토행동'항에서 북로군정서의 전투부대는 사관생도 중심의 사관생도대라고 기술하고 있다. 이는 북로군정서의 실질적인 전투지휘관이 연성대장 이범석임을 말하고 있는 일제 측 기록이다.

를 기간으로 지원부대 증강)는 가능한 한 신속하게 일부 부대를 보내 한인독립군이 서남방향으로 빠져나가는 퇴로를 차단하고, 주력은 한인독립군을 수색하여 토벌할 것.
2. 기병연대(가노 대좌 지휘)는 주력으로 후차창구(後車廠溝), 전차창구(前車廠溝), 쑹린핑(昇平嶺) 방면에서 우회하여 노령(老嶺)방면 한인독립군의 퇴로를 차단할 것.
3. 보병 제74연대 2중대, 기관총 1소대, 야포병 1소대는 두도구에서 지대 예비대로 대기.
4. 기타 제대는 현재 있는 곳 부근에서 해당 지역 초토에 종사할 것.
5. 지대장은 두도구로 이동할 것임.

<부도 6> '히가시지대 최초 작전개념'을 참조할 것.

※ 히가시 지대장의 작전개념은 보병과 기병으로 구성된 2개 기동부대에 의한 전형적인 「망치와 모루」[23]식 포위작전이었다.

히가시 지대장은 보병 중심인 야마다 부대를 조력부대(모루 역할)로, 청산리 방향에서부터 압박하여 한국 독립군의 서남방향 탈출 방해 및 고착하고 가노 기병연대는 주력(망치 역할)으로, 승평령으로 우회하여 노령방면에서 한인독립군의 퇴로를 차단하여 야마다 부대에 의해 압박된 한인 독립군을 노령 일대에서 격멸할 것을 기도하였다.

그러나 가노 기병연대가 지형장애로 인해 어랑촌 일대에서 지체 및 정지하

---

23) 망치와 모루전술(Hammer and Anvil Tactis)은 군사작전의 고전적 기본 개념의 하나다. 두 개의 병력 집단을 이용하여, 하나는 모루로서 적을 꼼짝 못하게 고착시키고, 다른 하나는 망치로서 포위기동을 하여 적 측후방을 공격하는 전술이다. 성공요인은 모루의 고착능력과 망치의 기동과 타격력이다. 한니발 장군이나 알렉산더 대왕 모두 즐겨 사용하였다. 특히, 부대가 기병과 보병으로 구성되면 매우 유용하다.

여 우회 차단에 실패하자, 이후 전체 국면에서 일제 히가시 지대는 주도권 발휘를 하지 못하고 내내 한국 독립군에 끌려 다니며 단편적 전투로 일관하게 되었다.24)

여기에 기름을 부은 것이 다음에 소개할 '갑산촌 작전적 기동'이다. 북로군정서는 일제 히가시지대의 협조되지 못한 작전의 취약점을 파고 들었고, '갑산촌 작전적 기동'은 결과적으로 그 취약점을 최대로 이용할 수 있는 기회를 창출한 것이다.

야마다 토벌대는 좌·우 2개종대로 편성하여 청산리 방향으로 전진하였다.

<부도 7> 「백운평 전투」와 「갑산촌 작전적 기동」 개념도'를 참조할 것.

※ 나카무라 대대는 이범석 부대 우회 차단에 실패하고, 백운평 전투 당일인 10월 21일 청산리에 도착 후 야마다 본대와 상호 오인교전 후 야마다 본대에 합류하였다. 결과적으로 야마다 토벌대는 전투력 우세의 잇점을 상실하였다.

전투 후 이범석 부대의 '갑산촌으로 작전적 기동'은 이범석 부대의 전투력 보존과 야마다 토벌대를 청산리 계곡에 지속 묶어두는 결과를 만든 고금 전사에 빛나는 명 '작전적 수준의 기동'이다.

그 결과, 어랑촌에서 가노연대(-) 5개 중대가 고전하는 동안 야마다 토벌대 5개 중대는 마루꼬우 전투시 유병화되었고, 반면, 이범석 부대는 천수평 전투와 마루꼬우 결정적 전투에 가담하는 등 이후 북로군정서는 피동에서 주동으로 전환하여, 결과적으로 북로군정서는 일제 야마다 연대와 가노 기병연대를 각개 격파할 수 있었다.

10월 21일 오후, 홍범도 연합부대는 완루구에서 작전 중이던 이노대대와 교전하여 일제의 전투력을 분산시키는 효과를 만들었다.

---

24) 이로 인해 백운평전투간에는 가노연대가 유병화되었고, 어랑촌전투간에는 야마다연대가 유병화되는 희극 아닌 희극이 발생하였다.

그 중 우종대(나카무라 대대)는 18일 두도구를 출발하여 청산리로 향하던 중 중국인 마적 40여 명과 교전, 이를 처리한 후 10월 20일에 청산리 부근에서 지대 주력과 합류하였다.[25]

야마다 연대장이 직접 지휘하는 좌종대 주력(73연대 2대대 2개 중대, 3대대 1개 중대, 기관총 1개 소대, 야포병 1개 중대, 기병 일부)은 10월 18일 용정촌을 출발해 10월 20일에 청산리에 도착하였다. 이때 600여 명의 한인독립군이 오지로 숨어 들어갔다는 정보를 입수하였고, 다음날인 10월 21일, 토벌대 주력은 인근 부락들을 초토하면서, 야스카와(安川) 소좌가 지휘하는 전위 보병 1개 중대가 노령을 향해 독립군을 추격하기 위해 청산리 골짜기 깊숙이 진출하였다.

오전 8시쯤 전위대장 야스카와는 휘하 전위대를 이끌고 백운평까지 들어섰다. 야스카와는 쑹린핑의 한인 이주민으로부터 독립군이 사기를 상실하고 싸울 생각도 못하고 있다는 정보를 듣고는 배속된 기병 제27연대의 일부를 선두로 크게 경계하지 않고 전진하고 있었다.

한편, 일제 토벌대가 근접하였다는 정보를 접하자마자 철기는 즉시 명령을 내려 독립군이 재빨리 전투에 유리한 지형을 차지하도록 하였다. 김좌진 장군은 지휘부와 비전투원으로 구성된 제1제대를 이끌고 피해가 발생하지 않도록 전투지역에서 멀리 떨어

---

[25] 간도출병사에서는 단순히 '합류하였다'라고 기술하고 있으나, 실제는 '상호 오인 교전 후 합류하였다'고 해야 한다.

진 후방에 포진하였다.

이민화 중대는 우측진지에, 한근원 중대는 좌측진지에 매복하였다. 그리고 정면 우중대는 김훈이, 좌중대는 이교성이 지키고, 철기가 정면 중앙에서 직접 지휘하기로 하였다.

<부도 8> 백운평전투시 북로군정서 방어진지 배치요도 참조할 것.

제2제대장 자격으로 연성대장 철기는 동지들에게 다음과 같은 주의를 주었다.

1. 배낭은 모두 벗어서 진지 후방 예비대에 둘 것, 각자의 짐은 될 수 있는 대로 덜어야 한다.
2. 진지에 진입할 때는 위장을 충분히 할 것.
3. 한 사람 앞에 2백 발의 탄약을 탄대에서 꺼내 손 가까이 놓을 것. 그렇지 않고 몸에서 탄환을 꺼내느라고 사격속도에 영향을 미치는 일이 있어서는 안 된다.
4. 사격전에는 누구를 막론하고 흡연, 담화를 금할 것. 경거망동하여 적에게 발견되는 일이 있어서는 안 된다.
5. 사격개시는 철기의 총성을 신호로 할 것. 그 이전에는 누구라도 마음대로 총을 쏘아서는 안 된다.

독립군이 매복한 진지는 공지를 둘러싼 산허리였으며 거기에는 두터운 이끼로 덮인 아름드리 나무 등 각종 천연 방호물이 있었다. 천연의 밀림은 독립군의 위치가 적에게 먼저 발견되지 않고 순식간에 적에게 불의의 타격을 주는 데는 최적의 환경을 만들어 주었다.

매복해 있던 독립군은 오직 연성대장인 철기의 사격개시 지시만 기다리고 있었다. 철기는 독수리눈으로 전방만을 주시하다 콧수염을 기른 금색의 일본군 소좌 견장을 한 야스카와를 발견하였다. 철기의 첫 먹잇감이다. 철기의 38식 기병총의 총구가 아주 침착하게 이 '콧수염'의 심장을 겨누었다. 피웅! 단 한 발에 콧수염은 거꾸러졌다.

그리고 이것은 매복해 있던 독립군에게 일제 사격을 알리는 명령이었다. 순식간에 일진광풍 폭우와 같은 총소리가 사방에서 쏟아져 나왔다. 6백여 정의 보총, 6정의 기관총, 2문의 박격포 등 독립군이 보유하고 있는 전 화력이 일거에 적의 머리 위에 집중되었다.

야스카와 전위부대는 순식간에 거의 궤멸상태에 빠졌다. 잠시 후 급보를 받고 야마다 본대가 성급히 도착하였다. 다시 이들과 철기부대 사이에 치열한 교전이 벌어졌다. 그러나 이들도 덫에 걸린 먹이일 뿐이었다. 승패는 결판났다.

철기부대가 은밀 철수를 개시할 때쯤 야마다부대에 웃지 못할 사태가 벌어졌다. 철기부대를 포위하기 위해 우회 이동해 왔던 나카무라 우종대가 철기 진지를 우회하지 못하고 이동하여 오다가 야마다 본대와 오인 교전이 발생한 것이었다.

한인 독립군의 복장 색깔과 형태가 일제 토벌군 복장과 비슷한 탓도 있었지만, 무엇보다도 철기가 좌측의 한근원중대를 제일 늦게까지 잔류하여 교전을 명한 것이 원인이었다. 즉, 나카무라 우 종대의 진출 방향이 한근원중대 방향이었기에 한근원중대가 빠지자 그 위치로 나카무라 대대는 진출하였고 야마다 본대는 이를 한인 독립군이라고 착각한 것이다. 우회 차단 기동은커녕 철기부대 앞으로 들어와 자기들끼리 오인 교전이 벌어진 것은 그들의 무능이라고 말할 수밖에 없다.

청산리 첫 전투는 이렇게 일방적으로 결판났다. 철기와 600여 명 북로군정서 장병들의 독립을 향한 염원과 그 기개가 그 총성과 함께 이 청산리계곡 깊숙한 곳에서부터 중국과 연해주, 미주 지역 동포들의 가슴 속으로 울려 퍼져나갔다.

전사(戰史)에 빛나는 '갑산촌 작전적 기동'

철기 부대의 백운평에서 갑산촌으로의 은밀 철수는 단순한 철수가 아니었다. 전체 전역의 판세를 뒤엎는 명(名) '작전적 기동'이었다. 지금까지 청산리전역에 대한 연구는 한국 독립군의 백운평, 천수평, 마루꼬우전투 등 각개 전투별 분투를 바탕으로 한 영웅담적 접근이 주였다. '갑산촌으로의 기동'은 관심의 대상이 아니었다. 그저 단순한 이동수준의 인식이었다.

그러나 일제 조선군사령부가 작성한 『간도출병사』, 철기의 회고록『우둥불』, 김훈의『북로아군실전기』, 그리고『홍범도 일지』를 바탕으로 각개 전투의 상관 관계를 작전적 시각으로 종합해 입체적으로 접근해 보니 청산리전역의 백미는 각각의 전투가 아니라 바로 '갑산촌 작전적 기동'이었다.

<부도 9> '갑산촌 작전적 기동' 개요도를 참조할 것.

주역은 김좌진과 이범석이었다. 갑산촌이라는 지역을 선정하고 철수를 명한 것은 김좌진이었다. 적과 교전 중의 위험한 상황에서 기만을 배합한 은밀 철수를 통해 일제 야마다 부대의 추격을 단절시키고, 부대를 성공적으로 철수시켜 전투력을 보존하여 새로운 전투에 온전히 가담하게 하고, 야마다 토벌대를 청산리계곡에 그대로 묶어 놓은 것은 전적으로 이범석의 실력과 공이었다. 즉, 김좌진 기획, 이범석 연출이었다.

10월 21일, 오전 11시경, 철기는 김좌진 장군으로부터 긴급 명령을 수령하였다.

  1. 봉미구에서 돌아오는 적은 약 1시간 후면 도착할 것이다. 그렇게 되면 우리의 퇴로가 차단될 위험이 있으니 아군은 즉시 얼또꼬우 방면으로 철수할 예정이다.
  2. 철기의 2제대는 현 진지에서 저항을 계속하여 나의 1제대 철수를 엄호한 후 적당한 시기에 철수하라.
  3. 철기의 2제대는 오늘 밤 2시 이전에 여기서 30여km 정도[26] 떨

어진 갑산촌으로 도착하라. 나는 1제대를 인솔하여 거기서 기다리겠다.

이때가 오전 11시였다.

명령을 접수한 철기는 즉시 예하 중대장들에게 명령을 하달하였다.

"지금부터 부대는 철수를 시작한다.

매복진지의 서쪽을 담당하고 있던 한근원 중대는 남아서 계속 적과 교전한다.[27]

나는 한근원중대 엄호 아래 본대를 이끌고 철수하겠다.

내가 진지 후방에 있는 마천령 고지 정상에 도달했다는 신호를 보내면 한근원 중대도 은밀히 철수하라."

이범석 부대는 차분히 엄호전으로 전환하여 은밀히 철수를 개시한 후, 밤을 달려 험한 산악지역을 헤쳐 새벽 2시 반 경 갑산촌에 도착하였다.

기동은 한마디로 악전고투였다. 시간과 지형, 그리고 피로와

---

26) 철기의 회고록 『우둥불』이나 『한국의 분노』, 그리고 김훈의 『북로아군실전기』에는 160리로 되어 있으나 필자 도측 결과와 20일 정오 무렵부터 21일 새벽 2시 반까지의 이동시간 14시간 정도를 고려하고, 백두산 인근의 험준한 야간 산악행군을 시간당 2km 내외로 볼 경우, 당시 독립군의 강한 체력 등을 고려하더라도 30여 km 정도 이동한 것으로 추정된다.
27) 한근원 중대가 남은 이유는 중앙과 동쪽의 부대들이 빠질 때 마치 서쪽에는 계속 부대가 있는 것처럼 연출하면서, 한근원 중대의 북쪽방향으로부터 접근해 오는 일본군부대와 정면의 부대가 서로 교전하게 할 수도 있기 때문으로 분석된다.

기아와의 싸움이었다. 일제 기동부대가 봉미구 계곡 안으로 진입하여 이범석 부대의 퇴로를 차단하기 전에 차후 위치로 도착해야 했다.

1,500미터가 넘는 산악 지역과 깊은 계곡을 오가는 산악 행군이었다.

전날부터 첫 전투 준비로 긴장 속에 제대로 휴식도 못한 상태에서 첫 전투를 치르자마자 만 하루를 식사도 하지 못하고 이동해야 하는 극한 상황이었다.

이 상황을 철기는 그의 회고록 『우둥불』에서 다음과 같이 묘사하고 있다.

> 최대한 급속 행군으로 마천령으로 철수하였다. 80리 길이었다. 뾰족한 봉우리는 구름 위로 솟아 있었고, 산속에는 흔한 날짐승도 보이지 않을 정도의 고지대였다… (중략)
> 물도 제대로 먹지 못하고, 부상당한 전우들을 위해 나뭇가지를 잘라 엮어 임시 담가를 만들어 그들을 날랐다…(중략)
> 깊은 여울을 통과하면서 몸을 적신 차가운 개울물은 그대로 살을 에었다…(후략)

이 기동으로 인한 작전적 효과는 다음 세 가지로 정리할 수 있다.

첫째는, 이범석 부대가 전투력을 온전히 보전하여 새로운 전투에 곧장 투입할 수 있게 되었던 것이다. 그것이 천수평전투요 마루꼬우 874고지(어랑촌)전투이다.

만약 이범석 부대가 성공적으로 갑산촌으로 이동하지 못했다면, 천수평전투나 마루꼬우 874고지결전은 일어나지 못했을 뿐만 아니라, 북로군정서는 전투력이 분산되어 김좌진 본대는 북쪽에서 일제 가노 기병연대에 덜미를 잡히고, 남쪽에서는 이범석부대가 야마다 토벌대에 몰릴 수밖에 없었을 것이다.

둘째는, 히가시지대의 한국 독립군 전체 상황 판단에 혼란을 유발시킨 것이다. 간도출병사의 당시 히가시지대 상황판단[28]을 보면, 22일 오전 5시 30분경 김좌진 예하 사관생도대를 기간으로 하는 약 300여 명이 기병연대 소초를 습격하였다고 기술하고 있다. 그러나 그 전날인 21일 오전 백운평에서 야마다 토벌대를 공격했던 부대가 이 부대였음은 전혀 언급되지 않고 있다. 일본군은 그 두 부대가 동일 부대였음을 몰랐던 것이다. 이러한 오판은 히가시지대 작전 전체에 심각한 영향을 주었다.

셋째는, 그 오판의 하나로 실제 나타났던 것이, 일제 야마다 토벌대가 이범석부대 행방을 놓쳐 청산리계곡 일대에 그대로 묶여 버린 것이다. 야마다 토벌대는 기동타격 부대임에도 불구하고 그 이후 천수평전투나 마루꼬우전투와 같은 어떠한 한국 독립군과의 결정적 전투에도 기여하지 못했다. 한마디로 유병화되어 버린 것이다.

백운평이나 천수평, 마루꼬우전투는 전술적 수준의 행동인 반

---

28) 조선군사령부 간도출병사 66쪽 참조.

면, 갑산촌 기동은 작전적 수준의 행동이었다. 전술과 작전은 그 효과 면에서 차이가 매우 크다.

고금 전사에서 내선이라는 수세 입장에 있던 부대가 일부 부대의 작전적 기동으로 전체 판세나 전투력 열세를 극복한 예가 흔하지는 않지만 몇 개의 사례가 있다.

625전쟁 낙동강 방어선에서 미군 25사단 27연대 마이켈리스(Michaelis) 연대는 별명이 미 8군의 소방대였다. 북한군이 주공 방향을 전환해가며 유엔군의 낙동강 방어선을 돌파하려 할 때마다 후방에서 달려온 마이켈리스 연대는 북한군 돌파구를 틀어막았다.

제1차 세계대전시 동부전선의 탄넨베르크 전역에서 전선 북쪽에서 러시아의 렌넨캄프(Rennen Kampf)군을 저지하던 독일 제17군단과 제1예비군단은 8군사령부 명령에 의거 1개 기병사단만 렌넨캄프군 정면에 남겨놓고 대부분의 주력은 남쪽으로 이동, 은밀히 러시아 삼소노프(Samsonov)군 우익으로 포위 기동하여 섬멸전에 가담하였다.

'갑산촌 작전적 기동'은 규모 면에서는 차이가 있지만, 그 개념과 효과 면에서 탄넨베르크 전역의 독일 제17군단과 제1예비군단의 기동과 유사한 것이었다.

성공한 작전적 기동은 그 결과로 전투나 전역의 성패를 결정적으로 좌우하거나, 결정적 승리를 거두지는 못하더라도 상대방의 주도권 사용을 견제하거나 방해하여 상대의 목적달성을 차단하게 한다.

그러면 이 작전적 기동의 성공 요인은 무엇이었는가?

첫 번째는, 무엇보다 적절한 차후 위치 선정이다.

갑산촌은 작전지역 중앙쯤 되는 위치로, 남북에 있는 가노기병연대와 야마다 토벌대의 어떤 접근도 적절히 대응할 수 있으면서, 필요할 때는 한 방향으로 집중할 수 있는 융통성 있는 위치였다. 봉미구계곡 중간쯤 있는 갑산촌은 서측의 고동하계곡, 남동측의 청산리계곡, 봉미구계곡 입구의 어랑촌 등 모든 방향의 상황에 대응할 수 있는 위치인 것이다.

당시 김좌진 장군이 어랑촌에 가노기병연대가 있었다는 사실은 몰랐다고 보아야 한다. 천수평전투 발발 배경으로 봐서 그렇다. 그렇다면 이는 통찰력의 소산이라고 보아야 할 것이다. 청산리에 있던 야마다부대와는 큰 산줄기를 넘어 충분히 이격되었고, 나카무라부대가 한번 지나간 지역이기에 역으로 그 공백을 이용했다는 해석도 가능하다.

더불어 그 지역 한인 개척민들로부터 급식도 제공받을 수 있는 위치였다.

두 번째는, 적시적인 철수 시기와 절묘한 기만작전을 병행한 은밀 접촉 단절이었다.

이범석부대는 야마다 토벌대의 전위, 그리고 주력인 좌종대, 보조부대인 우종대 나카무라부대가 합세하여 압도적인 전투력을 발휘하기 직전에 철수 하였다.

먼저 후방에 있던 김좌진의 1제대가 은밀히 철수를 하였고, 이의 철수를 확인한 철기는 방어진지 동측을 담당하던 한근원중대로 하여금 마지막까지 일제를 저지하도록 하였다. 이것이 신의 한 수였다.

봉미구로 우회 기동하여 오던 나카무라 우종대가 한근원중대 후방으로 접근해 왔다. 한근원중대는 나카무라와 야마다본대 사이에 위치하여 교전하다가 나카무라 우종대가 근접하자 은밀히 빠져나갔다. 그 결과는 일제 두 부대 사이의 오인 교전이었다. 이것은 이후 야마다 토벌대가 청산리 일대에서 더 이상 전진하거나 타 방향으로 전환하지 못한 핵심 이유로 해석된다.

세 번째는, 상대의 의표를 찌르는 기동력 발휘다.

백운평에서 갑산촌까지의 직선거리는 20여km이지만 지형 기복을 고려시 실제 이동거리는 30km를 상회한다. 소요 시간은 오전 11시부터 김좌진의 1제대 철수로부터 이범석 부대가 갑산촌에 도달한 시간인 다음날 새벽 2시 경을 고려시 철기는 대략 12시간 정도를 행군했다고 보인다. 해발 1500고지와 계곡을 넘나드는 지형에서 시간당 2km 이상을 나를 듯이 행군한 것이다.

마루꼬우전투 회상에서 철기는 독립군의 미투리가 산악 행군에 매우 용이하였다고 말하였다. 엄청난 체력과 정신력, 그리고 복장의 합작품이었다.

일제는 청산리계곡에 있던 북로군정서가 어랑촌 방향으로 나타날 것이라고 짐작도 못했다.

그동안 청산리 전역은 단편적 전투 몇 개로만 평면적으로 이해하여 왔다. 그러나 이제 '갑산촌 작전적 기동'에 대한 제대로 된 인식을 통해 우리는 입체적으로 한국 독립군의 우수한 전투능력을 보다 제대로 평가할 수 있게 되었다.

이 작전은 고금 유명 전사와 어깨를 견줄 만한 명(名) 작전으로 한국군 전사(戰史)에 길이 남게 될 것이다.

청산리 전역은 한마디로 일제 히가시 토벌대의 '망치와 모루' 작전이 북로군정서의 '갑산촌 작전적 기동' 하나로「각개 격파」된 전투이다.

'갑산촌 작전적 기동'은 청산리 전역 승리의 가장 결정적인 요인이자 국면이었다.

천수평전투, 일제 최정예 기병중대를 기습 격멸하다

천수평전투는 철기의 두 번째 전투다. 이 전투는 철기가 청산리계곡 백운평에서 철수하여 일본군 전초역할을 하는 경계가 부실했던 기병중대 집결지를 습격하여 괴멸시킨 전투를 말한다.

1차대전 직후 당시의 기병은 적정을 탐지하거나 본대를 보호하는 임무를 주로 하였다. 그리고 필요시에만 마상돌격을 하였다. 민첩이 생명이다.

일제의 기병대 역사는 러일전쟁 때 만주에서 러시아군을 격퇴한 일본군 기병대의 아버지라 불리는 아키야마 요시후루(秋山好古)로부터 비롯된다. 일제의 최정예부대이다.

그런데 그들이 말하는 소위 '황군' 최고의 정예 기병중대가 청산리 일대에서 경계 소홀로 철기에게 괴멸을 당한 것이다.

갑산촌에 무사히 도착하자 김좌진 장군은 철기를 부둥켜안고는 그대로 한없이 눈물을 흘렸다. 다른 동지들도 마찬가지였다. 환호와 눈물의 범벅이었다. 모두가 청산리계곡에 뼈를 묻을 줄 알았는데 오히려 추격하던 일본군을 괴멸시키고 1, 2제대가 다시 만났으니 어찌 그 감격에 눈물을 흘리지 않겠는가. 그러나 지금은 전투 중이었다.

갑산촌은 함경도 갑산지방 사람들이 이주하여 이룬 부락이다. 갑산촌에 도착한 철기부대는 한인 농가가 제공한 따끈한 차조밥으로 요기하고는 잠깐 동안의 휴식을 가졌다.

그러나 휴식은 잠시였다. 적 기병 1백 20여 명이 어제 해질 무렵에 첸수이핑(泉水坪)에 도착하여 지금도 거기에 머물고 있다는 정보가 들어왔다.[29]

김좌진 장군, 참모장 나중소, 그리고 철기는 작전계획을 짜고는 새벽에 첸수이핑을 공격하기로 결정하였다.[30] 잠든 지 겨우 1

---

[29] 히가시지대의 주력이었던 제27기병연대(지휘관 가노대좌)는 당시 승평령 방면으로 진출 예정이었으나 지형상 기병 진출이 쉽지 않아 어랑촌 인근에서 숙영하였고 1개 중대가 소초임무를 위해 첸수이핑에 머물고 있었다.

[30] 정상적인 전투나 유격전을 막론하고 상대의 경계부대를 공격하는 행위는 매우

시간 남짓이다. 4시 반 행동개시!

정보에 의하면 적은 집단부락에 들어 있고, 단지 수 명의 기병이 형식적으로 주변을 경계하는 정도라 한다.

철기는 즉각 공격대형을 갖추었다. 김훈 중대는 북쪽 방향 마루꼬우 고개를 점령하여 적의 퇴로를 차단하고, 이민화 중대는 첸수이핑 남방 고지를 점령하며, 철기는 한근원·이교성 2개 중대를 이끌고 첸수이핑 북쪽 개울을 지나 정면 공격을 감행하기로 했다.

10월의 만주 벌판 바람은 뼈 속에 스며들 듯이 차고 맑았다. 새벽 추위는 모든 것을 하얀 서릿발로 뒤덮었다. 철기 일행은 실개천을 건너 물이 뚝뚝 떨어지는 몸으로 접근했다.

순간 적의 기마 순찰에게 발견되고 한 방의 총소리가 났다. 그러나 이미 때는 늦었다. 철기 일행은 조금도 틈을 주지 않고 급습을 단행하였다. 잠결에 기습을 당한 적들은 그야말로 오합지졸이다.

철기는 닥치는 대로 군도를 휘두르며 적들의 숙영지로 내달렸

조심스럽게 접근한다. 왜냐하면, 타초경사(打草驚蛇) 즉, 본대에게 나의 기도를 노출시키는 결과를 낳게 되기 때문이다. 하지만 그 경계부대가 허약하여 궤멸이 가능하다면 상호연락을 차단시키고 작전을 개시할 수도 있다. 북로군정서는 후자를 고려한 것으로 보인다. 그러나 적이 본대와 연락시는 그들과 전투해야 함을 각오하거나 치고 빠지는 수법을 택하여야 한다. 북로군정서는 유리한 고지를 선점하여 그들과 정면으로 승부하겠다는 의지를 보였다. 두 번의 전투를 통해 자신감이 넘친 것으로도 보인다.

다. 몇 발의 총알이 핑! 핑! 하면서 철기의 몸을 스쳐갔다.

이렇게 혼전이 벌어지고 있는 가운데 철기는 러시아식 7연발 권총으로 집안에서 뛰어나와 말을 타려고 도망쳐 나온 두 명의 일본군에게 연거푸 일곱 발을 쏘았다. 그리고는 길 옆에 서서 다시 권총에 장탄을 하고는 달려드는 또 하나의 적을 겨누어 사격하였다.

적은 짐짝이 구르듯 말 위에서 떨어졌다. 철기는 얼른 달려가서 주인을 잃은 그 밤색 털의 일본 개량종 준마 위에 날쌔게 올라탔다. 운남군관학교 기병과 수석졸업생 솜씨를 발휘한다. 그러나 말은 몇 걸음 못가서 복부에 총알을 맞았다. 동지들이 철기가 탄 말을 적기로 오인하고 마구 총알을 퍼부었기 때문이었다. 철기는 황급히 말 등에서 뛰어내렸다. 혼전은 여전히 계속되었다.

독립군의 박격포와 중기관총은 그대로 불을 뿜고 있었다. 기병의 취약점은 기동수단인 말에 있다. 이것을 우선 제압해야 한다. 적들은 전혀 경계할 생각을 하지 않았기에 말이란 말은 모두 토성 안에 매여 있었다. 요행으로 동쪽으로 빠져 나간 적들은 마루꼬우 고개에서 기다리고 있던 김훈중대의 기관총과 보총의 세례를 받아야 했고 거기서 남쪽으로 방향을 틀면 이민화중대의 밥이 되어야 했다.

'황군'의 도주로는 완전히 독립군으로 틀어 막혀 있는 상태였다. 일본군 기병중대장 시마다는 말을 몰고 달아나다가 온몸이 피투성이가 되어 말에서 굴러 떨어졌다.

전투는 일단락을 지었다. 도처에 일본군과 말의 시체, 그리고 물병, 배낭, 담요…… 이런 것들이 길을 메우고 있었다.

이 전투에서 적은 도망친 4명의 병사를 제외하고는 시마다 중대장 이하 기병 1개 중대, 1백 20명 전원 몰살당했다. 이들 적은 기병 27연대 가노 대령의 전초중대였다. 철기 편에서는 2명의 전사자와 17명의 부상자뿐이었다.

완전 승리다. 독립군은 일본군의 휴대용 식량, 그리고 2필의 말, 약간의 44식 기병총, 군도 등을 노획하였다. 철기는 오른쪽 허벅다리에 경미한 찰상을 입었으나, 그 대신 시마다 중대장의 12배 망원경을 노획했다.

그러나 그것보다 더 중요한, 시마다가 조금 전에 가노 연대장에게 쓴 보고서를 획득했다. 겉봉투의 풀이 채 마르지 않았다. 적의 지휘소는 위랑춘(漁浪村)에 주둔하고 있으며, 시마다중대가 첸수이핑에 온 것은 측방 경계를 담당하기 위해서라는 것이었다.31)

보고서를 읽은 독립군은 지체 없이 유리한 지형을 선제하기 위해 마루꼬우 고지로 달려갔다. 적정을 알게 해준 시마다 중대장에게 감사를 하면서…. 때는 바로 22일 아침 7시 반이었다.32)

---

31) 최근의 연구에 의하면 천수평전투는 완루구에서 이노대대(-)에게 포위당했던 홍범도부대에게 숨통을 터주는 효과가 있었다.

32) 이 보고서에 관해 일본 조선군이 작성한 '간도출병사'의 '전훈분석 중 기도비닉' 항에 다음과 같은 관련사항이 기술되어 있다. "가노 토벌대가 동불사 부근을 초토

마루꼬우 874고지(어랑촌) 혈전, 일제토벌대의 포위망을 깨뜨리다

천수평전투에서 정예를 자랑하는 일제의 기병중대가 철기에 의해 철저히 궤멸당하였다. 그러나 도주한 적 기병이 어랑촌의 상급부대로 달려갔을 것이다. 철기는 윈난군관학교에서 배운 조우전[33]의 교리를 떠올렸다.

'조우전의 승리는 적보다 먼저 중간 지점의 유리한 지형을 점령하는 데 있다.'

시간이 없다. 지체 없이 철기는 천수평과 어랑촌 사이에 있는 마루꼬우 874고지를 점령하러 달려갔다.

급보를 받은 어랑촌에 있는 적 주력이 곧 달려올 것이다. 이제 적 주력과 피할 수 없는 결전이다. 이 위기만 돌파하면 일제의 포위망은 여지없이 무너질 것이다.

하던 중에 입수한 서류에 의하면 10월 22일 히가시지대의 어랑촌 부근 전투통보가 이튿날 23일 십수 리 떨어진 동불사 부근의 한인 독립군에게 도달한 적이 있음." 여기의 전투통보가 철기가 획득하였던 가노 기병여단의 보고서인 것으로 추정할 수 있다.

33) 조우전(조우전, Meeting Engagement)은 전투대형으로 전개되지 않은 부대가 이동 중에 예기치 않은 적과 만나 교전하는 경우를 말한다. 공격, 방어, 지연전 등 작전형태를 신속히 결정하는 것이 중요하다. 공격하기를 결정했다면 적이 방어태세를 갖추기 전에 신속히 공격해야 하며, 방어하기를 결정했다면 우선 소규모 부대로 시간을 벌고 본대는 신속히 방어에 유리한 지형을 선점하여야 한다.

<부도 8> '천수평전투', '마루꼬우전투' 상황도 참조

※ 히가시 지대의 주력인 가노 27기병연대는 한인 독립군 우회기동에 실패한 후 어랑촌 인근에 숙영 중, 10월 22일, 천수평 경계소초가 이범석부대로부터 기습당하자 이에 대응하기 위해 이동하다가 874고지 북로군정서에 대해 고지공격을 실시하였다. 이때, 완루구에서 이탈하여 도피 은거 중이던 홍범도 일부 부대도 증원 중이던 이노대대와 교전하여 북로군정서에 대한 압박을 분산시키는 효과를 만들었다. 마루꼬우 874고지전투는 청산리전역의 결정적 전투였다.

히가시 소장은 기병과 보병 2개 연대를 이용한 협조된 작전을 구사하지 못했다. 이 국면에서 최초 구상했던 '망치와 모루작전'은 이미 시기를 놓쳤지만, 적어도 이 상황에 맞는 양개 기동부대를 이용한 협조된 작전을 했어야 하나, 가노 기병연대는 정면 축차 공격의 졸전을, 야마다 부대는 청산리지역에서 유병화되었다.

이후, 한인 독립군은 무사히 포위망을 돌파, 북쪽 돈화와 서쪽 안도방향으로 철수에 성공하였다.

10월 27일, 히가시 소장은 긴급히 조선군사령관에게 2개 대대 긴급 증원을 요청하였다. 그러나 이미 한인 독립군들이 포위망을 벗어난 이후였다.

어랑촌은 함경북도 경성군 어랑사 마을 사람들이 개척한 한인 이주민 마을이다. 어랑촌 인근 마루꼬우 고지를 향해 연성대원들은 구보로 전진했다. 그때 벌써 적은 포 사격을 개시했다. 중포 소리다. 어떤 참모가 황급히 외쳤다.

"적이 중포를 휴대했습니다."

그러자 김좌진 장군은 물방아 소리라고 쓱 받아 넘긴다. 장병들의 동요를 방지하려는 기지다.

적은 시마다 기병중대의 모체인 가노 대좌의 제27기병연대였다. 일본군은 철기부대가 벌써 고지에서 전투 준비한 상태로 대기하는 줄도 모르고 874고지를 향해 황급히 달려오고 있었다. 계곡 안으로 척후도 없고, 전투대형도 아닌 종대대형으로 마구 달려온다. 기습의 호기다. 철기는 이때를 놓치지 않았다.

독립군의 중기관총 6문과 2문의 박격포가 계곡으로 불을 뿜어냈다. 중기관총의 하나는 프랑스 뉴쉬 종류였고 나머지는 막심과 콜트였다. 한 탄대에 대개 약 2백 50발을 넣었다. 최대 속도로 달려오는 일본군의 앞뒤를 박격포로 절단하고 그 중앙에 중기관총 6문의 불길을 그대로 쏟아 부었다. 박격포와 기관총 사격의 완벽한 조합이다. 연성대원들은 철기가 그동안 심혈을 기울여 훈련시킨 솜씨를 유감없이 발휘하였다.

황군이 빽빽이 쓰러졌다. 그러자 기병 뒤를 따르던 보병들이 산개 공격을 한다. 철기는 방어에 유리한 좁은 정면으로 전력을 집중하기로 했다. 우선 한근원중대로 하여금 신속히 김훈중대를 지원토록 하였고, 이민화중대에는 첸수이핑 북방고지를 점령할 것을 명하였다. 그리고는 전 예비대가 마루꼬우 북방고지로 급히 올라올 것을 요청했다.

적은 전 병력으로 맹렬한 공격을 가해 왔다. 모든 포병을 동원하여 첸수이핑 방향은 견제하면서 주력부대 공격을 엄호하였다. 마침내 적병이 마루꼬우 언덕에 들이닥쳤다.

여기서 밀리면 끝장이다. 기관총 소대장 최인걸 동지는 손수 방아쇠를 당겨서, 한 탄대 1백 20발 탄환을 단숨에 다 쏴버렸다.

적은 산개와 집중을 반복하며 집요하게 접근하고 있다. 비록 적이 10여 배 가까이 우세하였으나 철기부대는 유리한 지형을 차지하고 있었고, 강철 같은 용기와 의지가 뒷받침하고 있었다.

전투 중 철기의 군도가 포탄 파편에 두 동강이 났다. 그러나 그는 개의치 않고 더욱 치열하게 진두지휘했다. 코와 입은 파편으로 피가 낭자하다. 그야말로 혈전이다!

태양은 독립군 편이었다. 대군을 상대로 상대적으로 적은 숫자로 싸우는 독립군은 아침나절에는 동에서 서를 향해 사격했고, 오후에는 적이 동에서 서를 향해 사격했다. 독립군은 적을 정확히 보고 사격할 수 있었으나, 적은 역광으로 표적을 제대로 보지 못하고 사격했다.

독립군 후방으로 계속 돌려는 적의 이동에 대해 독립군은 내선 입장에서 기동성을 발휘하여 그들이 돌 때마다 적절히 그 방면으로 병력을 집중하였다.

최초 진지에 안주하지 않고 적의 움직임보다 빠르게 지속적으로 적보다 유리한 지형을 점령하는 전술적 기동이다.

훈련과 복장, 휴대장비가 독립군의 신속한 산악 기동에 유리했다. 독립군은 평소 산악지형을 평지처럼 타도록 훈련했다. 그들이 신은 미투리는 비록 오래가지는 못하지만 일본군 군화보다 가볍고 활동적이어 산악 기동에 유리했다.

독립군은 몸에 휴대한 전투장비라야 3백여 발의 탄대뿐이다. 하지만 적은 탄약통, 혁제 탄약합(혁대로 꿰인 가죽 갑)을 사용하고 있었다. 평지에서는 유리할지 모르지만 산악 기동전에서는 비효율적이다. 적은 엎드려 사격하다가 탄약합을 닫는 걸 잊고 그대로 뛰어나가다가 실탄을 땅에 흘리기 일쑤였다.

교전은 아침부터 저녁까지 계속되었다. 하루 종일 굶주렸으나 이를 의식할 시간도 먹을 시간도 없었다. 마을 아낙네들이 치마폭에 밥을 싸가지고 빗발치는 총탄 사이로 산에 올라와 한 덩이 두 덩이 동지들의 입에 넣어 주었다.

아! 눈물겨운 동포애.

적의 공격이 좀 뜸해지자 긴급 작전회의를 했다. 이제 적은 포위망을 지탱할 여력이 없을 듯하니 북쪽 로도구 방향으로 철수하자고 결론을 내렸다.

두 개 중대를 후위로 남기고 김훈 동지가 지휘하게 하였다. 후위부대는 초인적인 힘으로 적의 진출을 저지했다. 후위에 배속된 기관총 지휘관 최인걸은 태생적으로 용감한 사람이었다.

기관총 사수의 태반이 사상을 입자 직접 사수 노릇도 했다. 또, 중기관총을 끌고 다니던 말이 쓰러지자 새끼줄로 자기 몸을 기관총 다리에 묶고 기관총과 더불어 운명을 같이할 준비를 하였다.

이 격전 중에 산 중의 한 좁은 길을 사수하던 1개 소대 40여 명의 동지들이 싸늘한 달빛 아래 전원 전사했다.

아! 동지들이여.

김훈 동지는 부리부리한 두 눈을 부릅뜨고 확고하게 진지를 사수하였다. 쏟아지는 포탄과 총알에 겁을 집어먹은 두 동지가 함부로 진지를 이탈하자 김훈 동지의 읍참마속이 따랐다. 김훈 중대장은 울부짖으며 지휘를 계속했다. 김홍열 동지가 죽음을 무릅쓰고 낙오한 동지들을 구출하고, 김상하 동지가 적과 수류탄 공방전으로 본대의 철수를 엄호하였다. 엄호는 성공하였다.

이 전투에서 적은 1천여 명 가까운 사상자를 냈고 아군도 1백여 명의 사상자를 냈다. 22일 하루 종일 계속된 이 마루꼬우 874고지전투에서 철기는 비록 고전하였지만 유리한 고지를 먼저 차지한 잇점과 산악 기동 능력을 최대한 이용하여 일본군의 포위망 압박을 막아내고 오히려 막대한 피해를 가하였다.

또 비슷한 시각에 홍범도 일부 부대가 어랑촌 서북쪽 2.5km 지점 인근에서 일본군 수색대와 교전함으로써 이것이 일본군을 견제하는 효과의 덕을 보기도 했다.

결과적으로 마루꼬우 874고지전투를 통해 일본토벌대의 독립군 토벌목적은 결정적으로 분쇄되었다. 이날 밤 철기와 김좌진 장군은 일제 포위망을 벗어나 북쪽 로도구 방향으로 이동하였다.

청산리전역 에필로그

청산리전역은 이후에도 몇 차례 산발적인 전투들이 이어졌으나 백운평이나 천수평, 마루꼬우 874고지전투와 같은 대규모 전투는 더 이상 발생하지 않았다.

마루꼬우전투 후 북로군정서는 히가시지대의 포위망을 뚫는 과정에서 몇 개의 지대로 나누어 행군하였는데, 철기는 김좌진 본대와 떨어져 별도의 제대를 이끌고 포위망을 돌파하였다. 그 과정에서 천보산 광산[34]을 경비하던 경비중대와 육탄전을 벌이기도 하면서 북쪽으로 이동을 계속하였다.

청산리전역은 우리의 항일무장투쟁사상 최대 승리의 전투이자 철기 개인에게도 일생일대 최고 영광의 순간이었다. 이후로 '청산리 청년영웅'이라는 명예가 평생 동안 철기를 따라 다닌다.

청산리전역 중 쌍방 피해에 대해서는 여러 설이 있으나, 당시의 발표와 그 이후의 연구결과 대략 일본군은 1,000여 명의 전사상자가 발생하였고, 한인독립군측도 비슷한 수준의 피해가 발생한 것으로 연구되고 있다.[35]

---

34) 화룡현 북쪽에 위치한 천보산은 해발 1074미터로 만주 제1의 동은광으로 유명하다. 청나라 말기부터 채굴되어 왔으며, 1916년부터는 일본인들이 동은광 채굴권과 경영권을 독점하여, 일본군의 주요 방호 대상이었다.

35) 일본측 사료인 『간도출병사』(조선군사령부 간. 김연옥 역. 경인문화사. 2019)에 의하면, 히가시지대는 백운평전투에서 전사 4/부상 3명, 천수평 및 어랑촌 874고지 전투에서 전사 3/부상 12명으로 히가시지대의 전체 피해는 전사 7/부상 15명으로 기술되어 있다. 한인독립군의 기록이 다소 승자로서 과장이 있을 수 있으나 일제의 기록도 근본적으로 왜곡이 심한 것으로 인식하고 있는 것이 학계의 흐름이다. 필자의 연구에 의하면, 간도출병사 부록에서 전상을 포함한 환자가 875명으로 기록되어 있는데 당시 간도 출병 조선군의 실 전투 병력을 만 명 이하로 보고, 1단계 초토작전 40여 일을 고려할 때 거의 10%에 가까운 인원이 환자라는 것은 매우 비정상적이며, 이는 전투 피해를 왜곡한 것으로 해석할 수 있다.

하지만 전투 이후 일본군이 포위망 내의 3,600여 양민에 대해 무차별적 학살을 자행한 '간도대학살'의 실상을 고려할 때 일본군이 당한 인적 피해와 심적 충격은 상당한 수준이었음을 미루어 짐작할 수 있다.

또한 한인독립군과 정면으로 부딪혔던 '히가시 지대장' 히가시 소장은 그들이 승리라고 말하는 것이 무색하게 전투 후 불과 8개월밖에 지나지 않은 1920년 7월에 전역대기 명령을 받고 11월에 장군 진급 3년 만에 한창 일할 수 있는 나이인 47세에 전격적으로 예편되었다.[36] 그는 러일전쟁 참전 경험도 있는 노련한 장군이었다. 그러면 이것은 무엇을 의미하는가? 개인적인 문제일 수도 있지만 정황상 청산리에서의 패배 책임 추궁이라는 분석이 틀렸다고 할 수 없을 것이다.

일본군은 엄청난 피해를 입음과 동시에 독립군 격멸의 작전목적도 달성하지 못했다. 청일전쟁 이후 상승일본군의 무적신화는 청산리에서 무참히 깨져버렸다. 일제의 간도대학살은 그 면피의 일환이었다.

일본군은 전투 내내 독립군에게 끌려 다녔다. 일본군이 원하는 장소가 아니라 독립군이 원하는 장소로 끌려 들어와 전투를 하였다. 군사적 견지에서 대유격전의 기본도 지키지 않았다. 그저 수적 우세를 믿고 전면 포위하에 정면공격의 반복이었다. 당시보다 15년 전에 있었던 러일전쟁 여순공방전의 노기 장군 제3군 정면

---

[36] 출처: 일본 위키피디아 '히가시 소장.'

공격의 재판이었다.

거기다가 자만에 넘쳐 경계도 매우 부실하였다. 청산리전역에서 일제 토벌대의 주력부대인 히가시지대를 지휘하였던 히가시 육군 소장. 그는 러일전쟁시 만주군 총사령부 참모요원이었는데, 그 경험은 어디로 갔는지...

한편, 독립군은 일본군 전투력과 그 명성에 큰 타격을 줌과 동시에 대부분의 전투력을 보존한 가운데 일제의 포위망을 탈출하여 안전지대로 철수한 승리의 전투이다.

한인독립군은 경술국치 후 10여 년의 일제강점 역사에 큰 타격을 가하여 한민족에게 다시 일어날 수 있다는 희망을 주었다. 이는 향후 광복 때까지 끈질긴 무장투쟁에서 승리의 표본이 되었다. 뿐만 아니라 한국인의 독립을 향한 의지를 세계 만방에 알리면서 이제 막 출범한 상하이 임시정부 노력을 포함한 한국인의 독립 의지를 세상에 널리 공표하였다.[37]

어떤 요인이 태동단계의 독립군으로 하여금 이런 대승리를 얻게 하였는가? 철기 장군은 그의 회고록에서 전투 승리요인을 다음과 같이 말하고 있다.

---

[37] 그것은 당시 상하이 임시정부 대통령이었던 이승만이 철기에게 보낸 편지에 잘 나타나 있는데, 이승만은 '이 전투 덕분에 우리도 이제 독립투쟁을 하고 있음을 미국 조야에 떳떳이 이야기할 수 있게 되었소'라고 말하고 있다. 이 에피소드는 이후 이승만이 환국 후 철기를 찾았을 때 거론되기도 하였다.

"망국 10년의 치욕이 뼈에 사무쳤던 까닭이다!
우리에게는 우수한 사관청년·학생이 있었기 때문이다!
우리에게는 매우 왕성한 공격정신이 있었기 때문이다!
마을 사람들의 열렬한 협조가 있었기 때문이다!
우리는 홑옷 미투리신으로 민첩한 행동을 할 수 있었기 때문이다!
우리는 그곳 지리에 통하였기 때문이다!
우리의 전투의식이 적보다 더 강하였기 때문이다!
우리의 지휘력이 적보다 우수하였기 때문이다!
적이 피동적 위치에 있었기 때문이다!
적의 무거운 외투와 가죽구두 차림이 산악전에 불편하였기 때문이다!
민중들이 흉악한 적을 미워하였기 때문이다!"

정확한 분석이다. 여기서 청년지휘관 철기의 전투 리더십을 눈여겨보자. 정확히 1900년 생인 철기의 당시 나이는 21세였다. 많은 독립군 지도자들이 철기보다 연배가 앞섰을 것으로 추측되는데 어떤 요인이 철기로 하여금 이런 위업을 훌륭하게 수행하게 하였을까?

첫째는, 애국심이 근본 바탕이었다. 애국심에는 나이가 없다. 나라를 다시 찾겠다는 불타는 사심 없는 애국심이 철기의 모든 행동의 근원이었다.

둘째는, 투철한 시대적 사명감이다. 다른 독립군들도 자기 기반을 떠나 만주행을 택했겠지만, 철기의 경우 16세 소년 나이로 망명하였고, 윈난군관학교 출신의 그가 삭풍만이 가득한 만주로 자진해서 온 것에 대해 많은 사람들은 그 투철한 사명감에 공감하였을 것이다. 사사로운 이익이 아니라 대의에 투철한 철기의 처신이 어린 나이이지만 권위를 갖게 하였고 다른 독립군들이 믿고 따르는 큰 요인이었다.

셋째는, 솔선수범(이신작칙)이다. 전투 내내 철기는 최전방 가장 위험한 장소에서 전투를 지휘하였다. 현장에서 판단하고 현장에서 명령을 내렸다. 철기의 정확한 판단과 행동은 현장에서의 솔선수범이 그 에너지였다. 백운평에서, 천수평에서, 그리고 마루꼬우 874고지(어랑촌)에서 철기의 솔선수범(이신작칙)은 빛이 났다.

넷째는, 탁월한 군사적 식견이다. 윈난군관학교에서 배운 체계적이고 현대식 군사지식이 그에게 권위를 부여하였고, 또 현장 전투승리를 통해 그 권위가 확인되었다.

백운평 매복지역의 선정, 갑산촌 작전적 기동임무의 완수, 천수평 일본 기병중대 숙영지 기습, 마루꼬우 전투시 유리한 고지의 선점과 전술적 산악 기동 방어 등은 그의 탁월한 군사적 식견을 여지없이 증명하는 사례였다.

청산리전역은 오로지 자력으로 일궈낸 대한민국 독립전쟁으로, 약소국의 독립전쟁에서 그 유례를 찾아보기 힘든 대승리이다.

청산리전역은 중국이나 러시아, 미국의 지원 아래 치른 전투가 아니다. 오직 우리 힘으로 일본군을 쳐부순 것이다. 한국인의 우수성과 독립을 향한 열망을 그대로 표출한 전투다.

식민지 국가 중에서 혼자 힘으로 적은 병력으로 이런 대승을 거둔 국가나 민족을 어디서 또 찾을 수 있겠는가? 2차대전 때 프랑스 레지스탕스나 구 유고슬라비아의 티토도 독일치하에서 이만한 승리를 얻지 못하였다.

당연히 중국 측에서도 높이 평가하고 있다. 중화인민공화국의 작가 장완린은 말하기를, 당시 중국인들은 청일전쟁 이후로 이길 수 없는 존재로 각인되었던 일본군이 한인독립군에게 패하였다는 사실에 큰 충격을 받았고, 동시에 중국인들에게도 할 수 있다는 자각을 주었다고 하였다.

청산리전역의 주역에 관한 논쟁이 있다.

우리 사회에 김좌진과 이범석 장군의 공은 과거 반공시대의 영웅화 산물이었고, 홍범도 장군이 공산주의자였기에 제대로 인정받지 못한 진짜 주역이라는 주장이 있다. 홍범도군이 임시정부 산하 조직이 아니어서 임시정부에서의 군공 인정이 박했는데 실제 전공과 역할은 더 컸다는 사실보다는 다소 억지 주장과 같은 주장도 있다. 또 그 후손이 타인처럼 잘되지 못해서 평가를 못 받고 있다는 주장도 있다.

하지만 이 자체가 불필요하고 어리석은 논쟁이다. 그리고 편가르기에 불과하다. 기록은 정확하게 말하고 있다. 과도한 해석 내지는 곡학아세(曲學阿世)적 왜곡은 언젠가는 진실에 의해 추방될 것이다.

<부도 1> ※첨부1, 청산리 전역에 대한 군사적(軍事的) 관점 소고(小考)를 참조할 것

청산리전역 중 실제 작전다운 전투는 김좌진·이범석의 북로군정서가 치렀던 백운평, 천수평, 마루꼬우 874고지(어랑촌)전투와 갑산촌 작전적 기동 정도다. 나머지는 전투라기보다는 교전 수준이었고 작전을 구사하였다고 보기 어렵다. 상기의 세 전투들은 단순 게릴라전을 넘어서 정규전과 같은 수준의 작전이었기에 우리가 독립전쟁이라는 개념을 도입했을 때 그 도입이 과장된 것이 아니라는 예증이 되는 것이다. 적어도 이러한 수준의 전투는 치러야 독립전쟁이라고 말할 수 있는 것 아닌가.

철기의 회고록 『우둥불』 기록이 홍범도부대를 지나치게 폄하하고 있다는 일부의 주장이 있다. 관련된 주장은 세 가지 부분에 관한 것이다.

하나는, "홍범도 장군이 성명도 못 쓰는 무식인이었으나 애국심이 강하고 효용한 분이다"라는 부분이다. 홍범도를 일자무식쟁이로 기술한 것은 다소 그림이 좋지는 않다. 그러나 실제 『홍범도일지』를 보면 함경도나 평안도 방언과 구어체 중심의 기록으로 작성되어 해독이 몹시 난해하다. 그리고 홍범도 장군이 정규교육을 받은 적이 없다고 하니 학식이 매우 약했던 것은 사실인 듯하다. 그러나 홍범도 장군의 진면목은 철기도 말했듯이 애국심이 강하고 효용한 독립군이다. 독립군에게 학식이 있고 없고는 중요하지 않다. 매국노 이완용 등이 공부를 많이 했다고 하지만 그 학식은 쓰레기에 불과한 것 아닌가?

두 번째는, 백운평전투 개시 이틀 전인 10월 19일 밤에 김좌진

부대와 홍범도부대는 작전회의를 열고 지휘체계를 정하고 연합작전을 하기로 하였으나 정작 적과 전투하기 하루 전인 10월 20일 새벽에 홍범도부대는 아무 연락도 없이 모두들 떠나고 한민단 1개 중대만 남아 있었다는 주장에 대한 부분이다.

실제 『홍범도일지』를 보면 10월 21일에 군정서와 연합하기 위해 청산리로 이동하다가 일군 대부대와 만나 교전하였다는 기록이 보인다.[38] 따라서 철기가 주장하듯 연합하기로 한 것은 사실이고 도착하지 않은 것도 사실이나 홍범도부대는 이동 중에 적에 의해 가로막혀 연합이 이루어지지 못했기에 철기가 그런 주장을 한 것으로 보인다. 오해한 부분이라고 생각한다.

세 번째는, 철기는 1970년 그의 회고록인 『우둥불』에서 말하기를 "홍범도 부대가 연합을 이탈한 후 며칠 후에 안도현 입구인 우도양창 계곡에서 일제의 포위망에 걸려 거의 괴멸 수준에 가까운 막대한 피해를 입었다"고 하였다. 이 부분이 홍범도에 대한 근거 없는 폄하라는 주장이 일부에서 있다. 그러나 1990년 소개된 『홍범도일지』[39]를 보면 다음과 같이 실제 그런 사실이 있었던 것으로 기록되어 있다.

군정서(가) 청산리에 있다 하니까 연합하여 고려로 나갈까 하고 찾아가는 길에… (중략)

---

[38] 히가시지대의 예비인 이노대대와 교전한 완루구전투를 말한다.
[39] 『홍범도일지』는 홍범도가 말년에 회고록 개념으로 작성한 일지식 기록이다. 국내에는 1990년에 소개되었다.

우두양창으로 안도현을 향하여 가다나니 날이 저물어짐으로 우두양창 막치기[40]에서 불을 놓고 유하게 되니까 내가 분부하되 우둥 앞에서 불쪼이지 말고 대거리[41]마다 쬐우되 등하불명임으로 도적이 들어오는 것을 보지 못하는 것이라. 명심하여라(하)고 명령하고 밤을 지내는 때 마츰 일병(이) 뒤를 쫓아오다가 홍후재[42]를 만나 그놈들과 의병 간 길을 알려주면 돈을 많이 주마 한즉 그놈들이 우리도 그놈들을 잡자고 쫓는 중이다 하고 같이 뒤를 쫓아서 우둥논 우둥에다 쏙쌔포[43]를 막 놓으니 우둥 앞에서 불 쪼이던 군사는 씨도 없이 다 죽고 그 나머지는 사방으로 일패도주하니 다시 갱무여망[44]이 되었다... (후략)

위의 기록으로 보아 철기의 회고는 근거 없는 험담이 아니라 정확했음을 알 수 있다. 철기의 회고록은 『홍범도일지』가 한국에 소개되기 훨씬 전에 작성된 것이다.

대관하면, 홍범도는 조선조 말에 하층계층에서 일어선 의병장으로서 애국심과 전술적 투쟁력이 대단히 뛰어났다. 그러나 그것이 홍범도의 한계였다. 뒷장에서 이야기하는 청산리전역 이후의

---

40) 골짜기의 막다른 부분.

41) 代거리. 교대로라는 뜻.

42) 紅鬍賊. 중국인들 중심의 마적을 말한다. 19세기와 20세기 전반기에 만주와 연해주 일대를 횡행하며 농촌을 습격하여 방화, 약탈, 납치 등 악행을 일삼았다. 일제는 한인들의 항일활동을 저지하기 위해 이들을 적극 후원하였다. 대표적인 것이 혼춘사건의 장강호 마적이다.

43) 速射砲. 기관총을 말한다.

44) 更無餘望; 다시는 희망의 여지가 없다는 뜻.

행보를 보면 더욱 그렇다. 그 이야기는 다음 장에서 한다.

청산리전역 주역 운운은 의도적인 우리 사회 편가르기에 불과하다. 뿐만 아니라, 국가가 망한 참담한 상황에서 장군은 무엇이고 이름 없는 말단 독립군은 또 무엇인가? 모두가 우리의 조상이요 선열이며 우리가 존경해야 할 분들이다. 그 모든 분들이 다 주역이 아니겠는가? 그 당시도 분파로 통합이 어려웠던 독립운동을 지금 다시 분파적 입장에서 따진다면 지하의 선열들은 통곡할 것이다.

우리는 이 전투에서 이름을 남긴 지도급 인사들뿐만 아니라 이름도 없이 스러져간 많은 우리 선열들에 대해 감사하고 자랑스러워해야 한다.

그리고 독립군을 지원하고 일군의 잔악한 학살에 희생당한 간도지역 3,600여 한인 이주민들도 기억해야 한다.

<부도 1> ※첨부1, 청산리 전역에 대한 군사적(軍事的) 관점 소고(小考)를 참조할 것.

자유시참변, 만주와 연해주에서의 외로운 항일투쟁

일본 간도침공군의 포위망을 성공적으로 뚫고 탈출했던 대한독립군 부대 3,500여 명45)은 1921년 6월 28일 러시아 자유시에서 궤멸되고 와해되었다.

어처구니없고 허무하기도 한 대한독립군의 결말이요 한인 무장독립 투쟁 사상 최대의 비극이다.

독립군의 항일무장투쟁 규모는 광복시까지 다시는 회복되지 못했다. 따라서 자유시참변은 2차대전 종전시 임시정부가 무장투쟁으로 전승국으로 인정받지 못한 결정적 원인 중 하나로 볼 수 있다.

당시 철기는 독립군이 러시아 영내 깊숙한 자유시로 이동하여 공산 러시아에 의지하는 것은 매우 위험하다고 보고 이를 반대하였고, 자유시참변 현장에는 있지 않았다.

지금은 반공 이데올로기 만능시대는 아니지만, 자유시참변은 6.25전쟁과 더불어 공산주의가 우리 역사에 끼친 최대 해악 중 하나로 역사에 기록되었다.

만약 그때 한인독립군이 자유시로 가지 않았으면 역사는 어찌 흘러

---

45) 반병률 박사는 1,900여 명 설을 주장하고 있다.

갔을까?

1921년부터 1940년 광복군 창설 사이의 실제 역사를 바탕으로 보건대, 만주사변과 만주국 설립 - 중일전쟁의 기간 동안 독자적 또는 한중연합으로 항일무장투쟁하다가 광복군의 주력이 되었을 가능성이 매우 크다. 그리고 그 세력은 중국에 들어와 있던 한인들을 추가하여 임정의 큰 힘이 되었을 것이고 최소 사단 규모 이상으로 확대되어 중국도 무시하지 못했을 것이다. 역사에서 가정은 무의미하지만 너무도 안타깝고 통탄스러운 부분이다.

그 책임져야 할 당사자들을 끝까지 찾아내서 죄값을 물어야 한다.

밀산 재편성, 그리고 러시아령 이만시로 이동

청산리전역에 참가했던 독립군 부대들은 일제 간도침공부대의 포위망을 돌파하고 1920년 12월 말까지 무사히 중·러 국경 가까이 있는 흥개호변 밀산지역으로 재결집하였다. 그러나 밀산은 수천 명의 독립군을 수용하기에는 공간이 협소하였다.

독립군은 러시아 내 한인 독립운동세력인 문창범과 한창해 등의 권유로 다시 러시아령 이만(Iman)[46]으로 가기로 결정하였다.

---

46) 현 달네레첸스크(Dalnerechensk). 당시 이만시는 중국 만주와 러시아 연해주의 접경 우수리강변에 위치하여 지리적으로 만주에서 접근이 용이하였다. 또한 러시아 적군과 백군의 접경지대에 위치하면서도 적군의 관할하에 있어 일제 시베리아 파견군의 접근은 제한되었다. 그러나 이러한 지리적, 정치적 상황은 대한독립군의

다시 이동을 시작해 독립군은 소·만 국경인 우수리 강을 넘어 이만에 도착하였다.

당시 시베리아는 러시아혁명으로 몸살을 앓고 있었다.

러시아혁명 과정에서 시베리아에서는 공산 러시아혁명에 반대한 백계 러시아 반란이 일어났고 이를 지원하기 위한 연합군이 파견되어 시베리아 간섭전쟁이 벌어졌다. 일제는 7만 명이라는 대군을 시베리아로 파병하였다.

러시아 혁명군과 이에 저항하는 백계 러시아 군대, 백계 러시아군을 지원하는 일본 시베리아 파견군, 그리고 일제에 항거하는 한인 무장투쟁세력 사이에 복잡한 투쟁과 밀약이 난무하였다.

일본제국주의에 대항하던 한국의 일부 독립운동 세력들은 러시아 공산혁명을 하나의 희망과 대안으로 받아들였다.

당시 상하이 임시정부를 장악하고 있었던 이동휘 등 상하이파 공산주의자들은 러시아의 힘을 빌려 무장투쟁을 기도하였다. 또한 소비에트 러시아 혁명정부도 전투에 능한 한인독립군을 이용하여 시베리아의 백계 러시아군을 격멸하고자 하였다.

양측의 이해는 맞아떨어졌다. 임시정부는 이동휘의 주도로 러시아와 1920년 초에 '대일 한로공수동맹'이라는 비밀군사협정을 맺었다.[47]

운신을 상대적으로 제한하여 그들을 자유시로 이동하게 하는 한 요인으로도 작용하였다.

47) 한국 임시정부의 국제사회 지지를 얻기 위한 노력과 소련의 동아시아지역 공산혁명 전파를 위한 노력이 상호 이해가 맞아떨어져 이루어진 한국 임시정부의 조약

하지만 1920년 7월, 소비에트 러시아정부의 조종을 받는 극동공화국 정부는 일본과의 캄차카반도 연안 어업협상에서 우위를 차지함과 아울러, 연해주 일대에 주둔하고 있던 일본 시베리아 파견군의 완전 철병을 위한 협상과정에서 연해주의 이만시에 집결되어 있던 한인 무장부대들이 부담스러웠다.

또한 연합군 측의 시베리아 파병군 철군이 완료되고 백계 러시아군대가 와해되면서 연해주지역 러시아혁명이 완성단계에 접어들자 백계 러시아군에 대항하여 적계 러시아군 편에 섰던 한인 무장투쟁 세력은 러시아 볼셰비키들에게 지역 불안요인으로 인식되었다.

이러한 요인으로 러시아는 한인 무장독립군 부대를 무장 해제하고 북쪽 자유(러시아명 스보보드니)시로 이동할 것을 강요하였다. 공산 러시아에게 한국 무장독립세력은 그저 이용의 대상이었을 뿐이다. 한마디로 토사구팽(兎死狗烹)이었다.

이다. 1919년 12월, 대한제국 말기 주한 러시아 대사관 무관이었던 포타포프 장군이 상하이에 출현하여 임시정부를 도와주겠다는 발언을 하였다. 이에 임시정부는 블라디보스톡에서 한인사회당을 창설하였던 이동휘의 지휘 아래 한형권을 임시교섭위원으로 선정하여 모스크바로 파견하였다. 한형권은 공산혁명정부 수립 후 최초의 외국 국빈으로 대접받고 레닌도 만났다. 이 조약의 핵심은 임시정부가 소비에트 러시아 국제혁명노선에 적극 협력하고, 대신 소비에트정부는 임시정부의 독립운동을 적극 지원한다는 내용이다. 이후 실제로 레닌은 40만 루블을 이동휘에게 전달하기도 하였다. 그러나 결국은 그 돈이 임시정부의 분란을 조장하고 나아가 만주의 독립군들이 그들에게 이용당하고 무장해제 및 궤멸되고 마는 결정적 배경이 되었다.

러시아 공산당의 배신과 철기의 자유시 이동 거부

공산 러시아 극동공화국정부의 무장해제 지시와 자유시로의 이동 강요는 볼셰비키 정권의 약소민족 해방 원조를 순진하게 믿었던 독립군 지도자들에게는 청천벽력이었다.

독립군 지도자들은 둘로 나뉘었다. 김좌진, 김규식, 이범석 등 북로군정서 중심의 민족주의 세력들은 러시아 깊숙한 곳으로의 이동은 독립운동의 본질에 맞지 않고 오히려 그들의 혁명에 이용만 당한다고 주장하였다.

하지만 홍범도와 지청천 등 지도자들은 탄약은 고사하고 먹을 양식도 해결하기 곤란한 당시 독립군들 처지에서 후원을 기댈 곳은 러시아의 볼셰비키밖에 없다고 주장하였다. 이들은 당시 한국 독립군의 러시아령 자유시로의 이동을 강력히 주장하였던 러시아 연해주 지역 한인 빨치산 세력의 강한 영향을 받고 있었다.

결과적으로 철기와 김좌진, 김규식, 김홍일 등은 러시아령으로 진입을 거부하고 북만주로 되돌아갈 것을 결심했다. 나머지 독립군들은 1921년 1~3월에 걸쳐 자유시로 이동하였다.

철기는 당시 러시아 자유시 행을 반대한 이유를 그의 회고록에서 다음과 같이 말하였다.

첫째는, 독립군의 투쟁목적은 항일무장투쟁이고 이를 위해서는 대중지원을 받을 수 있는 토대가 가장 중요한데, 그 토대인 간도와 연해주로부터 자유시는 너무 멀다는 것이다.

둘째는, 고국과 가까운 만주를 떠나면 독립군 활동 목적의 변질을 가져올 수 있고, 자칫하면 독립운동이 아닌 러시아혁명과 아시아 민족 해방이라는 공산주의자들의 목적에 이용될 수 있다는 것이다.

철기는 독립군이 그곳으로 들어간다면 공산당 무력의 한 부분이 될 뿐이지 독립운동이라는 원래 목적과는 전혀 다른 의미가 될 것이라고 생각하였다.

러시아에 귀화하여 공산주의에 가담한 러시아에 충성하는 한국인들의 유혹에 빠져 그들의 충성스러운 앞잡이가 될 수는 없다는 것이었다.

셋째는, 가장 중요한 문제로 철기는 정신적 자세를 강조했다. 아무리 군대의 앞날이 어렵고 보급이 없다 할지라도 그 역경을 돌파하면서 자신의 일을 자신이 해야지 남이 잘 대접해 준다고 자신의 모든 걸 희생하면서 그들의 요구를 받아들일 수는 없다는 것이었다.

결과적으로 철기의 판단은 정확했다. 아직 20대 초반인 철기의 판단력과 예지력은 탁월하였다.

자유시참변

1921년 6월 28일 발생한 자유시[48]참변으로 독립군은 전사자

---

[48] 자유시의 원 이름은 알렉세예프스크로 알렉세이 황제를 기념하기 위한 도시였으나 러시아혁명이 극동지방으로 전해진 것을 기념하기 위해 혁명 후에 '자유'의 러시아 말인 스보보다라는 이름을 붙였다. 중국 방면의 지명이 흑하이므로 자유시참변을 중국에서는 흑하참변이라고도 한다.

272명, 익사자 31명, 행방불명 250여 명, 포로 917명의 희생을 당하였다. 3,500명에 달하는 대한독립군단의 거의 절반 가까운 인원이 참사의 소용돌이에서 희생당하였다. 대한독립군단은 사실상 궤멸되었다.

자유시참변은 적계 빨치산 일원인 사할린 의용군(이항부대·이만부대·다반부대·독립단군대 등)과 만주에서 자유시로 이동했던 독립군들이 극단주의적 성격의 러시아 칼란다르쉬빌리 장군이 지휘하는 적군 제5군단과 오하묵이라는 한인 2세 볼셰비키가 지휘하는 자유시 수비대대의 장갑차와 기관총을 동원한 포위와 집중총격에 쓰러진 참변이다.

이 참변은 통상 만주와 연해주에서 활동하다 자유시로 집결한 한인독립군 통솔권을 장악하기 위한 공산주의자들 내부의 다툼으로 설명하고 있다. 당시 한인 공산주의세력들은 러시아혁명 후 이르쿠츠크에 있던 국제 코민테른이 후원하던 '이르쿠츠크 공산당파'와 극동공화국이 후원하던 '상하이파 고려공산당'이 주도권을 잡기 위해 극렬하게 대립하고 있었기 때문이다.

하지만 러시아령으로의 이동이 독립군에게는 선택의 문제였다는 사실을 가지고 보았을 때, 이 참변의 본질은 러시아공산당이 러시아혁명 완성 단계에서 시베리아 반란 진압을 위해 한인 무장세력을 이용하고 마지막에는 일제와 야합하기 위해 이를 버린, 레닌과 공산주의의 속성과 흉계를 당시 일부 독립군 지도자들이 제대로 이해하지 못한 데서 발생한 비극이라고 보아야 한다. 즉,

그러한 선택을 한 지도자들의 전략적 상황 오판과 강한 자에 의지하려는 의타심에서 발생한 문제이다. 문제의 본질을 외부 요인에만 책임을 돌려서는 교훈을 제대로 얻을 수 없다. 그것은 변명일 뿐이다.

고국을 떠나 멀리 타국에서 오직 일본군과의 영웅적인 투쟁만을 꿈꾸며 추위와 굶주림을 견뎠던 독립군이 난데없는 공산주의자 간 투쟁에서 몰살을 당하였다. 당시 독립군에는 50살이 넘은 한말 의병 출신들로부터 열대여섯 살 난 러시아 교포에 이르기까지 다양한 독립군 병사들이 있었다. 그들은 영문도 모른 채 희생당하였다. 그 희생에 책임을 져야 하는 자는 과연 누구인가?

또 그 이후 대한독립무장투쟁 세력은 광복될 때까지도 다시는 그러한 군세를 회복하지 못하였다. 한국 광복군의 종전 무렵 군세가 채 500명도 되지 못하였다. 이 참사를 이제는 그 당시 역사의 한 흔적으로만 넘기고 있다. 그러나 대한민국 근현대 역사에서 이의 영향은 실로 엄중하다. 한창 타오르던 조직적이고 대규모적인 한국 무장독립투쟁의 불길이 꺼지고 이후 산발적이고 소규모적인 투쟁으로 2차세계대전 종전에 이르렀다. 결과는 일제 패망의 과실을 우리 스스로가 따지 못하게 된 사실이다.

자유시참변 후 생존 독립군 중에 러시아령에 잔류할 것을 원하는 독립군은 '고려혁명군'이라는 이름으로 시베리아 한복판 이르쿠츠크로 이동하여 소비에트러시아 적군 제5군단 예하로 편입되었다. 졸지에 대한독립군이 러시아군대 복장을 하고 러시아군대

계급장을 달고 공산혁명 완수를 위해 몸을 던지는 러시아군대가 된 것이다.

포로가 된 독립군 중 500여 명은 죄수대대로 편성되어 1년여간 시베리아 벌목작업의 강제 노역에 처해졌고, 50여 명은 징역형이라는 혹독한 선고를 받았다. 철기의 예측 그대로다.

홍범도는 소련공산당의 피압박민족 지원이라는 교언영색에 속아 대한독립군단의 러시아 자유시 이동을 강력히 주장하여 독립군의 자유시참변 괴멸에 대한 원천적인 책임을 가진 최고위 인사 중 한 명이다.

아래는 당시 홍범도 휘하의 독립군 지도자 중 한 명인 김승빈이 레닌기치, 1968년 8월 27일자에 남긴 기록이다.[49]

"가지고 있는 탄환으로는 강대한 일본토벌대와 전투를 계속할 수 없었기 때문에 로씨야 원동지방으로 넘어가 로씨야 빠르티쟌들과 함께 일본군대를 대치하여 전투를 계속하자는 홍장군의 의견에 의하여 11월 하순에 싼쎈팡(삼인방)을 떠났다."

홍범도는 1921년 11월 27일부터 30일까지 이르쿠츠크파가 주도한 대한독립군단의 자유시참변에 대한 고려혁명군법원 군사재판에서 3인의 재판위원 중 한 명으로 선발되어, 독립군을 가혹하게 처리한 재판결과에 일정 부분 역할을 하였다.[50]

---

49) 반병률의 『홍범도 장군』에서 재인용. <레닌기치>는 카자흐스탄공화국에서 재소 한인들을 위해 1938년 창간하였던 일간신문으로 1990년 폐간되었다.

50) 자유시참변 이후 1921. 11. 27~30까지 4일간 지속되었던 러시아 이르쿠츠크의

그리고 홍범도가 1927년 러시아공산당 입당 후 작성한 것으로 보이는 '홍범도 리(이)력서'에서, 그는 "1921년 동짓달에 모쓰크와로 레닌 동무에게 1921년 자유시 유혈적 사변에 대해 보고하기 위해 조선빨치산대표로 갔다"고 기록하고 있다.

또한, 홍범도는 자유시참사 후 이르쿠츠크로 이동하여 새로이 개편된 소비에트 적군 제5군단 직속 '조선여단' 예하 제1대대장에 임명되었고, 자유시참사의 가해자격인 고려혁명군정의회 측 입장에서 피해자인 사할린의용대에 대한 이념공격에 가담하였다. 홍범도는 1921년 11월 1일자로 발표된 경고문을 통해 자유시에서 괴멸된 사할린의병대 측을 "형제의 피를 무연히[51] 흐르게 한 황색정객"이라고 비판한 것이다.[52]

결과적으로 홍범도는 한국독립운동 최대의 유혈참사이자 반민족적 행위인 자유시참변에서 가해자 측의 핵심인사로 그 결과에서 결코 자유롭지 못하다.[53] 그러나 홍범도가 이에 대해 언급한

임시고려군사혁명법원 재판에서 독립군 50여 명에 대한 중형 판결이 이루어졌다. 당시 재판장은 채동순, 위원은 홍범도, 박승만이었다. 2016년 홍범도기념사업회 주관 학술회의에서 윤상원 전북대교수는 이 재판 참여는 향후 홍범도에게 큰 부담으로 작용하게 되었다고 발표하였다. 이후 모스크바의 코민테른 '원동민족대회'에 대표로 참석하여 레닌으로부터 직접 군복과 군모, 권총, 그리고 금화 100루불을 수여받은 것, 그리고 1927년 소련공산당에 입당하여 소련 공산주의 완성을 위해 항일무장투쟁 대열에서는 이탈한 후 연해주에 콜호즈 집단농장을 운영한 것이 그의 평가에 영향을 주었다고 보아야 한다.

51) 憮然히: 크게 낙심하여 허망하게 하는.
52) 반병률,『홍범도 장군』(한울엠플러스. 2014. 7. 5). 189쪽.

어떤 기록도 발견되지 않고 있다.54)

홍범도는 1927년 러시아공산당에 입당하였다. 그리고 이후부터 한인 항일무장투쟁 역사에서 사라졌다. 순간의 선택이 너무도 아쉽다. 지청천도 홍범도와 같이 이르쿠츠크로 이동하여 그곳의 고려혁명군관학교 교장으로 있다가 후에 교육 내용에 대한 정치·사상적 시비로 군사재판에 처해졌다가 임시정부의 노력으로 풀려나게 된다.

정세판단에 미숙하고, 공산주의자들의 속성을 이해하지 못한 지도자들의 잘못된 결정이 다시는 되풀이되어서는 안 될 것이다. 비극적이라는 감상적 용어 내지는 공산당끼리 갈등이라는 말로만 호도해서는 안 된다.

다시 연해주로 들어가 고려혁명군 기병사령으로 투쟁하다

자유시참변 이후 독립군은 공산러시아에서 무장해제를 당하고 만주

---

53) 홍범도 연구의 권위자 반병률 교수는 그의 저서 『홍범도 장군』에서, 홍범도가 가해자인 이르쿠츠크파와 입장을 같이 하였으나 이는 그가 가해자라기보다는 이르쿠츠크파가 상하이파를 누르기 위해 이용한 정치적 희생양의 성격이 크다는 홍범도 피해자론을 주장하였다. 그러나 이는 결과를 무시한 작위적 평가라는 비판에서 벗어나지 못한다. 그 당시 최고 책임자도 그런 식으로 빗겨나가게 하면 아무도 거기에 책임질 사람이 없을 것이다. 역사로부터 교훈을 얻지 못한다.

54) 한국독립운동사 자료집-홍범도편 68~69쪽에 자유시참변 후 홍범도는 장교들과 솔밭에 모여 땅을 치며 통곡했다고 기록되어 있다. 하지만 그 이후를 보면 피해자들을 공격하는 등 전혀 상반된 행적을 보이고 있다.

에서는 중국 군벌들로부터도 무장해제를 당하였다. 철기는 무장투쟁은 고사하고 일제 특무기관과 중국 군벌들로부터 쫓기면서 생존하기도 바쁜 신세가 되었다.

하지만 그 역경 속에서도 철기는 결코 좌절하거나 노선변경을 하지 않았다. 오직 독립된 나라를 꿈꾸며 끊임없이 투쟁하고 때를 기다렸다. 그 바탕은 끓어오르는 애국심과 시대에 대한 통찰력, 그리고 그의 호 '철기'가 의미하듯 강철 같은 의지력이었다.

그러면서 이 시기에 철기는 평생의 반려자를 만나고, 또 북만주까지 찾아 온 어머니와 재회하기도 했다.

1921년 10월, 자유시 행을 거부하였던 철기는 이만시에서 다시 만주로 넘어가기 위해 5명의 동지와 함께 깊은 밤에 우수리강을 헤엄쳐 건너다 러시아 경비병의 총격에 두 명은 전사하고 철기를 포함한 세 명만이 간신히 탈출에 성공하였다.

러시아 탈출 후 철기는 홍개호 근처 쾌당별이라는 마을에서 잠시 자위대를 지휘했지만 별 재미를 보지 못했다. 그가 신병치료로 잠시 부대를 비운 사이 마을이 마적의 습격을 받아 큰 피해를 입었던 것이다.

당시 자유시참변 이후 살아남은 독립군 지도자급 인사들은 소련공산당에 투신한 홍범도 등을 제외하고는 대부분 기회를 틈타 만주로 다시 넘어 왔다. 김좌진, 조성환 등 북로군정서 계열 지도자들은 중국 북부 헤이룽장성 일대에 흩어져 러시아에서 넘어오는 이전의 동지들을 맞으면서 둔전양병 등 장기전 태세로 앞날을 준비하고 있었다.

그러나 당시 만주지역에서 독립군 활동 여건은 나날이 악화되어 갔다. 간도학살로 그 지역 독립군 기반인 한인사회를 붕괴시킨 일제는 독립군이 다시 조직을 정비해 나가자, 이번에는 만주에 독립군이 존재하는 한 중국인들도 피해를 입을 수밖에 없다는 논리를 내세워 한중 양국인 사이를 이간시키는 책략을 썼다.

1925년 6월, 조선총독부 경무국은 중국 봉천성 경무국과 소위 '삼시협정'[55]을 체결하였다. 이에 근거하여 양국 기관은 공공연히 한국 독립군과 배일 한인에 대한 탄압령을 발하고 혹독한 탄압을 시작하였다.

만주에서의 독립군 활동이 어려워지자 독립군 세력 일부는 다시 연해주로 건너갔다. 당시 연해주 한인은 약 20만여 명에 달하였고, 이 지역의 한인 무장투쟁은 주로 한인들이 많이 모여 사는 지역을 중심으로 이루어졌다. 대표적인 곳이 우수리스크 북쪽의 이만시, 그리고 우수리스크 동북쪽의 수이푼(Suifen, 綏芬河/秋風) 지구,[56] 그리고 블라디보스톡 동남방 산악지역의 수찬(水淸) 지

---

[55] 조선 총독부 경무국장 미쓰야 미야마쓰(三矢宮松)과 중국 펑텐성 경무처장 위전(于珍) 사이에 맺어진 만주지역 한인 통제를 위한 협약. 한인의 단체조직, 무기휴대, 국경월경 금지 등이 주 내용이며, 이후 지린성과 헤이룽장성 지역으로 확대되었다. 이로 인해 한국 독립군은 일제뿐만 아니라 중국 관헌들에게도 압박을 받게 되었다.

[56] 현재의 라즈돌노예(Razdol'noe)강 유역 일대를 일컬으며, 솔빈(발해 성터의 하나)으로도 불린다. 우수리스크와 블라디보스톡의 중간지점에 위치하여 북한에서 올

구57) 등이었다.

19922년 중순에 수이푼 지구에 있던 고려혁명군이라는 빨치산 조직이 일본군과 전투 중 지휘부가 와해되자 자유시참변에서 살아나온 김규식 선생58)을 사령관으로 초빙하였다. 김규식은 조직 강화를 목적으로 청산리전역 청년 영웅으로 간도와 연해주 일대에 소문난 철기를 기병사령으로 영입하였다.59)

고려혁명군은 태동단계에서는 러시아혁명을 위한 한인 빨치산 중심으로 결성되었으나, 김규식과 철기가 합류한 이후로는 항일투쟁을 위한 민족주의적 성격의 무장조직으로 변모하였다. 그리고 러시아혁명 완성 전까지 잠시 일본군과 연합전선을 펴던 백계 러시아군에 대항하여 합동민족군으로 투쟁했다.

이 시기에 철기는 후일 평생 해로하게 되는 김마리아를 만난다. 김마리아는 시베리아에서 태어난 한인 2세로 러시아혁명과정

라오는 도로와 블라디-우수리 간의 도로가 만나는 곳으로 한인 이주빈들이 일찍부터 정착했던 곳이다. 연해주 한인이 중앙아시아로 강제이주시 한인이 집결하여 출발했던 기차역이 있다. 김정일이 태어난 곳으로 알려져 있다.
57) 현재의 파르티잔스크를 말한다. 블라디보스톡에서 동쪽으로 172km 떨어져 있다. 18세기말부터 한인 이주민이 많이 정착하였던 곳이다.
58) 1882~1931. 경기도 양주 출생. 대한제국 무관학교 출신. 북로군정서 소속이었다.
59) 한국 독립운동사에서 고려혁명군이라는 명칭을 가진 조직은 한 개가 아니었다. 자유시참변 후 이르쿠츠크로 이송되어 갔던 지청천이 있던 조직 명칭도 고려혁명군이라는 것은 위에서 언급하였다. 철기가 몸담은 고려혁명군은 1923년 간도 연길현 명월구에서 창설되었다는 주장도 있다.

에서 정치부원으로 합동민족군 기병 지휘관인 철기를 감시하는 임무로 처음 철기를 만났다. 투쟁 간 두 사람은 연인관계가 된다. 청춘남녀의 만남은 하늘의 이치인 모양이다.

곧 연해주에서는 백계 러시아군이 거의 궤멸되고, 볼셰비키 혁명 완성과 일제의 시베리아 파견군 철병이라는 중요한 정치군사적 사건이 벌어진다. 이제 러시아 연해주 일대의 힘의 진공상태가 종료되고, 볼셰비키 권력은 한인 무장세력의 무장해제를 추진한다. 토사구팽이다.

연해주에서 무장해제가 시작되자 한인들의 무장투쟁은 불가능해졌다. 이에 1924년(1923년?) 초, 김규식 등은 이만을 탈출해 우수리강을 건너 만주지역으로 돌아가고, 철기는 좀 더 있으면서 정국을 주시하고 있다가 역시 만주로 돌아갔다.

1925년 1월, 철기의 고려혁명군 기병대가 수이푼강을 건너 만주로 넘어가는 과정에서 러시아군이 습격해 왔다. 이때 철기는 이마에 총탄을 맞고 영안현 영고탑에서 상처를 치료받았다. 철기가 부상으로 사경을 헤매고 있을 때 새어머니 김씨가 마적이 우글대는 북만주를 뚫고 철기를 찾아와 기적 같은 모자상봉을 하기도 하였다

김마리아와의 결혼과 고려혁명군 결사단 조직

철기의 고려혁명군 기병대가 만주로 들어가기 위해 수이푼강

을 넘자마자 이번에는 중국군이 무장해제를 강요한다. 수차례 전투를 벌인 끝에 수적 열세로 할 수 없이 무장해제를 받아들였다. 이후 철기는 중국군의 정세도 알아 볼 겸 잠시 만주군벌 장쫑창(張宗昌)60)의 군사막료로 한 4개월 간 지냈다.

그러다 1925년 7월, 김좌진으로부터 즉시 영고탑으로 오라는 전보를 받는다. 당시 김좌진은 지린성 영안현 영고탑에서 신민부라는 독립운동단체를 조직하고 있었다. 연해주에서 철기를 연모하였던 김마리아가 목숨을 걸고 국경을 넘어 철기를 찾아 온 것이다.

이해 8월, 철기는 오석 김혁 선생의 주례와 조성환, 김좌진을 증인으로 김마리아와 결혼하였다. 철기는 김마리아를 러시아어인 마르시아를 줄여 '무샤'라고 불렀다(이 이야기는 뒤편 인간 이범석에서 구체적으로 다룬다).

신혼도 잠시, 이 해 9월에 철기는 지린성 주하현 오길밀로 이동하여 고려혁명군 결사단을 조직해서 관동군 습격과 교란 등의 투쟁을 이어갔다.61) 군인 철기의 혈기는 쉴 틈이 없었다.

1926년 7월, 장제스군은 중국 통일을 위해 북벌을 개시하면서 만주의 유력한 한인 독립군 지도자인 김좌진에게 '공패성'이라는

---

60) 1881~1932. 1920년대 산둥과 만주 일대에서 활약하였던 군벌. 서양무기를 몹시 선호하여 휘하에 백계 러시아 패전병들로 이루어진 사단과 장갑차, 전차, 장갑열차 등을 보유하였다고 알려져 있다. 이는 철기에게 식견을 넓히는 기회가 되었다.
61) 이때 김마리아는 유창한 러시아어를 바탕으로 무기 밀구매를 도맡았고 스스로도 쌍권총을 휴대하고 결사단원으로 활동하였다. 이로 인해 김마리아는 쌍권총의 달인이라는 별칭을 얻기도 하였다. 이 공로로 정부에서 독립유공자로 선정되었다.

밀사를 보내 동북군벌 장쭤린이 중국 통일에 호응하도록 압력을 가해 줄 것을 요청하였다.

김좌진은 철기에게 이 위험한 일을 맡겼다. 만주의 반일 마적들을 규합해서 장쭤린 군대에게 압박을 가하라는 것이다. 자칫 동북군벌과 큰 무력충돌이 발생하면서 그 당시 만주의 실력자와 사이가 틀어질 수 있는 위험한 모험이었다. 철기는 4개월 동안 마적 20여 개 단체 6,7천 명을 규합하여 위하현 일대에서 장쭤린의 아들 장쉐량의 1개 친위대를 격파하였다. 하지만 공패성이 체포되고 공작은 실패하였다.

이 일로 장쉐량은 철기에게 현상금을 내걸고 뒤쫓는다. 철기는 일제 관동군 특무기관과 동북군벌로부터 이중 추적을 받게 된 것이다(이 사건은 뒤에 철기가 낙양군관학교 한적군관대장으로 재임시 다시 부각된다).

1928년 들어 고려혁명군 결사단도 일제와 중국 군벌의 집요한 합동 탄압으로 73명의 요원이 7명만 남게 되었다. 1929년 가을, 철기는 할 수 없이 결사단을 해체하고 '김광두'라는 가명으로 무샤와 함께 만주와 외몽고 접경지역인 할라주 산악지대로 피신하여 근 2년간 수렵생활로 연명하였다.

이 사이에 만주의 실력자 장쭤린이 1929년 9월 4일 황고둔에서 관동군에 의해 폭살되자 그 아들 장쉐량이 실권을 잡고는 반일로 돌아섰다. 바야흐로 만주사변 직전이다.

철기는 도피 은거 중에 김좌진이 공산주의자 박상실의 총탄에 암살되었다는 소식을 수주 후 전해 듣고 통곡을 하며 제문을 지어 보냈다.

2

지략과 용맹의 북만주 호랑이, 그리고 억류 생활

중국 항일 구국군에 한국인의 우수성을 각인시키다

1931년 발생한 만주사변은 동북아 정세를 급변시켰다. 중국군이 항일투쟁으로 들고 일어났다. 자유시참변 이후 세력이 위축된 가운데 때를 기다리고 있던 만주 일대의 한인 무장투쟁 독립군에게도 투쟁의 원군이 나타나게 된 것이다. 당연히 외몽고지역에 은거해 있던 철기에게도 다시금 움직일 수 있는 기회가 다가왔다.

철기는 중국 정규 군관학교를 나온 경력과 청산리전역의 명성으로 일제 관동군과 최전선에서 싸우던 헤이룽장성의 쑤빙원, 마잔산 군대에 초빙되었다. 일제 관동군이 만주지역 철로를 따라 만주를 점령해 나가자 일제가 지나간 후방에서 많은 중국 구국군들이 일어섰고, 여기에 한인 독립군들도 가담하였다.

남만주에서는 양세봉의 조선혁명군이, 북만주에서는 러시아에서 풀려난 지청천의 한인독립군이 중국군과 연합해서 무장투쟁을 하였다.

이 시기에 철기는 한국 독립군 지도자들 중에는 드물게 중국군의 야전군급 규모 부대 참모로 일제와 정규전을 치르는 경험을 쌓게 된다. 어느새 철기는 중국군도 인정하는 고위 군사지도자로 성장한 것이다. 이러한 경험들은 향후 광복군 창설과 광복 후 국군 창설과정에 큰 도움으로 작용하였다.

철기의 장갑열차가 만주평원에서 일제 관동군에 타격을 가하다

철기가 외몽고 땅에서 사냥으로 연명하고 있을 때였다. 근처에 중국 헤이룽장성(黑龍江省) 군의 하나인 쑤빙원(蘇炳文) 장군1)이 철기의 소문을 듣고 그를 초빙하였다.

철기는 하나의 조건을 내세웠다. 그것은 헤이룽장성에서의 한인 이주민 보호였다. 당시 한인들이 일제에 협력하고 있다는 소문이 만주지역 중국인들 사이에 널리 퍼졌는데, 이는 일제에 의해 조작된 것이니 그러한 잘못된 의심을 버리고 한인들을 보호해 달라는 것이었다. 쑤 장군은 즉석에서 철기의 조건을 받아들였다. 철기의 깊은 애국애족 정신이다.

철기는 쑤빙원 장군 휘하에서 일본군을 연구하고 대안을 제시하는 브레인 역할을 하였다. 이때의 유명한 일화가 철기의 '개조 장갑화차' 일화다.

당시 일제 관동군의 드넓은 만주 땅을 공략하는 전략은 만주지역에 발달된 철로를 따라 대도시 중심으로 공격하는 것이었다. 철도를 이용하여 최전방에 대부대를 보내고 철로와 역참은 경비대로 방호하는 개념이다.

일제 관동군은 최초 중국 동북군이 보유하고 있던 7개의 장갑열차를 탈취하고는 이 장갑열차들을 선봉으로 중국군을 공격하였다. 일제 관동군은 철로를 따라 파죽지세로 만주를 점령해 나

---

1) 중국 동북군벌의 한 명으로 당시 내몽고 후룬베이얼(呼倫貝爾) 경비사령이었다.

갔다.

　장갑열차는 탱크와 같아서 진격할 때는 보병을 지원하는 포병 역할을 하였고, 정지할 때는 방어진지의 지탱점 역할을 하였다. 막강한 화력과 돌파력에 중국군은 속수무책이었다.

　마땅한 대응책을 강구하지 못하고 쩔쩔매는 쑤빙원 군에게 철기는 '눈에는 눈'이라는 대응책을 제시하였다. 즉, 중국군 지역 내에 널브러져 있던 무개화차를 장갑열차로 개조하여 일제의 장갑열차에 맞대응하자는 안이었다.

　철기는 쑤빙원 장군의 승인과 그의 전폭적인 지원 아래 1주일 만에 장갑열차를 만들어냈다. 철기는 개조 장갑열차를 다음과 같이 설명하였다.

　"무개화차 위에 자른 레일을 말뚝 삼아 두터운 이중벽을 만들어 이 사이에 돌과 모래를 부어 방탄효과를 냈다. 그 위에 다시 레일을 촘촘히 걸치고 다시 모래주머니를 160센티 가량 쌓아 놓고, 중간에 총구를 사방에 만들어 소총이나 기관총을 자유롭게 사격이 가능하도록 했다.

　열차들을 끌고 다닐 기관차는 이들 개조 장갑열차의 중간에 위치시켜 앞뒤로 움직일 수 있게 하고, 그 앞뒤로 개조 장갑화차 2~3량을 달게 하였다. 기관차는 가운데 있으니 직격탄을 맞을 가능성이 적었다. 장갑은 모래나 자갈 등을 잘 다져 넣었다.

　그리고 우수한 보병간부들을 선발해서 개조 장갑화차의 전술적 운용을 숙달시킨 다음 관동군에 대응하게 하였다."

'넨즈'산 탈환 작전시 이를 이용하여 대성공을 거두자 당시 헤이룽장성 주석이자 최고 사령관이었던 마잔산 장군이 치치하얼에서부터 직접 달려와 격찬해 마지않았다. 이 개조 장갑화차는 일본군 진격을 저지하는 데 큰 역할을 하였다. 한국인의 우수성을 만주 땅에 드날린 것이다. 철기는 말했다.

"창의는 새로운 것을 만드는 것도 있지만, 있는 것을 새롭게 쓰는 것도 창의라고…"

중국의 항일영웅 마잔산 장군과 함께 항일투쟁의 선봉에 서다

철기의 개조 장갑화차에 깊은 인상을 받았던 마잔산 장군[2]이 철기를 스카웃했다. 쑤빙원 장군은 중국 신식군관학교인 바오딩(保定)군관학교 출신이었던 반면, 마잔산 장군은 본디 마적 출신이었다. 그는 작은 키로 '만주의 나폴레옹'이라고 불릴 만큼 지도력은 뛰어났으나 군사지식은 별로였다. 그런 마잔산 장군이 철기를 탐내지 않을 수 없었다. 철기는 마잔산 장군의 핵심참모인 작전과장이 되었다.

중국에서 마잔산 장군 하면 중국 최초의 대규모 항일 승리전투

---

2) 1885~1950. 중국 봉천군벌의 원로로 중국의 초기 항일전쟁의 영웅이다. 철기와는 지휘관과 핵심참모 사이였으며, 나중 일제 관동군에 패퇴하여 러시아령 진입시 러시아군대에 의해 철기와 같이 톰스크에서 억류생활을 하였고, 귀국시는 중국군 구라파 군사사절단장으로 52일간의 유럽시찰을 철기와 같이 하였다.

인 '강교(江橋)전투'의 영웅으로 일컬어지고 있다. 당시 대부분의 동북군벌 장군들이 친일로 돌아서서 일제에 야합하거나 장제스의 지시로 산해관 이남으로 전투 없이 철수할 때 마잔산 장군 홀로 헤이룽장성에서 항일로 일어선 것이다. 그 항일의 핵심참모가 철기였다.

강교전투란 1931년 11월에 일제 관동군의 헤이룽장성 성도 치치하얼 점령을 중국군이 저지한 전투를 말한다. 지린성과 랴오닝성을 이미 점령한 일제는 만주의 마지막 중국 영토인 헤이룽장성을 점령하기 위하여 성도 치치하얼에 집중 공격을 가하였다.

이 전투는 3만여 명의 일제 관동군과 1만 3천여 명의 중국 헤이룽장성군이 37일간 치른 전투로, 결과적으로 일제 관동군이 만여 명의 사상자를 내고 패퇴한 중국군 승리의 전투이며, 중국 항일투의 상징적인 전투로서 이름이 높다.

지금 치치하얼에 있는 '강교 항일전투기념관'에 가면 철기 장군의 흉상이 우뚝 서 있다. 중국 관영 CCTV는 2007년에 항일투쟁 명장으로 외국군으로서는 유일하게 철기 장군을 선정하여 중국 전역에 방영하기도 하였다.

강교전투에서 철기는 두 가지 일화로 중국인들에게 유명하였다. 하나는 강교전투 중에서도 결정적 전투인 11월 17일 '삼칸방' 방어전투에서 철기의 고려혁명군 결사대 잔여병력이 불굴의 진지 사수 모습을 중국인들에게 보여준 것이다.

또 하나는 당시 헤이룽장성군이 일제 관동군의 장갑차 공격에 제대로 대응하지 못해 일방적으로 밀릴 때였다. 철기는 장갑차의 급소는 포탑회전부이니 용감하고 날랜 병사를 선발하여 이 포탑회전부에 철공구 등 쇠붙이를 끼워 포탑을 돌지 못하게 하면 공격하기 쉽다고 조언하였다. 중국군은 철기의 조언을 받아들여 이를 실전에 적용하여 큰 효과를 보았다. 그래서 오늘날 치치하얼의 '강교 항일전투기념관'은 철기를 '용감하며 지모가 넘치는 장군'으로 묘사하고 있는 것이다.

마잔산 부대의 치열한 항일전투로 크게 피해를 입은 일제 관동군은 마잔산 부대를 완전 궤멸시키기 위하여 관동군 전력을 이 방면으로 집중 포위공격해 들어갔다. 악전고투 끝에 마잔산과 쑤빙원 부대 등 중국군 수만 명은 일본군의 포위망을 뚫고 중동철도 서부 종점인 만주리를 경유하여 소련령인 다후리로 탈출하였다.

1932년 초가을, 철기는 만주에서의 항일전을 더 이상 이어가지 못하고 러시아로 몰려든 근 7만여 명의 중국 군대와 함께 러시아 시베리아 한복판의 작은 도시 톰스크에서 8개월간 억류생활을 하게 된다.

톰스크의 하늘 아래

철기는 톰스크에서의 8개월 억류생활 동안 무서운 굶주림과 추위의 고통을 겪으면서 공산 러시아혁명의 민낯을 여실히 들여다볼 수 있는 기회도 가졌다.

자유시참변과 톰스크 억류생활을 체험하였던 철기 장군은 반공주의자였다. 철기 장군이 활동하던 시절의 반공주의는 지금과는 분명 차이가 있다. 그러나 아직도 공산주의를 신봉하고 있는 북한과 대치하고 있는 우리는 그 실상에 대해서 분명히 알 필요가 있다.

지금까지의 역사가 보여준 공산주의의 종말은 소련과 같은 붕괴거나 중국이나 베트남과 같은 개혁개방을 표방한 변신이다. 그러나 그 변신도 본질은 공산주의일 뿐이다.

북 시베리아로의 강제 집단이송, 그리고 톰스크의 하늘 아래

러시아령에 들어서서 보니 민간인 마차대열 속에서 이동했던 마리아가 일본 기병의 기습 속에 죽기 직전에 기적같이 살아 돌아왔다. 하지만 3일 동안의 기아와 추위로 온몸이 동상이다. 오랫동안 생사를 같이하던 동지이자 아내인 마리아를 잃지 않으려는 철기의 필사적인 노력으로 마리아는 가까스로 회복되었다.

마잔산군 2만여 명은 무장이 해제되자마자 행선지 통보 없이 강제 열차 이동이었다. 도중에 그라스노야르스크에서 지린, 랴오닝, 헤이룽장성 등에서 온 중국 정규군 및 의용군과 합류했다. 영하 40도의 추위를 헤치고 신비의 바이칼 호수를 끼고 달려 10여 일 만에 7만여 명의 억류군은 목적지 톰스크에 도착하였다.

<부도 11> 톰스크 이동 참조할 것.

톰스크는 약 1미터 50센티나 되는 눈이 쌓여 있는 '눈의 도시'였다. 시가지 주위로는 빙 돌아 원시림이 병풍처럼 서 있다.

시베리아에서 가장 역사가 오래되었다는 신비의 도시!

철기 일행은 톰스크 중심에서 약 40리 떨어진 제1차 세계대전 시의 통나무 수용소에 수용되었다. 1개 대대를 수용하는 통나무 집마다 엉성한 생철난로 2개가 난방의 전부였다. 실내 온도가 무시무시한 영하 35도다.

러시아는 주식으로 빵을 공급했다. 억류된 장교에겐 하루 450그램, 사병에게는 700그램이다. 채소는 건조상태로 한 사람 당 하루 200그램이고, 육류는 폐마를 죽인 말고기였다.

빵 급식량의 차이를 통해 내부의 계급 갈등을 조장시키려는 의도가 보였다. 피억류군은 내부 분열을 막기 위해 자체 모순을 최소화하는 등의 노력을 하였다. 위계는 지키되 땔나무를 하거나 눈을 치우는 등의 육체노동은 장교 사병 할 것 없이 모두가 동등하게 하였다.

낮의 추위도 문제였으나 밤은 정말 견디기 힘들었다. 아무리 2개의 난로에 장작을 집어넣는다 해도 워낙 실내가 넓은데다 사람이 드나들 때마다 온도가 내려갔다. 반죽음이었던 마리아는 동상이 완치되기도 전에 다시 동상을 입게 되었다. 북시베리아의 기나긴 겨울 밤은 추위와 굶주림이 뒤엉킨 죽음의 밤이었다.

공산 러시아 사회의 실상

당시 7만여 명의 억류자에는 중국군인뿐 아니라 만주지역 유지 등 민간인들도 많았기에 자체 질서유지를 위해 자치회가 필요하였다.

30대 초반의, 중국인도 아닌 한국인 철기가 뜻밖에도 자치회에서 러시아 보급창과 사무연락을 맡는 대표로 뽑혔다. 철기의 중국군 대좌 계급과 러시아어 실력, 그리고 공정한 일처리가 군민 모두의 신임을 얻은 것이다.

철기는 톰스크 시내를 드나들면서 공산주의 사회를 적나라하게 들여다볼 수 있었다.

철기가 공산 러시아를 본 첫 인상은 자유의 억압이었다. 거주지를 떠나려면 우선 허가를 받아야 하고, 이동 즉시 비밀경찰 게·뻬·우(G·P·U)의 감시가 따랐다. 화폐는 돈이 아니라 소속 직장의 꼬뻬라치프(소비 합작사)에서의 물건 교환권에 지나지 않았다.

주택은 러시아 정부가 민간의 가옥을 모두 접수하여 국가 소유 가옥과 합쳐 직장별로 다시 할당하였다. 두 식구에 방 하나 정도였다. 사람은 모두 직장을 갖지 않을 수 없게 되었다. 직장이 없으면 배급도 없기 때문이다.

지독한 감시와 조사, 통제로 전통적 가정 관념이 무너졌다. 부자 형제 사이에도 터놓고 말을 할 수 없었다. 남편과 아내의 직장이 다르고 근무 시간도 맞지 않아 내외가 집에서 만나는 시간이 일정하지 않았다. 아이는 부모가 키우는 것이 아니라 탁아소에서 공산국가에 충실한 공산당원으로 키워졌다.

천지가 공포와 불안의 공기로 가득차 있었다. 숙청은 끊임없이 지속되었다. 밤에 유리창 너머 나는 발소리에 깨서 밖을 내다보면 누군가가 끌려가고 있었다.

나라 전체가 병영이었다. '노동자 조국을 수호하는 방위교육'이라는 명분 아래 군사교육이 사회를 지배하였다. 여자 직공까지 소총, 기관단총 분해 결합의 선수다. 초등학생은 비오네르(소년돌격대), 청년들은 콤소몰(청년단)에서 조직생활과 의무부터 가르쳤다.

공산주의는 사회의 모순을 폭력으로 해결하려 하였다. 그 과정에서 신앙의 자유, 언론의 자유, 가족주의와 같은 인간의 기본적인 삶을 파괴하였다. 공산주의와 다른 모든 사상과 관습은 탄압의 대상이다. 공동생산과 공동분배는 인간의 경제적 동기를 무시하였다.

톰스크에서 철기는 우연히 처가 소식을 들었다. 마리아의 친정 식구는 모두 서른일곱 명이었는데 대부분이 반혁명죄 또는 경제범으로 몰려 죽었다는 것이다. 그야말로 생지옥이었다.

한편 군대와 당원은 똑같은 최고의 대우 대상이었으나 사치나 허영 생활은 아니었다. 나이가 60이나 되는 머리가 허옇고 허리가 굽어지려는 장성이 공무 이외에는 꼭 걸어 다녔고 물건도 스스로 들고 다녔다. 당번병이 사적인 일을 하는 일이 없었다. 독일이나 일본의 군국주의 겉껍데기 같은 위엄과 허영적 프라이드는 배척되었다.

이 대목에서 지금부터 90여 년 전 철기의 현대적 의식수준이 놀랍기만 하다. 철기는 신중하지만 군대의 과도한 권위의식과 허영을 지적하였다. 공산주의가 말하는 평등의 관점이 아니라 소통과 본연의 역할에 주목한 접근이다. 한국에 미군이 주둔한 지 70여 년 가까이 되었지만 아직 한국군이 미군으로부터 제대로 배우지 못한 부분이다.

톰스크 에필로그

나오는 소변이 땅에 떨어질 때 그대로 얼어버리는 톰스크의 겨울. 배고픔과 추위가 뒤엉킨 길고 긴 밤.

하지만 중국인들에게는 돌아갈 조국과 희망이 있었다. '우리에겐 정부가 있다. 정부는 우리 7만여 명을 반드시 찾을 것이다'라고 스스로 다짐했다. 그러나 철기는 나라 잃은 망명객 신분이었다.

시간이 흘러 톰스크의 하늘에도 햇빛이 비추기 시작했다. 봄이 오면서 억류가 풀린다는 소식이 들려왔다.

톨스토이의 명작 『부활』에 나오는 도시 톰스크다. 대만의 유명작가 푸내부가 쓴 『북극풍정화』(한국명 『톰스크의 하늘 아래』)는 30대 초반의 혈기방장한 철기가 톰스크 시내 학교 교사였던 한 폴란드 여성과 나라 잃은 민족의 동병상련 감정으로 연애했던 이야기를 받아 적은 글이다. 중화권에서 크게 히트했던 이 소설은 대만에서 영화화되어 선풍적인 인기를 끌기도 하였다.

요즘 시베리아를 여행하는 한국 젊은이들이 많이 있다. 톰스크도 주요 타겟이다. 우리 젊은이들이 자연과 낭만을 즐김과 동시에 나라 잃고 지구의 오지 시베리아 톰스크에 억류되었던 망명객의 아픔도 함께 생각해 본다면 어떨까?

〈중국 치치하얼
강교전투기념관에
전시된 철기 관련 설명〉

3

철기, 한국 광복군의
제갈공명이 되다

중국군 일원으로 광복군 동량들을 양성하다

철기는 8개월의 억류생활에서 풀려나오면서 52일 간 유럽 군사 선진국들을 견문할 기회도 얻었다. 당시 한국 독립군 지도자들에게는 언감생심의 매우 귀한 경험이었다.

그리고 중국으로 다시 돌아온 철기는 김구의 요청으로 막 출범한 중국 뤄양군관학교 한국인 특설반 대장으로 장차 광복군 창설시 중추가 될 장교들을 양성하는 책임을 맡았다.

철기는 불의의 일로 중도에 그만두게 되나 이제 시작되는 광복군 창설 기초 작업 단계부터 그 역량을 발휘하게 된다.

억류에서 풀려나며 유럽을 견문하다

톰스크에 억류된 지 8개월 만에 중국과 소련정부 간 협상이 타결되었다. 약 7만의 전투 부대는 해당 지휘관 책임 아래 신장(新疆)성을 통해 중국 땅으로 들어가고, 군인 가족을 포함한 민간인들과 노약자들은 기차로 블라디보스톡까지 가서 거기서 다시 배로 상하이로 가기로 하였다. 소수의 고급 장성과 막료들은 별도로 모스크바로 가게 되었다.

먼저 각급 부대가 신장성을 향해 떠났다.

"중국에 돌아가 난징에서 다시 만나자"는 작별 인사를 하면서….

그러나 운명의 신은 야속했다. 그들 대부분과는 이후 다시 만나지 못했다.

약 7만 명에 가까운 부대원들이 신장성 군벌 성스차이(盛世才)의 농간으로 신장성에 묶여 버린 것이다.

당시 신장성은 험난한 지형 탓으로 중국 동부지역에서 접근이 매우 어려운 절해오지였다. 특히 사람이 부족한 신장성에서 야심만만한 성스차이가 손 안으로 날아 들어온 꿩을 놓칠 리 없었다. 그래서 그들은 가족과 생이별하게 되고 성스차이의 손아귀 아래 항일전과 국공내전 속에 희생되고 말았다.

그 속에는 철기의 고려혁명군 결사단 일원이었던 남경우를 포함하여 한인청년 4, 5명도 있었다. 조국을 독립시켜 보겠다는 피끓는 청년이 중국 텐산·알타이산맥, 고비사막의 한 귀퉁이에서 불귀의 고혼이 된 것이었다.

이 지면을 빌어 혼돈의 시간에 독립투쟁을 위해 청춘과 목숨을 바친 무명의 그들을 위해 추념을 올린다. 언제 시간이 되면 고비사막 한 귀퉁이에서 무명의 이 한인 독립투쟁 청년들에게 작은 꽃 한 송이나마 바치고 싶다.

1933년 4월 18일, 마리아를 포함한 민간인들이 출발한 후, 마잔산 장군과 철기를 포함한 50여 명의 간부진도 러시아가 제공한 특별열차편으로 모스크바로 출발하였다. 이들에게는 세계 1차대전 이후의 유럽 각국의 선진 군사시설과 정책 등을 돌아보고 오라는 장제스의 특별지시가 떨어진 것이었다.

<부도 12> 철기의 유럽 선진국 군사시찰

모스크바를 출발한 열차가 폴란드 지경에 들어서면서, 감격과 설움, 그리고 다짐의 복잡한 심경이 철기를 사로잡았다. 억류에서 풀려난 다른 중국인 고급 장성과 관리들은 갈수록 감격에 벅차하였고 한 가지라도 더 알려고 무척 애쓰곤 하였다.

하지만 철기는 억류에서 풀려났다는 인간적 감격과 함께 나라 없는 군인의 서러움 또한 깊어만 갔다. 그러면서 선진 군사견문을 통해 반드시 독립을 힘으로 쟁취해야겠다는 의지도 굳혀 갔다.

1933년 6월 5일, 철기는 폴란드 - 독일 - 이태리 - 수에즈 운하를 거쳐 모스크바를 출발한 지 52일 만에 상하이에 도착하였다.

중국 뤄양군관학교에서 광복군 동량들을 양성하다

1930년대 중반은 바야흐로 중일전쟁과 2차 세계대전의 먹구름이 아시아를 덮치려는 때였다. 그 가운데 대한민국 임시정부는 존재감을 나타내기 위하여 안간힘을 쓰고 있었다. 대표적인 것이 윤봉길, 이봉창 의사의 의거였다.

여기에 감명을 받은 장제스는 김구와 면담하면서 일회적 특무공작보다는 장기적으로 효과 있는 무관 양성을 제의하였다. 김구도 흔쾌히 '불감청고소원(不敢請固所願)'으로 동의하면서 우선 중국 군관학교에 한인 특설반을 두기로 합의하였다.

바야흐로 이제 대한민국 임시정부의 광복군 창설의 때가 다가온 것이다. 그 시발은 무관 양성이었다.

1934년 2월에 중국 하남성 육군중앙군관학교 뤄양(洛陽)분교에 한인 청년무관을 양성하기 위한 특설반이 설치되었다. 중국정부가 재정 지원을 하였지만, 그 운영과 교육훈련은 한국 임시정부가 독자적으로 하기로 하였다.

이즈음 철기는 유럽 시찰에서 돌아와 상하이에 머물고 있었는데, 비밀리에 김구로부터 연락이 왔다.

"장제스의 지원으로 중국 국민당 육군중앙군관학교에 우리 한인만을 위한 특별반을 운영하기로 하였소.
그대가 와서 그들을 교육시켜 주면 큰 힘이 될 것이오. 그대의 청산리전투 경험과 중국군 고위장교로서 경험한 모든 것을 전수해 주기 바라오."

인재가 부족했던 김구에게 철기의 청산리전투 지휘 경험과 중국군 고위 장교로서의 다양한 항일무장투쟁의 경험 등은 최적의 자격이었을 것이다. 1934년 10월에 김구는 철기에게 입교생들의 교육훈련을 실질적으로 총괄하는 학생대장의 중책을 맡겼다.

1기로 상해, 북경, 천진, 만주 등지에서 모집된 한인 청년 92명이 입교하였다. 입교생들은 일본군 후방지역에서의 다양한 공작, 그리고 중국군과의 연합을 통해 한국 독립을 쟁취한다는 목표 아래 훈련에 임하였다.

뤄양군관학교 한적반은 일제의 국민당 정부에 대한 지원 중지 압박과 내부의 갈등으로 1935년 4월 62명의 졸업생을 배출하고는 폐쇄되고 말았지만 여기를 졸업한 이들은 향후 광복군의 핵심 역할을 함으로써 그 의의는 자못 크다 하겠다.

한편 학생 교육훈련에 전념하고 있던 철기에게 뜻하지 않은 시련이 닥쳐왔다. 누군가 철기가 공산당원이라는 중상모략을 중국군에 퍼뜨린 것이다.[1] 어느 날 밤, 당시 뤄양군관학교 교장인 중국군 장성이 철기를 비밀리에 불러 말하였다.

"오늘 중앙정부로부터 철기는 공산당원이니 한적군관대장에서 즉시 해임시키고 암살하라는 지령을 받았소.
나는 당신이 공산당원이라고 믿지는 않소만, 생명이 위험하니 즉시 학교를 탈출하는 것이 좋을 것이오."

당시는 중국공산당이 대장정으로 패주하던 시기로, 공산당으로 찍히면 그 길로 끝이었다. 철기는 그 즉시 야반도주할 수밖에 없었다. 철기의 가족과 지인들도 체포되고 심문될 처지에 놓였다.

---

[1] 당시 뤄양군관학교 내의 한인은 김구계, 지청천계 등 파벌 형성이 이루어져 암투가 극심하였다. 한적반은 이로 인해 조기에 해체되고 말았고 어떤 파벌에도 가담하지 않았던 철기에 대한 음해도 이의 영향으로 인식되고 있다.

사면초가 속에 철기는 비상한 결심으로 역발상의 묘책을 강구하였다. 군인에게 상황은 돌파의 대상일 뿐이다.

지난 날 만주에서 항일투쟁시 '공패성' 사건으로 인해 동북군 사령관 장쉐량이 철기의 목에 은화 50만 냥의 현상금을 걸고 체포하려 한 적이 있었다고 앞에서 말하였다. 그 장쉐량이 마침 뤄양 근처에2) 와 있었다.

철기는 정면 승부를 작정하고 장쉐량 장군을 찾아 갔다.

"만주 '공패성' 사건시 한국 독립군 사령관 김좌진과 같이 활동하였던 이범석이오. 당시 일은 만주에서 연합 항일대오를 만들기 위한 부득이한 조치였음을 이해 바라오.

나는 공산당이라면 이를 가는 사람인데, 지금 내가 공산당으로 몰려 처지가 몹시 궁하게 되었으니 지난 일은 잊고 대인적 포용으로 도와주시기 간곡히 부탁하오."

장쉐량은 1898년 생으로 철기보다 2살 위다. 장쉐량은 철기가 동북군벌의 일원이었던 쑤빙원 장군이나 마잔산 장군과의 항일투쟁 일화를 들어서 잘 알고 있었다. 비록 현재는 일제 관동군에게 쫓겨 자신의 영지 만주를 일제에 강탈당하고, 중국 내지로 들어와 장제스에 얹혀 있는 처지지만, 명목상으로나마 당시 중국

---

2) 이때는 1936년 12월의 시안사변 이전이다. 당시 장쉐량은 1931년 열하전투에서 패배하여 동북지역 전체를 일제에 빼앗기고 동북군 패잔병 10만여 명을 이끌고 시안에 와 있었다. 그는 이때 35년 9월에 있었던 대장정을 마치고 전투력 회복 중이던 홍군과의 전투에서 패배하여 의기소침한 상태에 있었다.

국민당의 2인자였다. 철기의 사정을 들은 장쉐량은 호기롭게 말하였다.

"과거는 과거일 뿐이오. 나는 이제 구원을 다 잊고 당신을 적극 보호하겠소. 그리고 내가 알기로 당신은 절대 공산당원이 아니오.
우리 항일투쟁 대오에 같이 섭시다. 내가 적극 도와주리다."

철기는 장쉐량의 천거로 중국 제5전구 부사령관 겸 제3집단군 총사령 한푸취(韓復榘) 휘하에서 고급참모(중국 지방군 소장)로 항일투쟁을 지속하였다. 1938년 1월 한푸취가 일본군과의 전투에 소극적이라는 이유로 장제스에게 처형된 이후로는 제3집단군 예하 제55군 차오푸린(曹福林) 휘하에서 주임참모로 활동하면서 주로 화북지역에서 일본군과 전투하였다.[3]

그리고 1940년 초에 장제스의 신임으로 중국 국민당 핵심 요원만 들어가는 중국 국민당 중앙훈련단(단장 장제스)[4]에 왕모백이라는 가명 아래 중국 정규군 상교(대령)의 계급으로 중대장직으로 취임하게 된다. 철기의 능력을 중국 국민당 최상층부에서도 인정한 것이었다.

---

[3] 이때 철기는 중일전쟁에서 중국군이 승리한 최초의 전투였던 타이얼좡(台兒莊)회전에 참전하였다.

[4] 장제스가 국민당 총재로 취임해 항일전쟁을 수행하기 위해 국민당의 총체적 개조를 목적으로 설립한 기구다. 당 간부 인원과 전국 정치·군사·경제·교육기관 공무원 및 교직원의 사상훈련을 집중 실시하였다. 장제스가 직접 단장을 맡아 매주 수차례 교육현장을 찾아 지도할 정도로 심혈을 기울인 조직으로, 철기는 이 훈련단의 가장 핵심과정인 당정중앙훈련반 3기를 수료하였다.

한편 철기는 중국군으로 항일투쟁을 하는 중에도 지속적으로 임시정부와 극비리에 접촉을 하면서, 국제정세를 면밀히 살펴보고 있었다. 조만간 세계대전이 벌어질 것이고 한국이 그 기회에 피를 흘리지 않으면 국제사회에서의 발언권이 제한될 것이기에 이에 대비하기 위해 무장군대 조기 조직이 시급하다는 생각을 강하게 갖는다.

초대 광복군 참모장으로 광복군 창설 실무를 총괄하다

1940년 8월 4일은 중국 충칭에서 임시정부의 '광복군 총사령부'가 창설된 날이다.

광복군은 9월 17일에 정식 창설식을 가지나 총사령부는 8월 4일에 사전 창설되어 사령관에 지청천, 참모장에 철기가 임명되어 광복군 창설작업에 들어간 것이다.

철기는 이제 임시정부라는 당시 대한민국을 대표하는 중앙무대에서 그동안 닦아 온 최고위급 군사지도자로서의 능력을 유감없이 발휘한다.

한국 광복군은 1940년 9월 17일 창설로부터 44년 말 본격적인 대일항전을 준비하기 전까지 내부적으로 세 차례의 큰 어려움을 겪었다.

첫 번째는 중국 국민당의 1년여간 지연 승인, 두 번째는 42년 7월의 조선의용대의 편입, 그리고 세 번째는 중국군사위원회 9개 준승 강요이다.

나라 없는 정부의 군대 만들기와 전쟁 준비의 여정을 철기를 중심으로 헤쳐나가 본다.

광복군 창설 배경

대한민국 임시정부는 수립된 지 20여 년이 지났지만 뚜렷한 대일투쟁의 성과를 보이지 못하고 있었다.

독자무력에 의한 국토회복이나 외교적 노력만의 국권회복은 비현실적인 가운데, 남은 것은 일제가 스스로 망하는 때를 이용하는 것이었다.

1937년 중일전쟁, 1939년 독일의 폴란드 공격으로 바야흐로 세계는 세계전쟁이라는 대소용돌이에 빠져들고 있었다.

이 절호의 시기를 놓치지 말고 우리 군대를 한시바삐 만들어 연합군의 일원이 되고자 하는 방략이 대한민국 임시정부에 세워졌다.

군대 창설에 유리한 여건으로 당시 대부분의 한인무장 세력이 중국 내륙에 들어와 있었다. 1932년 만주국의 건설로 만주지역에서의 조직적인 투쟁이 어려워지자 민족주의자와 사회주의자를 포함한 대부분의 독립군들이 중국 내륙 화북지역으로 들어온 것이었다.[5]

대한민국 임시정부는 항주, 진강, 장사, 광주를 거쳐 1940년 충

---

[5] 남만주에서 주로 활동하던 조선혁명군은 지휘관 양세봉의 전사 이후 세가 급격히 위축되어 1938년경 거의 와해되어 화북지역으로 이동하였고, 북만주에서 주로 활동하였던 한국독립당군은 1934년에 중국 내지로 이동하여 사령관 지청천은 1934년 뤄양군관학교 한적군관반 책임자로 와 있었다.

칭으로 이동하는 와중에 민족주의진영과 사회주의진영을 통합한 단일대오의 광복군을 창설하기 위해 다각도의 노력을 경주하였다.

그러나, 임시정부의 군대 창설 움직임과는 무관하게 김원봉은 1937년 중일전쟁이 발발하자 중국군과 연합작전을 한다는 명목 아래 별도의 독자적인 무장조직을 창설하였다. 화북지역의 조선혁명군을 바탕으로 중국 군사위원회 정치부 통제를 받는다는 조건아래 1938년 10월 '조선의용대'를 창설한 것이다.

김원봉은 중국 황푸군관학교 출신으로, 중국 국민당 군내에 그만의 인맥을 갖고 있었다. 그는 그 인맥을 바탕으로 임시정부보다 한발 빠르게 무장력을 조직하였고, 이는 중국 국민당 일부가 한국 임시정부와는 별도로 본인들이 통제 가능한 한인 무장조직을 만들어 임시정부를 견제하겠다는 의도와 맞물렸다.

임시정부는 일제의 공격으로 서쪽지방으로 계속 이동하던 불안정한 상황 관계로 군대 창설이 지지부진 하던 차에 김원봉이 조선의용대를 창설하자 매우 곤혹스러웠다. 임시정부는 대한민국을 대표하는 정부인데 별도의 무장단체가 나타난 것이었다.

한국 광복군 창설, 철기의 참모장 취임

1940년 초, 중국 국민당 중앙훈련단 중대장이었던 철기는 중국 국민당 정부와 함께 충칭으로 이동하여 임시정부 요인들과 재회하였다. 중국 군부와의 접촉에 어려움을 겪고 있던 임시정부에게 철기는 천군만마였다.

1940년에 임시정부의 여당으로 창당된 한국독립당은 임시정부의 국군으로서 광복군 창설을 위하여, 중국 정부와 교섭을 진행하면서 한국독립당 중앙집행위원장 김구의 명의로 '한국 광복군 편찬대강'이라는 광복군 편성계획서를 장개석에게 전달하였다.

최초 철기는 광복군이 한국독립당 군대로 창설되는 것을 보고는 이에 적극적이지 않았다. 그는 파벌 가능성의 우려로 특정 정당의 군대로 창설되는 것에는 찬성하지 않은 것이었다.

철기의 예리한 통찰력이다. 사실 이후 광복군에는 김구 직속파, 지청천의 만주 한국독립당군파, 김원봉의 조선혁명당파 등이 서로 얽혀 파벌싸움이 끊이질 않았다. 오죽하면 장준하와 김준엽 같은 일제 학병들이 임시정부로 탈출하여 와서 그 파벌 싸움을 보고 크게 분개하여 임시정부를 폭파하겠다는 공개 폭탄선언까지 하였겠는가?

철기는 김구와 내무총장이던 이시영 등과 더불어 조속히 광복군을 만들어 세계대전 발발시 연합군의 일원으로 가담해야 한다는 데 뜻을 같이하고 동참하기로 하였다.

광복군 창설 준비기구로 '광복군 창설 7인위원회'가 조직되고 임시정부와 무장독립투쟁 지도자를 대표하여 김구, 박찬익, 지청천, 유동렬, 김학규, 조경한, 그리고 중국군직을 사임한 철기가 여기에 참가하였다.

하지만 광복군 창설에 관한 중국 국민당과의 교섭은 지지부진하기만 하였다. 그러자 철기가 중국 국민당 승인 이전이라도 먼저 창설을 해놓고 보자는 주장을 강력히 내세웠다.

"일단 일을 저질러 놓고 봅시다. 시간은 결코 우리 편이 아닐 것이오."

연합군의 일원으로 전투하려면 한 시가 급하므로 여건은 불비하지만 먼저 만들어 놓고 중국 측과 계속 협상해 나가자는 논리였다. 김구가 여기에 적극 동의하였다. 결과적으로 광복군 창설 후 1년이 지나서야 중국 측의 승인을 받았던 것을 보면 철기의 주장이 적절했음을 알 수 있다. 세계사의 흐름에서 시간은 결코 우리 편이 아닌 경우가 많다. 내가 지체하더라도 세계사는 그 큰 바퀴를 쉼 없이 돌리고 있는 것이다.

중국 측의 광복군 승인 지연에는 여러 요인들이 자리잡고 있었다. 장개석과 중국 국민당 지도자들은 1927년 중국 공산당의 광저우 봉기시 황푸군관학교에 있던 많은 한인들이 여기에 가담하였던 것에 대해 강한 트라우마가 있었다.[6] 이로 인해 일부 중국 지도부는 한국인의 투쟁 목표가 공산주의국가 건설이라고 오해를 하기도 하였다.

또한 국민당 내부에서는 백 명도 채 안 되는 한국 광복군 인준

---

6) 1927년 12월 11일, 중국 광둥성 광저우에서 저우언라이 등 중국 공산당원들이 소비에트 건설을 위해 일으킨 사건이다. 이때 황포군관학교 교관이었던 최용건을 포함하여 황포군관학교 학생 등 200여 명의 조선인 공산주의자들이 봉기에 가담하였다.

이 그리 서두를 중요한 일은 아니라는 생각도 있었다.

윤봉길 의사의 의거가 상층부의 인식을 일거에 바꾸어 놓았지만 중국 국민당 주요 군사지도자들의 전체 인식을 바꾸기는 요원하였다. 장제스는 동의하였으나 광복군 인준은 국민당 군사위원회의의 소관사항이었다. 그 군사위원회 실력자들이 그리 적극적이지 않았던 것이다.

그 이면에는 조선의용대 지휘관이었던 김원봉의 방해공작이 자리잡고 있었다. 당시 김원봉은 다음과 같은 광복군 정식 승인을 반대하는 장문의 서한을 국민당 군사위원회 군사처 제1과에 제출하기도 하였다.[7]

첫째, 광복군은 일병 일졸도 없고, 노회하고 무례한 늙은이들이 먹고 살기 위해 협작한 조직이다.
둘째, 내부에는 공산당이 많다.[8]
셋째, 토지, 인민, 통치권이 없는 한국 임시정부가 군대를 갖는다는 것은 장난에 불과하다.
넷째, 중국이 광복군을 승인하면 한국혁명 내부에 큰 분규가 발생할 것이다.
다섯째, 그러므로 중국정부는 임시정부 대신 민족혁명당과 민족해방투쟁동맹, 그리고 한국 독립당으로 하여금 통일기구를 만들게 하여 광

---

7) 백범 김구전집 6권 372쪽에 기술되어 있다.
8) 김원봉 본인이 사회주의적 성향이 농후하였지만 당시 공산당을 혐오하는 장제스와 국민당을 자극하기 위한 것으로 보인다.

복군을 지도하게 해야 한다…(이하 생략)

임시정부에 합류한 철기는 능숙한 중국어와 자신의 인맥을 바탕으로 중국군의 실력자들을 상대로 부지런히 움직였다. 여러 불신요인들을 해명하면서 한국인이 중국과 동맹이 되면 발생하는 여러 국제정치적, 군사전략적 유리점을 설명하고 이해를 구하였다.

철기가 중국 군사위원회 실력자 후성(候成) 장군을 찾아가 따지기도 하였고,9) 김구가 주지후아(朱家驊)10)를 통해 장제스와 직접 면담하기도 하였다.11)

한편, 앞에서 말한 대로 중국측의 인준은 별개로 우선 군대를 창설하기로 방침을 정한 임시정부는 1940년 9월 17일 드디어 광복군 창설식인 '한국 광복군 총사령부 성립 전례식'을 거행하였다.

충칭 가릉강가에 위치한 가릉빈관에서 임시정부 요인들과 외국인 귀빈 200여 명이 참석한 가운데 성대하게 거행되었다. 중국 중앙정부의 요인들과 주요 군 지휘관, 각 사회단체의 간부들, 각국 대사 등 외교사절들과 신문기자들이 참석하였다.

---

9) 당시 국민당 판공청 군사처장으로 군사위원회에서 광복군 관계 업무를 담당하였다.

10) 당시 국민당 중앙집행위원회 비서장으로 한국 광복군과 임시정부의 중국 국민당 승인에 지대한 공로가 있었다. 1977년 대한민국 독립유공자로 건국훈장 대통령장을 받았다.

11) 당시 국민당 판공청 군사처장 후성과 참모총장 허잉친은 광복군 승인관련 실무진이었던 황포군관학교 출신인 국민당 군사위원회 텅졔, 강택 등 김원봉에게 매우 호의적인 인사들에 둘러싸여 이들에게 휘둘려 있었다.

철기는 초대 참모장[12]으로 취임하여 광복군 조직을 구체화하기 시작하였다.

초창기 광복군의 임무는 중국에 분산된 한인 무장력을 총집합시켜 중국군과 연합으로 조국 광복을 위해 일제를 구축하는 데 최우선을 두었다.

이를 위해 군의 경비나 장비는 외원으로 충당하고 대량으로 군간부를 단기 양성하며, 창설 1년 이내에 최저 3개사단을 편성하여 중 · 미 · 영 등 연합군의 교전단체로 참가하여 국토 수복시까지 투쟁을 끊임없이 하기로 하였다.

하지만 광복군은 창설되었으나 중국 측의 승인과 원조는 여전히 부진하고 미온적이었다. 중국군은 조선의용대를 우선 지원하면서, 광복군을 동맹군이 아닌 자신들의 지원군 내지는 보조군으로 예속하고자 하였다.

한국 광복군은 그 위상이 양적 규모에 좌우된다고 판단하고 인적 기반 확대를 최우선 사업으로 택하였다. 화북지방의 20여만 동포들을 대상으로 초모활동을 적극적으로 하기 위해 사령부를

---

12) 당시 임시정부 내의 무장투쟁 경력자들은 유동렬(1879년생)이나 지청천(1888년생) 같이 대부분 60대 전후의 노쇠한 인사들이었기에 정력 있는 젊은 일꾼이 필요하였다. 실무를 총괄할 참모장으로 40대 초반의 이범석(지청천 추천)과 김홍일(김구 추천)이 고려되었는데, 청산리전투 경험, 만주에서의 독립군과 중국군으로서의 다양한 군사경험, 그리고 장제스 직계의 중앙훈련단 출신으로서 향후 중국 국민당과의 원활한 협조 가능성 등을 고려하여 이범석으로 결정되었다. 이후 철기의 한국인 후임으로 김홍일이 참모장을 역임하게 된다. 두 사람 모두 만주 무장독립투쟁시 자유시행을 반대하였던 반공주의자로서 공통점이 있다.

섬서성 시안으로 이동시켰다. 철기는 충칭에 잔류하여 중국 군사위원회와 군사협정과 지원문제 등을 계속 협의하였다.

1941년 10월 31일, 김구를 포함한 임시정부 요인과 철기의 지대한 노력으로 드디어 중국 국민당 정부는 중국 군사위원회가 통할 지휘하는 조건 하에 한국 광복군을 승인하였다. 중국 국민당 정부의 정책이 결정된 것은 철기의 노력과 함께, 이즈음에 있었던 김원봉 휘하의 조선의용대가 대거 화북으로 진출하여 중국공산당 산하로 들어간 사실이 결정적이었다. 중국 국민당 중앙은 한국인 무장세력을 확실히 장악할 필요를 느꼈던 것이다.13)

그리하여 한국 광복군이 출범한 지 1년이나 경과한 1941년 10월 31일, 중국 국민당 군사위원회는 다음과 같은 지시를 하달하

---

13) 조선의용대는 1938년 10월 후베이성 한커우에서 김원봉 주도로 결성되었다. 중국 국민당 지원(월 식비 20원, 공작비 10원 지급) 아래 주로 포로 신문 및 적 후방 선무공작 중심으로 활동하였다. 1942년 우한에 대한 일본군의 포위공격 시 여기에 있던 조선의용대는 본대와 각 지대가 각개로 우한을 탈출하였다. 김원봉과 본대 94명은 국민당을 따라 충칭으로 이동하였다. 그러나 나머지 3개지대는 화북지역에 반 독립적으로 잔류하였고, 조선의용대가 중국 국민당의 강한 영향력 아래 있었던 것에 불만을 품었던 최창익 같은 공산주의자들은 이들을 회유하여 공산 팔로군에 가담시켜 조선의용군이라는 별도의 조직을 만들어 활동하였다. 중국 공산당의 조선의용군 창설은 소련 후원의 동북항일연군 후신 제88특별여단(김일성 가담), 장제스 국민당 후원의 한국 광복군과 연관시켜 동북지역에서 한인무장투쟁을 이용하여 향후 만주지역의 100만 한인에 대한 영향력 발휘와 한반도에서 주도권을 장악하려는 강대국들의 놀음이었다는 시각이 있다. 불행했던 한인 독립운동사의 한 부분이다. 힘이 없고 단결하지 않으면 강대국의 먹잇감에 지나지 않는다는 교훈이다.

였다.

"한국 광복군과 조선의용대를 동시에 중국 군사위원회에 예속시키고 중국군 참모총장이 직접 통제한다."14)

---

14) 이때까지 중국 군사위원회는 일부 인사들 중심으로 조선의용대를 한국 광복군과는 별도의 조직으로 병행 발전시키려 하였다. 이는 김원봉 개인에 동조하는 그의 황포군관학교 인맥들의 작품이었다. 광복군 초기부터 발생한 이러한 임시정부 군대 건설 방해 책동은 44년 준승해제시까지 영향을 미쳤다.

광복군 9개 준승으로 철기는 광복군
제2지대장으로 내려가다

1941년 10월 31일, 중국 국민당은 한국 광복군을 승인하고 아울러 지원을 개시하였다. 그리고는 11월 15일에 '한국 광복군 9개 준승'과 새로운 편성표를 하달하였다.

이로 인해 광복군의 대외 작전활동은 통제되었고, 광복군 참모장을 비롯한 주요 참모직위에 중국군이 파견되었다.

철기는 사령부 참모장에서 부참모장과 제2지대장으로 자리를 옮겨 9개 준승의 해제 노력과 함께 광복군 제2지대의 항일투쟁 능력 확충에 심혈을 기울였다.

중국 국민당의 승인과 아울러 9개 준승(準繩)이 하달되다

한국 광복군 승인지시가 하달된 지 불과 보름 만인 11월 15일, 중국 군사위원회 판공청은 한국 광복군 총사령부 앞으로 '한국 광복군활동 준승 9개항'과 '광복군 총사령부 잠정 편성표'라는 것을 전격적으로 내려 보냈다.

준승 9개항은 광복군 대외 작전 활동을 통제하는 기준이고, 잠정 편성표는 광복군 총사령부에 '한중 연합참모부'를 편성하게 하는 직제표였다. 이로써 광복군의 작전 지휘권과 편성권 등이 중국 군사위원회로 넘어 갔고, 광복군에는 중국군이 파견되어 간섭과 통제를 하였다. 사실상 광복군에 대한 통수권을 중국군이 가져간 것이었다.

한국 광복군 준승 9개 항의 주요 내용은 아래와 같았다.

1. 한국 광복군은 중국의 항일작전 기간 동안 중국 군사위원회에 예속되어 중국군 참모총장이 장악하여 운용한다.
2. 한국 독립당은 광복군에 대해 그 어떤 군령이나 정치적 지시를 할 수 없다.
3. 한국 광복군은 한반도에 가까운 지역에서만 운용하여 중국군의 작전과 배합하며, 전구 후방에서 훈련시에는 그 지역의 중국군 최고 지휘관의 통제를 받아야 한다.
4. 전구 후방에서는 주요 도시에 연락기관만 운용할 수 있고, 임의로 체류하거나 활동하는 것을 불허한다.
5. 광복군 총사령부 소재지는 중국 군사위원회가 지정한다.
   (이하 생략)

한마디로 중국군의 보조군대라는 말이다.[15]

---

15) 지금의 한미연합사령부가 한미군 동수 편성이고 ROK-US MCM(Military Committee Meeting) 즉, 한미군사위원회라는 한국과 미국의 합참의장이 공동 권한을 갖는 상급 기관으로부터 전략지시를 받는 것과 비교하면 말할 수 없을 정도로 아주 굴욕적인 통제. 현 한미연합사는 구조상 한미가 공동지분을 갖고 있다. 단지 힘의 균형이 강대국인 미국에 조금 쏠려 있다고 보아야 한다. 우리는 그것을 우리 국익을 위해 이용하고 있는 것이다. 따라서 일부에서 지금의 한미연합사령부의 한국군 전작권문제를 임시정부의 9개 준승과 동일시하는 시각은 적절치 않은

임시정부는 중국 정부의 지원을 받아야 하는 어쩔 수 없는 현실 때문에 이 조항을 받아들였다.

1942년 3월 13일 부로 중국군사위원회 고급참모인 인청푸(尹呈輔)가 철기 대신 참모장으로 들어왔고 이어 주요 처장들을 중국인이 맡게 되었다.[16] 철기는 조직 개편과 함께 잠시 부참모장 및 참모처장으로 있다가 광복군 주력부대인 2지대장으로 자리를 옮겼다.[17]

조선의용대와의 통합과 광복군 조직 개편

1941년 12월 8일, 일본의 진주만 기습으로 태평양전쟁이 발발하였다. 임시정부는 동년 12월 10일 대일선전포고를 하여 동맹국의 일원으로 대일전에 참가할 뜻을 세계에 선포하였다.

임시정부는 무엇보다 일국(一國) 일군대(一軍隊)의 대원칙 차원에서 김원봉의 잔여 조선의용대를 광복군으로 통합하기 위해 적

것이다.

16) 1942년 당시 광복군의 편성을 보면 보직 인원 45명 중 한국인은 12명인데 반해 중국인은 33명으로 숫자가 압도적이었을 뿐 아니라 주요 보직 또한 중국인이 차지하였다.

17) 당시 중국 군사위원회는 철기의 민족주의적 정서를 상당히 부담스러워하였다. 인청푸의 회고록에 의하면 철기는 "중국 군사위원회가 한국 광복군에게 중국의 삼민주의를 강요하는 것은 다시 한국을 중국의 속국으로 만들려는 것"이라고 강력히 항의하여 이를 해결하였다고 기술하고 있다.

극적으로 움직였다. 이는 광복군의 인적 자원 기반을 확대하는 효과도 있었다.

조선의용대의 광복군 편입은 광복군 창설 단계부터 임시정부가 매우 심혈을 기울여 중국에 요구하였으나 김원봉과 그를 지원하던 중국 군사위원회 일부 인사들의 방해 공작으로 광복군 승인시까지도 해결을 보지 못하였다.[18]

김원봉은 원래부터 광복군 창설이나 가담에 매우 소극적이었다. 하지만 주력이었던 화북지대[19]가 공산 팔로군으로 들어가고 중국 국민당의 재정지원이 끊기는 등 그에 대한 지지가 예전만 못하자 어쩔 수 없이 광복군으로 합류하였다.

마침내 1942년 임시정부 국무회의는 조선혁명당 산하 조선의용대를 광복군으로 합편하는 것을 승인하고 중국 정부의 강요에 의거 총사령부에 부사령관직을 신설하여 김원봉을 선임하였다.

---

18) 광복군 승인 3달여 뒤인 1942년 1월 11일자로 국민당 한국담당자인 주지후아가 장제스에게 올린 김구의 서한은 다음과 같다. "(전략) 소문에 중국 군사당국이 조선의용대를 새로 편조하여 광복군과 병행 발전하려고 한다. 이는 한국 무장대오의 통일을 저해할 뿐 아니라 내부 마찰을 일으킬 수 있다. 조선의용대의 잔여 인원은 광복군에 귀속되어야 한다.(후략)"

19) 조선의용대의 화북지대 120여 명 은 공산주의자 김두봉(연안파 거두, 북조선 초대 국가수반 역임)의 인솔로 연안으로 이동하여 조선의용군이라는 이름으로 개칭하고 팔로군의 일원이 되었다. 이들은 이후 항일전과 국공내전을 거쳐 전투의 베테랑이 되어 광복 후 만주의 한인들로 세를 불려 북한으로 들어갔다. 이들은 6.25전쟁시 북한인민군 주력부대가 되어 남침의 선봉이 되었다. 북한군 5사단, 6사단, 12사단이 이들로 창설된 부대들이다. 우리 민족 비극의 한 장면이다.

그리고 대대적인 조직개편을 하였다.[20]

광복군은 창설 초기에 총사령부 장교 12명을 포함하여 전체 30여 명의 간부급으로만 결성된 아주 초라한 규모였다. 머리만 있고 팔다리는 없는 격이었다. 광복군은 창립 1년 내에 3개사단 신편을 목표로 적극 초모활동을 하였으나 쉽지 않았다.

조선의용대 잔류 인원 수십 명의 합류는 광복군의 외형 확대에 보탬이 되었다. 자유시참변 이전 3,600여 명이었던 독립군은 1920년대 만주에서 게릴라전을 벌일 때 1,600여 명 정도였고, 1930년대 수백 명 수준을 거쳐 이제 백여 명 수준으로 떨어진 것이다.

참고로 광복군 규모는 종전시에 449명 규모로 집계되고 있다.[21]

광복군에 김원봉[22]이 들어와 부사령 겸 광복군에 합류된 조선

---

[20] 42년 5월 11일자 주지후아가 김구에 보낸 서신에서 김원봉의 합편조건을 다음과 같이 말하고 있다. "조선의용대를 광복군에 합편하는 조건으로 본인이 광복군 부사령으로 취임하고 조선의용대는 별도의 지대로 편성한다." 김구는 답신에서 부사령직 신설은 위인설관의 전형으로 적절치 않다고 하였으나 결국 수용하였다. 당시 국민당은 조선의용대와 중국 공산당의 관계를 알고 있으면서도 김원봉을 광복군에 동참시키고 임시정부도 이를 받아들인 내면에는 당시 독일이 소련을 침공하고 일본이 미국을 공격한 것을 계기로 국제적으로는 미소연합이 결성되고, 중국 내부로는 국공합작이 이루어진 분위기도 영향을 미쳤다.

[21] 1945년 종전 직전 임시정부 군무부가 작성하였던 '광복군 현세'라는 문서를 보면 514명으로 기록되어 있다. 여기에서 중국인 65명을 제외하면 한국인은 449명이다.

[22] 김원봉은 이후 임시정부 군무부장도 지낸다. 즉, 지금의 개념으로 국방장관/합참

의용대로 편성된 1지대장을 하게 되자 철기는 2지대장으로 보직된다.

2지대는 기존 1, 2, 5지대를 통합하여 개편한 부대로서 사실상 임시정부의 고유부대이자 주력부대였다.

광복군 참모장직에서 물러난 철기는 제2지대장으로 임명받았다. 철기가 지휘관이 된 제2지대는 1942년 4월 20일 기존 5지대를 제1, 제2지대와 통합하여 새로이 편성하였다.

제2지대는 1942년 10월 지휘체제를 확립하여 총무조, 정훈조를 편성하였고, 산하에 3개구대를 조직하였다. 총사령부 참모였던 이복원이 부지대장에, 그리고 안춘생, 노태준, 노복선 등이 각각 3개 구대장을 맡았다.

철기는 42년 10월 초에 2지대 본부가 있는 시안으로 부임하였다. 2지대 본부는 초기에는 총사령부가 위치해 있던 섬서성 시안 시내 이부가 4호였다. 그러나 시안의 총사령부가 충칭으로 이전한 후에는 시안시 남쪽 교외의 두곡이라는 곳으로 이전하였다.

2지대는 일본군 내의 한인 사병과 일본 점령지구에 있는 한인 청년들을 포섭하여 이들을 광복군으로 편입시키는 초모공작을 활발히 전개하였다. 2지대에 의해 초모된 인원들은 일정한 교육과 훈련을 거쳐 광복군에 편입되었다.

차장/작전사령관까지 겸하게 되었다. 예하 조직은 빈약하고 위인설관이라는 비판을 들으면서도 김구는 김원봉을 포용하였다.

많은 이들이 광복군 시절의 철기를 부하들에게 깊은 감화를 주면서, 군인적인 엄격함과 정감 있는 인간미를 지닌 장군으로 기억하고 있다.

"제군들이 죽을 자리를 내가 마련해 주겠다!"

철기의 연설에 장준하 등 광복군 훈련생들은 눈물을 흘렸다. 그리고 사사로움을 배제하고 공익 우선을 솔선하였다. 철기는 일을 처리할 때 일에 대한 사전 치밀한 계획성과 과감한 추진력을 보여 주었고, 사후에는 분석과 검토를 통해 일 처리에 대한 교훈을 제시해 주었다. 무엇보다 솔선수범을 통해 부하들의 자발적 동참을 유도하였다.

"마리아, 당신은 매국노야!
난 부하들에 대한 양심과 동지들에 대한 도리상 그렇게는 못해!
부하들에게는 그렇게 못해 주는데 당신이 상관 부인이라고 그렇게 하면 안돼!"

당시 4살 된 철기의 외아들이 폐렴에 걸려 사경을 헤매고 있을 때 부인이 아들을 살리려고 몰래 병원에 데려갔다가 이를 안 철기의 말이다. 그 얼마 전 한 부하의 5살 난 아들의 치료를 제때 지원해 주지 못해 죽음에 이르게 했던 미안함이 북받쳐 그랬던 것이다.

다시 집으로 돌아 온 아들을 옆에 두고 부부가 사흘 밤을 꼬박 새웠다. 철기가 신흥무관학교에서 가르쳤던 이신작칙(以身作則)의 리더십이다.

중국군의 광복군 9개 행동준승의 해제

'한국 광복군 9개 행동준승'은 이후 약 3년여 동안 한국 광복군을 사실상 중국군의 보조부대로 만들었다.

대부분의 재정을 중국으로부터 지원받는 입장이었지만 일국의 군대를 표방하고 있던 광복군이 작전 외에도 정책, 행정 등 모든 분야를 중국으로부터 구속받는 것은 있을 수 없는 처사였다.

3년여에 걸친 철기와 임시정부 지도자들의 치열한 노력으로 준승은 해제되었다. 이제 철기는 그동안 임시정부의 그 누구도 착안하지 못했던 미군과의 연합작전을 추진하게 된다.

'9개 행동준승'의 해악

중국이 9개 준승이라는 굴레를 가지고 광복군을 과도하게 통제하려 한 배경은 무엇인가?

당시 4억이 넘는 인구와 수백만에 달하는 전투병력을 갖고 있던 중국군에게 고작해야 기백 명 수준의 광복군의 존재는 군사적으로 큰 의미가 없었다. 그런데도 중국 스스로 거의 일본에 의해 망해가는 처지인데도 궁색하지만 그래도 동맹국의 군대인 광복군을 과도히 구속하려 한 것은 대국답지 못한 옹졸한 처사가 아닐 수 없다.

당시 대륙정세를 보자.

1937년 7월 7일 중일전쟁이 발발한 이후 1년여 만에 상하이, 난징, 우한3진 등 중국의 해안과 내륙의 주요 교통요지, 대도시들이 일제의 수중에 떨어졌다. 일부 장제스 휘하의 정예군대도 있었으나 부패하고 무능한 기존 군벌조직을 승계한 대부분의 중국군은 일본군의 압도적인 현대식 기동과 화력의 협조된 공격 앞에 추풍낙엽이었다.

1938년 11월 서부 내륙 충칭으로 수도를 이전한 장제스는 지구전을 선언하고, 일본군 후방에서의 유격전을 적극적으로 전개하였다.

그러나 난징의 왕정위 괴뢰정부와 연안에 웅크려 세력 확장에 열을 올리는 중국 공산당의 존재는 장제스에게 괴로운 우환이었다. 또한 중국은 대부분 국토, 특히 주요 항구와 철도가 일본에 의해 장악됨에 따라 극심한 재정적 곤란에 처했다. 장제스와 일부를 제외한 대부분 중국군 지도자들은 혼자 힘으로는 전쟁에서 이기지 못할 수 있다는 두려움에 빠져들고 있었다.

한편, 일본에게도 전쟁의 장기화와 전선의 확장은 큰 압박이었다. 특히 1940년 미국의 석유와 철강 등 전략물자에 대한 대일수출 금지는 심각한 위협을 주었다. 이를 타개하기 위해 남방지역 자원 확보를 계획하고 이 작전의 가장 큰 위협요소인 미 태평양함대를 제거하기 위해 1941년 12월 진주만을 기습했다. 드디어 태평양전쟁이다.

당시 중국 내 한국인 독립운동은 한국독립당을 중심으로 한 민족주의세력과 중국 공산당에 동조하는 사회주의혁명세력으로 나누어져 있었다. 그리고 조선민족혁명당의 김원봉이 임시정부의 광복군 창설 이전에 중국 국민당의 지원 아래 '조선의용대'라는 무장단체를 먼저 설립하여 중국군 군사위원회 정치부 통제 아래 포로신문 및 선무공작을 펼치고 있었다.

이러한 시기에 임시정부가 한국 광복군을 창설하여 중국 국민당정부로부터 승인과 지원을 받으려 한 것이다.

한국 광복군의 창설이 중국에게 주는 정치적 이익은 적지 않았다. 중국 내에 일본군으로 끌려와 있던 수많은 한인 병사들을 동요시키고 나아가 한국 내에 동조 활동을 유발시켜 중국에게 국제적으로 피압박 약소국을 지원한다는 대의명분을 줄 수 있었던 것이다.

반면, 한국 독립운동세력의 분파적 행동, 소수의 한인 일제 앞잡이들, 이미 창설되어 있던 조선의용대를 지원하던 입장, 그리고 일부 중국지도자들이 갖고 있던 한국 독립의 목표가 공산주의국가 건설이라는 오해 등은 광복군 인준을 지연시키는 핑계였다.

그러다 조선의용대 일부가 화북 중국공산당으로 넘어가자 부랴부랴 광복군을 승인한다. 9개 준승이라는 속박을 함께 내리면서. 이 9개 준승은 한마디로 한국 광복군의 대외활동을 옥죄는 족쇄였다.

중국 땅에서 작전 시 중국군의 작전통제를 받아야 한다는 것은 지휘통일 측면에서 일리가 있었다. 그러나 중국 통수부의 유일명령만을 받아야 한다거나, 군사정책, 행정 등을 지나치게 제약하는 필요 이상의 구체적이고 까다로운 문구들은 대국답지 않은 옹졸한 처사였다. 하지만, 임시정부 지도자들은 목구멍이 포도청이라 우선 이를 수용하기로 하였다. 그리고 준승 해제 노력을 치열하게 전개하였다.23)

'9개 준승'의 해제로 철기의 한미연합작전 구상이 날개를 달다

1944년 8월 중국군 참모총장 하잉친(何應欽)은 공식적으로 9개 준승 취소를 통보하고 광복군은 한국 임시정부에 귀속된다고 발표하였다. 그리고 양국은 협의 끝에 45년 5월 1일부로 새로운 군사협정인 '원조한국 광복군 판법'을 유효화시켰다.

'판법'의 핵심은 한국 광복군에 대한 중국군의 작전통제는 그대로 유지하되, 기타 군사활동은 상호협조 아래 한다는 것이었다. 그리고 광복군의 경상비는 중국군이 무상지원을 하되 나머지는

---

23) 『대한민국 임시정부 자료집』 10권에 따르면, 당시 임시정부의 노력에는 한국 광복군의 지휘권을 중국 군사위원회 예속이 아니라 "태평양전구 중국군 사령관"에게 임시 위임하는 방안도 제기되었다. 철기를 중심으로 제안된 이 방안은 비록 성사되지 않았지만 한국의 2차대전 참전 위상을 중국군에서 연합군으로 격상시키려는 복안이 숨어 있었으며 철기의 이러한 복안은 이후 미 OSS 합작 추진과도 연계되었다. 그 당시 철기는 벌써 동북아 군사전략가적인 면모를 보여 주었다고 할 수 있다.

차관형태로 하기로 하였다.

광복군 9개 준승을 해제하는 데는 여러 사람의 공이 있었다. 그러나 당시 지도급 인사 중에서 중국인들과 자유롭게 의사소통할 수 있는 사람은 박찬익 선생과 철기 정도였다. 박찬익 선생은 국민당 외교부를 상대로, 철기는 군사위원회를 대상으로 적극적인 취소활동을 벌였다. 철기는 제2지대장으로서 본연의 임무수행과 함께 유창한 중국어와 중국군 내 인맥을 동원하여 9개 준승 취소를 위해 동분서주하였던 것이다.

준승 해제는 임시정부 지도자들에게는 자존심의 문제였다. 그러나 철기에게는 향후 세계대전 종전 후 한국이 승전국으로 대접받기 위한 전략적 준비의 문제였다. 한시 바삐 동포들을 더 많이 받아들여 군대를 확장하고 작전 영역을 확대하여 전투성과를 만들어내야 한다는 자존심을 넘어 차원이 다른 군사전략적 측면의 여건 조성이었다.

1944년 8월, 중국군으로부터 준승 해제를 통고받자 철기는 이 기회를 살리기 위한 숙고에 몰입하였다. 그 결과 철기는 10월경부터 제2지대 독자적으로 당시 아무도 착안하지 못했던 한미연합작전을 구상하고는 행동에 옮기기로 하였다.

철기는 당시 중국 윈난성 쿤밍에 전개해 있던 미 전략정보국(OSS)과 어떤 수단과 방법을 동원하더라도 접촉을 하여 작전 영역을 확장하고 이들의 지원을 받아보려고 작정하였다. 철기의 다양한 군사경험과 그만이 갖고 있는 전략적 감각이 작동한 것이다.

여기서 광복군 준승 해제를 우리는 어떤 자세로 봐야 하는가?

먼저, 열악한 여건 속에서도 자주권을 최대한 확보하려 했던 임시정부와 광복군 지도자들의 노력을 우선 높이 평가해야 한다.

그러면서 동맹에 있어서 자주권의 확보는 자존심이라는 협소한 울타리를 넘어 불확실한 국제관계 속에서 국익 확보를 위한 융통성 확보차원에서 중요하다는 사실을 동시에 인식해야 한다.

동맹 사이에서 군사력이 상대적으로 강력한 국가가 지나치게 우월적 주도권을 가지려 할 수 있다. 그러나 아무리 지원을 받을 수밖에 없는 처지라 하더라도 최대한 자주성을 확보해야 한다. 국제관계에서 피동성은 대단히 위험하다. 냉엄한 국제관계는 언제 어떻게 변할지 아무도 모른다. 우리가 멈추고 있는 동안에도 역사의 수레바퀴는 미래로 쉼 없이 굴러가고 있기 때문이다.

그래서 자주성 확보는 시기가 빠를수록 좋다. 광복군은 창설 후 제대로 전투 한번 못해 본 군대라는 비판에서 자유롭지 못하다. 국내정진이라는 거창한 계획이 일제의 조기 항복으로 졸지에 비운의 계획이 되어버렸던 교훈을 잊어서는 안 될 것이다. 국제사회에서 시간은 결코 우리 편이 아닐 경우가 많다.

한미연합작전 추진으로 한반도의 전략적 가치를 부각시키다

철기가 추진하였던 한미합작 독수리작전은 그때까지 그 누구도 주목하지 않았던 태평양전쟁에서 한반도의 군사전략적 가치를 부각시키는 매우 중요한 의미를 가지고 있다. 이는 철기의 탁월한 전략적 안목의 결과였다.

일제의 조기 항복으로 비록 미완으로 끝나고 말았지만 그때까지 중국 국민당 하나만 쳐다보고 있었던 임시정부와 광복군에게 새로운 활로를 주는 전환점이 되면서, 바야흐로 한국이 군사적으로 대륙세력에서 벗어나 해양세력인 미국과 손을 잡는 최초의 역사적 대사건이 되었다. 철기의 이러한 대담한 구상은 그의 초대 국방장관 시절 '연합국방'이라는 국방기본정책으로 연결되었고, 오늘까지도 한반도 평화와 번영을 위한 한미동맹의 역사적 시발로 자리매김하고 있다.

모든 일에는 제때가 있다. 철기가 광복군의 작전영역과 역할을 확대하고 이를 외교적 노력으로 극대화하여 전쟁 이후 발언권을 강화하고자 하였을 때, 미군은 OSS의 주도로 일본군 후방지역에서 제 2전선을 형성하는 작전구상에 고심하고 있었다.

마침 그때 3년여 동안 광복군의 활동을 속박하였던 중국군사위원회의 9개 준승이 해제되어 광복군의 작전 활동에 융통성이 생겼다. 또 그 시기에 중국의 장제스와 심각한 갈등을 빚고 있으면서 OSS의 비밀작전을 탐탁하지 않게 생각하고 있던 스틸웰 장군을 대신하여 웨드마이어 장군이 새로이 주중 미군사령관으로 부임하여 왔다. 그는 OSS의 비밀 작전에 매우 적극적인 정책을 펼쳤다.

대일항전에서 한반도의 전략적 가치를 부각시키다

장제스는 1942년 1월 7일부터 중국전구에서 연합군 최고사령관으로서의 역할을 하게 되었다. 그리고 미국은 스틸웰 중장[24]을 중국전구 연합참모장으로 임명하여 장제스를 보좌하도록 하였다. 스틸웰 중장은 충칭 연합군 군사위원회 미국대표 외에도 중국·인도·버마전구의 미군 총사령관이라는 직함도 보유했다.

태평양과 남방지역, 그리고 중국대륙으로 전선이 확장된 일본은 1942년 6월의 미드웨이해전 이후 영국과 미국의 거센 반격으로 전세의 불리함이 뚜렷이 나타나고 있었다. 특히 남방지역에서의 연합군 반격으로 발생한 방어선 구멍을 메우기 위하여 중국파견군에서 계속 병력을 차출할 수밖에 없었다.

일제는 1943년의 3차례 대공세와 1944년 '대륙 타통작전'이라는 야심찬 공세를 통해 중국전선을 안정시키고, 이후 남방지역으

---

[24] Joseph Warren Stilwell(1883~1946). 웨스트포인트 출신. 미군 내 중국 전문가로 2차대전시 중국-버마-인도전구의 미군 지휘관이자 중국연합전구 참모장을 역임하였다. 장제스와 지휘권 문제로 지속적으로 갈등을 빚었고 이로 인해 웨드마이어로 교체되었다. 이후 오키나와 점령군 사령관을 역임하고 대장으로 전역하였다.

로의 전력 전환을 꾀했다. 그러나 이러한 야심찬 작전들은 전세에 그리 영향을 주지 못하고 오히려 공세로 인해 전력의 손실만 입었다.

한반도는 일본본토와 중국과 만주를 육로로 연결해 주면서 일본군의 보급창 기지 역할을 하고 있었다. 한반도에는 조선군이라는 이름으로 일본 제19사단과 제20사단이라는 2개의 전투사단이 기존부터 주둔해 있었고 뒤에 30사단, 49사단 등이 추가 창설되었다. 그러나 이들의 대부분 주력은 1942년부터 뉴기니, 필리핀, 버마 등지로 차출되어 한반도에 있는 조선군은 사실상 외형만 유지하고 있었다.

이러한 시기에 철기는 중국군사위원회의 준승이 해제되자 발빠르게 휘하의 제2지대와 중국내 미군의 합작을 통해 한반도로 진출하는 구상을 추진하려 한 것이었다.

당시 철기 휘하에서 부하로 있던 안춘생 장군은 철기가 밝혔던 구상을 다음과 같이 설명하고 있다.

"광복군이 세계대전 종전 후에 한국의 독립에 관한 명분과 대가를 얻으려면 중국·미국·영국 등 연합군과 함께 대일항전에 참가해야 한다.
그리고 전선에서 직접적인 전투도 중요하지만 더욱 중요한 것이 전략적 활동이다.
만약 광복군이 한반도에 투입되어 전략적 견제작전을 하고 이를 외교활동으로 최대한 확대할 수 있다면 종전 후 우리의 발언권은 강화될 수 있을 것이다."

<부도 13> 태평양전쟁과 독수리계획 추진을 참조할 것.

당시 광복군 지도부 그 누구도 착안하지 못했던 철기의 군사전략적 탁견이었다.

당시 중국과 만주에는 180여만 명의 일본군 대병력이 전개해 있었다. 한반도는 지리상으로 이러한 일본 대병력을 지원하는 유일한 육로 보급선이라는 중요한 지리적 위치를 차지하고 있었다.

만일 미국이 일본본토를 공격 시 한반도에서 견제작전을 벌인다면 일본본토를 고수하기 위해 중국 대륙의 일본 군대가 일본본토로 이동하는 것을 방해할 수 있고, 또 역으로 일본에서 중국대륙에 있는 대군을 지원하는 것을 차단할 수 있다. 즉, 미국으로 하여금 태평양방면에서 일본 공격을 용이하게 할 수 있고, 한편으로 중국에 있는 일본 대군을 중국에 고립시켜 중국 대륙에서 각개격파할 수 있게 한다는 동아시아 대전략적 접근이다.

이러한 식견은 한반도가 중국이라는 대륙과 태평양이라는 해양 사이에 끼여 양쪽으로부터 영향을 받는 피동적 위치가 아니라, 오히려 한반도에서의 작전활동이 중국전구와 태평양전구에 공히 큰 영향을 미칠 수 있는 주동적 위치에 있음을 간파한 매우 뛰어난 전략적 착상인 것이다. 이것은 동아시아 전체 전략적 구도를 통찰하면서 한반도의 주동적 역할을 깊이 모색했을 때 나올 수 있는 구상이다.

뿐만 아니라 이때 벌써 철기는 장차 소련이 한국에 대한 지배적인 영향력을 지니게 될지도 모른다는 강한 우려를 보이고 있었다. 미국의 독수리계획에 관한 문서를 보면 철기는 소련에 대한 강한 경계심을 가지고 있어서, 소련이 만주에 진입하는 것을 막기 위해 광복군이 미군과 공동작전을 펼칠 필요가 있다고 주장하였다고 기록하고 있다.[25] 중국과 공산 러시아에서 무장투쟁을 모두 경험했던 철기만이 가지고 있는 전략적 통찰이다.

미군의 대일 제2전선 형성 노력

1942년 중국전구 연합참모부를 구성한 이래 장제스와 스틸웰은 서로를 불신하였다. 특히 1943년 일제의 대륙타통작전 전후로 버마작전을 우선시하고자 하는 스틸웰과 장제스의 불화는 극에 달하였다. 마침내 루즈벨트는 스틸웰을 교체하였다. 미·중의 갈등은 1944년 10월 웨드마이어 장군이 부임하면서 사라졌다.

미국 전략첩보국(OSS; Office of Strategy Services)은 정보수집과 후방에서의 제2전선 형성을 전문으로 하는 기관으로 CIA의 전신 격이다. 이 조직의 수장인 도노반 장군은 유럽 전역이 마무리되면서 아시아 전역에서 전략첩보국의 가치를 보여주기 위한 활동을 모색하고 있었다.

중국에서의 제2전선 형성을 위한 특수작전은 주중 미군사령관,

---

25) "The Eagle Project for SI Penetration of Korea" annex 5 "The Second Group of The Korean Independence Army." 「대한민국 임시정부 자료집」 12, 216쪽 (영인).

미 태평양사령관, 도노반 전략첩보국장, 그리고 장제스의 핵심 측근이자 중국의 비밀정보국 수장인 다이리(戴笠)와의 협력과 갈등이 필연적이었다.

우여곡절 끝에 웨드마이어 장군이 부임한 이후 전임 스틸웰 장군 시절 불편한 관계에 있던 중국 내 OSS의 활동은 활기를 띠게 된다. OSS 중국지부는 1945년 중반부터 4개의 특별한 프로젝트를 진행하였는데, 그 중 3개는 중국 영토 내에서 활동하는 것이고, 나머지 하나인 '독수리계획(The Eagle Project)'이 철기가 제안한 것으로 한국 광복군과 합작으로 한반도로 들어가는 작전이었다.

미국의 공개된 2차대전 기밀문서에 의하면 1944년 10월 철기가 최초로 제안해 왔다고 기록하고 있다. 철기가 미군과 합작으로 훈련된 한국인 요원들을 한반도와 일본에 침투시켜 제2전선을 형성하자고 제안했다는 것이다.

철기의 제안에 착안하여 미 OSS는 광복군을 활용한 특수작전을 구상하게 되었다. 1945년 1월, OSS 중국지부의 써전트 박사는 시안의 제2지대본부를 방문한 후 광복군의 활용 적합성과 철기의 군사적 능력을 보고 이를 구체화하기로 하였다.

이 구상은 워싱턴 본부의 검토를 거친 후 미군 중국전구사령부에 보고되어 실행단계에 들어갔다. 4월에는 임정, 광복군, OSS 관계자, 주중 미군사령부와의 최초 합동회의가 열렸다.

미군의 계획은 60명을 선발하여 3개월 동안 정보수집 및 보고

통신훈련을 실시한 후 그 중 45명의 적격자를 선별하여 1945년 초여름쯤 잠수함과 낙하산을 이용하여 서울, 부산, 평양, 신의주, 청진 등 5개소의 전략지점에 침투시킬 계획이었다.[26)]

이들은 지역별로 해군기지, 병참선, 비행장을 비롯한 군사시설, 산업시설, 교통망 등에 대한 첩보를 수집하기로 하였다. 첩보망이 정착되면 정보수집 외에도 지하운동의 규모나 활동 등에 대한 정보를 수집하고 나아가 한국인들의 봉기를 지원할 계획이었다.

당시 미국은 임시정부의 존재를 인정하지 않고 있었다. 미 트루만 대통령은 김구가 도노반 OSS 국장을 통해 보낸 임정 주석 명의의 '한미 공동협력에 대한 서신'을 받고는 격노할 정도였다.

"미국 정부가 승인하지 않은 자칭 정부 대표의 메시지를 어떻게 대통령에게 전달하는가!"

이렇게 어려운 상황 하에서 철기는 어떻게 한미합작을 성사시킬 수 있었을까? 역사는 사소한 일에서 비롯되는 경우가 많다. 철기의 회고에 의하면, 그가 최초 실마리를 쉽게 풀어낼 수 있었던 데는 김메리라고 하는 중국 스찬성 성도에 있던 한 한인 여성 영어강사의 역할이 결정적이었다.[27)]

---

26) 만약 이 계획대로 북한지역에도 독수리작전이 전개되었더라면 종전 무렵 미소간 38도선 획정이 되지 않았을 가능성이 높다. 독수리계획에 의거 한반도는 미군 작전지역이 되기 때문이다. 그렇게 되었다면 일본군 무장해제 등 미군 작전주도권이기 확보되어 소련의 한반도 개입을 미군이 허용할 가능성이 낮기 때문이다. 역사에 가정은 없다고 하나 너무도 아쉬운 대목이다.

광복군의 독수리계획은 일제의 조기항복으로 날개가 꺾였으나 그 역사적 의미와 헌신했던 분들의 노고는 오늘의 한미동맹 정신 속에도 그대로 남아 있다.

이름을 남기지 않은 한 한인 여성의 애국심이 바탕이 되다

1944년 가을, 철기가 시안시 교외의 제2지대장으로 있을 때였다. 바로 직전에 중국군 참모총장 하잉친이 한국 광복군 준승을 해제한다는 통고를 해 왔다. 광복군 지도자의 한 사람으로 이 기회를 극대화하기 위한 도전과 책임감이 철기의 어깨를 눌렀다.

철기는 무엇인가 숙고할 일이 생기면 며칠간 방에서 두문불출하는 습관이 있었다. 그때도 며칠간 두문불출하더니 별안간 방에서 불쑥 나와 노태준과 안춘생에게 중국군과 접촉해서 스찬성 성도행 군용기를 협조하라는 것이었다.

영문을 몰라 묻는 질문에 철기는 지푸라기라도 잡고자 하는 절절한 심정으로 다음과 같이 말하였다.

"더 이상 중국만 쳐다보고 있을 수는 없다. 일본군 전선에서 탈출해 오는 한인 청년들이 날마다 늘어가고 있는데 무언가 해야만 하네. 전쟁은 조만간 끝날 것인데, 한국 광복군이 이렇게만 있다가는 전쟁

---

27) 철기와 미 OSS의 최초 접촉은 미 UP통신 기자를 통해 미군 정보부의 딕(Dick) 대령을 소개받아 마련되었다는 설도 있다.

후 우리에게 돌아올 것은 아무것도 없을 것이야. 나는 그것이 매우 두렵네. 그걸 생각하면 밤에 잠도 오지 않을 정도네. 지금 상태로는 우리가 동포와 후손들에게 해 줄 게 아무것도 없는 실정이네.

게다가 일본군을 탈출하여 들어오는 청년들은 점점 느는데 식량보급이 적어 그 팔팔한 청년들이 배를 곯고 있는 현실적 문제도 심각하네..

성도에 있는 B-29 기지의 미군과 접촉해서 어떻게든 돌파구를 찾아야겠어.

풍문으로 듣기를 성도 화서대학에 한인 동포 영어강사가 있는데 그녀가 그곳 미군들과 교분이 있다고 하니 그녀를 통해 미군과 접촉할 작정이네."

철기의 절절한 우국충정이 문제 해결의 동기였다.

성도에 도착한 철기는 화서대학 숙사로 김메리라는 한인 강사를 찾아갔다. 만남은 이루어지고 철기는 광복군 확장 의도와 지원의 어려움을 말하면서 광복군이 미군과 합작만 할 수 있다면 조국 광복에 큰 힘이 될 것이라고 열변을 토했다.

다행히도 김메리는 철기를 익히 들어 알고 있었고, 비록 지금은 중국인들에게 영어를 가르치고 있지만 조국 광복에 기여할 수 있는 기회가 있다면 적극 기여하겠다고 말한다. 그러면서 그 자리에서 자기와 같이 화서대학에서 영문학을 가르치다가 지금은 성도 미군기지에서 현직 대위 신분으로 있는 한 장교를 소개해 보겠다고 한다. 그가 바로 그 당시 미 OSS의 중국 지부의 실력자 써전트 박사였다. 철기의 애국심과 열정, 그리고 동포 여성의 애국심이 행운과 어우러졌다.

며칠 후 철기는 김메리의 주선으로 써전트와 조촐한 저녁식사 모임을 가진다. 철기는 써전트에게 한국 광복군과 미군의 합작시 얻을 수 있는 장점을 설명했다.

철기는 간단한 인사를 나눈 후 의자에 앉자마자 써전트에게 질문을 던졌다.

"미군의 B-29가 매일 일본과 한국에 출격하여 폭격을 한다는데 그 효과에 대해 얼마나 알고 있소?"

써전트가 답했다.

"물리적 결과는 어느 정도 알고 있습니다만."

다시 철기의 질문이다.

"그러면, 한국인들의 심리적 동태나 효과는 어느 정도 알고 있소?"

원래 심리학 전공자였던 써전트였다. 그는 깊은 호기심을 보이면서 광복군을 투입하면 그러한 정보를 얻을 수 있냐고 물었다. 철기는 속으로 무릎을 치며 광복군 2지대의 규모와 한반도 투입시 효과에 대해 자신있게 설명하였다. 써전트는 조만간 2지대를 직접 방문해 보겠노라고 긍정적 반응을 보였다.

이름을 구체적으로 남기지 않은 한인 동포 여성의 작은 애국적인 활동이 대한민국 광복의 역사에 굵직한 한 페이지를 써내려갔다.

중국측의 간섭을 돌파하고 한미합작을 실행해나가다

부대로 복귀한 철기는 지체 없이 충칭으로 달려가 김구와 지청천을 만나 미군과 비밀리에 접촉한 결과를 설명하고는 미군의 제2지대 방문의 승락을 요청했다.

김구는 적극 동의하면서도 중국 군사위원회의 통제를 걱정하는 눈치다. 그들 몰래 미군과 접촉하면 오해가 생기지 않겠는가 하는 염려다. 철기가 공동 대일항쟁이라는 대의로 그들을 적극 설득하자고 하니 김구와 지청천도 동의했다.

1944년 12월, OSS 중국지부 작전참모 데이비슨 대령과 써전트 박사 등 여러 명의 장교들이 2지대 본부에 도착하였다. 철기와 미군장교들은 2지대원들을 합동으로 사열하였다.

사열의 의미를 사전에 인지한 2지대 대원들은 최선을 다해 엄정한 군기와 훈련수준, 그리고 열의로 사열단을 맞이하였다. 2지대를 사열한 미군 일행은 철기의 군사적 식견과 리더십, 그리고 2지대 대원들의 엄정한 군기와 조국 광복을 위해서는 어떠한 위험도 감수하겠다는 결의에 감복하고 대단히 만족하였다. 그리고는 사열간 발견한 광복군들의 열악한 의료와 식량 사정을 고려해서 약품과 의료기구, 그리고 식량을 최우선적으로 지원하겠다고 약속하였다.

현재 자료로 남아 있는 철기에 대한 당시 미군의 평가는 아래와 같다.

"이범석은 완전히 혁명적인 군사 지휘관이다.

완전히 혁명적이고 군사적이며, 한국이 일본으로부터 해방되는 것에 헌신하겠다는 욕망 이외 아무런 개인적 야심이 없는 군인이다."[28]

"그는 참된 애국자이며, 양심적인 지휘관이자 정직한 인물이다."[29]

써전트 박사는 복귀 후 지체 없이 웨드마이어 주중 미군사령관에게 보고하였고, 얼마 후 웨드마이어 장군은 김구, 조성환, 엄항섭, 지청천, 그리고 철기 등 임정 요원들을 초청하여 만찬도 가졌다. 역사상 최초의 한미동맹 만찬이다.

곧 이어 서안의 광복군 2지대에 수십 대의 미군 대형트럭이 도착했다. 트럭에는 식량, 의료품, 군수물자들이 가득 실려있었다. 드디어 한미연합작전의 첫 단추가 꿰어진 것이고, 한국이 대륙세력이 아닌 해양세력과 손을 잡는 엄청난 사건이 발생한 것이다.

그 무렵 갑자기 중국군 조사통계국장 따이리 장군이 철기를 만나자고 하는 연락이 왔다. 군 조사통계국이란 남의사로 알려진 장제스 직계 비밀정보조직이다. 첩보수집은 물론이고 비밀공작, 파괴, 암살, 역공작 등을 주 수단으로 하면서, 전 중국에 그 손이 뻗어있지 않은 곳이 없는 대단히 음침하고 살벌한 조직이었다. 중국공산당까지도 두려워하던 그의 호출은 곧 죽음을 의미할 수

---

28) "The Eagle Project for SI Penetration of Korea," annex 5 "The Second Group of The Korean Independence Army." 『대한민국 임시정부 자료집』 12, 216쪽 (영인).

29) "Monthly Report for May: Eagle Project," 『대한민국 임시정부 자료집』 13, 109쪽 (영인).

있었다.

철기는 김구에게 사전 보고를 하고, 걱정하는 김구를 뒤로하고 통계국으로 당당히 갔다. 따이리는 철기가 앉자마자 미군과의 단독 비밀접촉을 힐난하였다.

"이 장군, 듣자하니 그대가 중국 군사위원회에 통고 없이 미군 전략첩보국과 접촉하여 비밀작전을 계획하고 있다는데, 그게 사실이오?
9개 준승은 비록 해제되었지만 그대들 한국 광복군의 작전통제권은 아직 우리 중국 군사위원회가 갖고 있다는 사실을 모른다 하지 않겠지요?"

힐난을 슬쩍 피하면서 철기는 당당히 우리가 미군과 합작하면 발생하는 중국측의 이익을 웅변적으로 설명하였다.

"장군, 무언가 오해가 있는 것 같소. 우리 한국 광복군은 그대 나라 군사위원회가 작전통제권을 갖고 있다는 것을 잘 알고 있고, 재정적 지원에도 무척 감사하고 있소이다.

우리가 향후 미군과 합작하려는 것은 우선 중국 내에서 중국군의 작전에는 전혀 상관이 없을 뿐 아니라, 오히려 중국군의 작전에 큰 도움이 되고자 하는 것이오.

만약 한반도에 제2전선이 형성된다면 일본 본토로부터 만주와 중국에 대한 육상 증원과 보급을 방해할 수 있고, 나아가 후방교란을 통해 그들의 전력 분산도 노려볼 수 있다고 생각하오. 이는 중국에 큰 이익이 아니겠소?

그리고 한국인은 신세를 지면 언젠가는 갚는 민족이니, 우리가 나라를 다시 찾게 되면 장군과 중국군에게 진 그 고마운 신세를 반드시 갚을 것이오."

따이리는 한참 생각하더니 말하였다.

"듣고 보니 약간의 오해가 있었던 같소. 잘 이해하였소.
음, 그리고 한국 광복군에 김원봉 장군도 있으니 잘 도와주기 바라오."

따이리는 말미에 넌지시 김원봉의 1지대도 지원받을 수 있도록 도와주라는 말을 덧붙인다. 둘은 황포군관학교 동창이었다.

철기는 복귀 후 김구에게 결과를 설명했다. 이제 정무적인 조치는 일단락되었고, 훈련만 남았다.

미국은 제2지대의 훈련을 위해 군수, 통신, 재정, 행정 장교를 포함해 40여 명의 기간요원을 파견하였다. 철기는 최초 125명을 선발한 뒤 기수를 나누어 훈련을 실시하였다. 훈련은 정보수집을 위한 첩보교육에 중점이 두어졌으며 매일 8시간씩 실시하였다.

1기생의 훈련은 8월 4일 완료되었으며, 38명이 훈련과정을 통과하였다. 8월 14일부터는 2기를 훈련시킬 예정이었으나 갑작스런 일제의 항복으로 중단되었다.

아! 여의도

일본의 급작스런 조기 항복으로 독수리계획은 무산되었다.

그러나 철기는 미군을 대동하고 일본군의 항복을 받으려고 여의도로 날아가는 모험을 시도하였다.

광복 직후 철기의 여의도 비래, 즉 광복군 역사에 남아 있는 한반도 주둔 일본군 항복 접수 이야기다.

김구 주석, 철기를 국내정진군 총사령관으로 임명하다

1945년 8월 8일, 김구 주석과 함께 때마침 중국을 방문하기 위해 시안까지 왔던 도노반 장군의 참석 하에 한미공동작전은 선언되었다.

8월 20일 안으로 침투하기로 하고, 전국 8도 별로 3~4명의 공작반을 편성하였다. 국내로 들어가는 대원들은 준비를 마친 후 죽기를 각오하고 출발명령만 기다리고 있었다.

아! 하지만 역사는 한국의 편이 아니었다. 공동작전 선언 전후인 8월 6일과 9일에 히로시마와 나가사키에 원폭이 투하되었다. 8월 9일에는 소련이 서둘러 대일전에 참전하면서 당일 자로 연해주에서 두만강을 건너 진격하였다. 일본의 한반도 병탄으로부터 36년이 경과한 때였다.

8월 10일 저녁, 백범과 철기가 시안에서 중국 섬서성 주석 축소주(祝紹周)의 초대연에 참석한 자리에서 일본의 무조건 항복 움직임 소식을 들었다. 더할 나위 없이 기쁜 소식이었지만, 낙망이 함께 엄습해오지 않을 수 없었다. 천신만고 끝에 임시정부와 광복군이 전후 승전군의 지위를 획득할 수 있는 기회를 만들었는데 그 기회가 순간 사라져 버리게 된 것이다.

김구와 지청천, 그리고 철기는 이 상황에서 광복군이 어떤 역할을 해야 할지에 대한 심각한 고민과 함께 의견을 주고받았다. 여기서 열정의 사나이 철기는 망설이지 말고 어떻게든 국내로 들어가자고 강력히 주장하였다.

당시 임정도 얄타협정에 의해 한국이 해방된다 해도 미국과 소련이라는 민주주의와 공산주의로 대립된 두 나라 군대가 한국에 들어와 한반도를 분단하는 일이 발생할 수 있음을 인식하고 있었다.

이는 한국인들에게 치명적인 구도가 될 수 있었다. 역사의 국외자가 되지 않기 위한 최선의 방법은 어떻게든 광복군이 조기에 한국에 입국해서 역할을 해야 한다는 것이 철기의 주장이었다.

역사적 사실로 보면 8월 11일 이미 38도선은 획정되어 있었다. 이러한 사실을 모르고 있었지만 앉아서 있을 수만 없는 입장이었다. 철기는 주중 미군사령관 웨드마이어 장군을 설득하자고 하였다. 한반도에 있는 연합군 포로들을 후송하고 한국 광복군으로서 국내동포에게 연락할 게 있으니 광복군이 미군과 함께 국내로 들어가는 제안을 하자는 것이었다.

김구는 철기의 주장에 동의하였다. 8월 13일, 김구는 철기를 '국내정진군 총사령관'이라는 새로운 직함을 부여하고, 준비된 대원을 이끌고 지체 없이 국내로 들어가 일본 조선군의 항복을 받아내라고 명령하였다.

철기는 임정의 이러한 의도를 써전트와 협의하였다. 써전트는 이에 전적으로 동의하고 쿤밍에 위치한 중국지부에 보고하였다. 마침 중국전구 미군사령부는 한반도에 약 2,500여 명으로 추산되는 연합군 포로가 있고, 패전한 일본군에 의해 학살될 가능성이 있기에 그들을 조기에 철수시키는 자비작전(Mercy Mission)을 준비 중이었다.

마침내 중국전구 미군사령부가 수일 내에 사절단을 시안에서 서울로 보내는 계획이 수립되었고, 한국 광복군은 임의의 군사활동은 제한한다는 조건 아래 철기의 광복군 정진대도 함께 가기로 하였다.

OSS 중국지부 부지부장 버드 중령이 미군을 대표하고 한국 측은 철기가 대표였다. 철기는 비행기 사정상 많은 인원을 데리고 들어가지 못하고 일본군을 탈출하여 광복군에 와 있던 장준하, 김준엽, 노능서 등을 대동하기로 하였다. 드디어 30년간 그렇게 그리워하던 조국을 향해 날아가게 되었다.

드디어 서울로 날아가다

8월 13일 새벽, 철기를 포함하여 김준엽, 장준하, 노능서 등 광복군 6명과 OSS 측 지휘관 버드즈 중령을 포함한 22명, 모두 28명은 서안을 출발하였다.

그러나 일부 일본군의 저항을 염려하여 회항하였다가, 8월 18일 오전 5시에 C-46을 타고 다시 시안을 출발하였다. 조국 땅 연해로 접근하던 중 장준하와 김준엽 사이에 앉아 감격에 젖어 있던 철기는 종이에 그 심경을 시로 적어 내려갔다.

"보았노라 우리 연해의 섬들을.
왜놈의 포화 빗발친다 해도,
비행기 부서지고 이 몸 찢기어도,
찢긴 몸이 연안에 떨어져 물고기 밥이 되어도,
원통치 않으리.
우리 연해의 물을 마시고 자란 고기들
그 물고기들 살찌게 될지니…."

비행기는 8월 18일 일본군의 유도를 받아 11시 56분에 여의도 비행장에 착륙하였다. 역사상 최초의 미군과 한국 광복군 연합사절단이 한반도에 첫발을 내딛는 중대 사건이 일어난 것이다.

착륙하려 선회할 때 여의도 비행장의 주변은 활주로를 향해 전개해 있는 적의 보병부대 약 1개 대대와 탱크, 장갑차가 4~5대 눈에 띄었다.

〈광복군 국내정진대와 주중 미군 선발대가
여의도로 비행하기 전 중국 산둥반도에 기착했던 모습〉

그 활주로 바로 옆에는 고급장교 같은 일군의 장교 무리들이 집결되어 있었다. 철기 일행은 잔뜩 긴장한 채 비행장에 내렸다. 그리고는 먼저 일본군 사령관을 만나겠다고 요청을 했다. 그때, 비행장에 일본군 제17방면군 사령관 고즈키 요시오(上月良夫) 중장30)이 나와 있었다.

버드 중령이 먼저 그들과 대화하며 방문목적이 연합군 포로 후송을 위한 준비임을 밝히며 일본총독에게 보내는 편지를 전달하

---

30) 1886~1971. 구 일본군 육군중장. 2차대전 종전시 제17방면군 사령관 겸 조선군 관구 사령관이었다.

였다. 고즈키는 본국으로부터 지시받은 것이 없다고 하며 편지만 수령하고는 자리를 뜨고 여의도 경비사령관 시부자와 대좌가 대신하였다. 그는 연합군 포로는 안전하게 잘 있으며 그 이상의 정보는 제공하기 어렵다고 말한다. 그리고는 안전을 보장할 수 없다고 위협하면서 조속한 이륙을 주장한다.

철기 일행은 휘발유가 없다는 구실과 함께 패전국의 행동이 이렇게 비협조적이면 후일 책임을 추궁받을 것이라고 위협했다. 그 때 철기는 웨드마이어 장군의 고문 자격으로 된 신분증을 가지고 있었다. 이를 근거로 철기는 그들을 위협하였다.

"너희들은 무조건 항복을 제시한 이상, 한국에 속죄하는 의미에서 무장해제를 먼저 하여 한국에 무기를 인계하라."

하지만 일본군 수비대장은 전혀 개의치 않는 태도다. 할 수 없이 일본군이 물자난으로 휘발유는 평양에서 가져와야 한다고 하기에 하루를 여의도 비행장 일본군 숙소에서 지내게 되었다.

그날 저녁 백발이 성성한 일본군 수비대장 시부자와는 그의 참모장 우에다 중좌와 함께 꿇어앉은 자세로 맥주를 따랐다. 항복주였다(이 장면은 이후 일본과의 조기화친으로 오해할 수 있다는 구설수에 오르기도 하였지만 역사에 남는 한 페이지인 것만은 분명하다).

그 이튿날 아침 아홉시 경에 철기 일행은 여의도 비행장을 떠나 중국으로 되돌아왔다. 국제사회에서 강대국 주도로 굴러가는 세계사의 수레바퀴 앞에서 흐름을 모르고 힘이 없으면 내 나라에 들어왔어도 대우를 못 받은 뼈아픈 교훈이다.

한국 광복군에 대해서는 여러 평가가 있다. 실제 전투를 할 능력이 없었고 실제 전투도 치르지 않았던 군대라는 것이 제일 큰 비판이다. 당시 팔로군 소속의 한인 공산주의자들은 실제 항일전투를 하였다고 주장하고 있다. 하지만 그들 역시 심리공작 중심이었지 대규모 조직적인 전투를 수행하지 못하였다. 소위 동북항일연군의 만주지역에서의 항일무장투쟁도 소련영토 내로 후퇴한 이후 하바로프스크 일대에서 침투훈련 준비 위주로 지냈다.

광복군의 뼈아픈 점은 40년 창설, 41년 중국 국민당 승인과 9개 준승, 44년 9개 준승 해제, 45년 한미연합 독수리작전 준비라는 흐름에서 보듯이 창설 이후 너무 늦은 독수리작전 추진이 2차 대전 종전이라는 역사의 수레바퀴를 따라가지 못했다는 사실이다. 1년 아니 6개월 만이라도 앞섰더라면 하는 진한 아쉬움이 가슴을 친다.

임시정부의 능력 부족과 함께 김원봉의 광복군 방해공작은 그런 면에서 강한 비판을 받을수 밖에 없다. 광복군 창설 초기 그의 방해공작으로 인한 중국 국민당 군사위원회의 왜곡된 시각이 결국 광복군 준승 해제에 4년이라는 시간이 소요되게 만들었다. 처음부터 김원봉이 임시정부에 적극적인 협력을 하여 단일 대오를 형성하였더라면 하는 강한 아쉬움을 지울 수 없다. 그랬다면 한미합작은 보다 일찍이 성사되었을 것이다. 김원봉은 그 비판에서 비켜날 수 없다.

4

대한민국 국군 건설의 아버지, 철기 이범석

미군정 통위부장을 거절하고 새나라 청년운동에 매진하다

철기가 아직 중국에 머물고 있을 때였다. 한반도에 진주한 미군사령관 하지 중장은 철기에게 미군정 통위부장직을 제의하였지만 철기는 이를 일언지하에 거절하였다.

귀국 후 철기는 일체의 정치단체에 가담하지 않고 오직 새 국가의 미래를 위한 청년일꾼을 양성하는 데 전력하기로 하고 조선민족청년단(이하 민족청년단)을 창설하였다.

민족청년단은 단기간 내에 국내 최대의 사회단체로 성장하였다. 1949년에 해체할 때는 114만여 명의 단원을 자랑하면서 신생 대한민국의 많은 지도자들을 양성하고는 역사 속으로 사라졌다.

미군정의 통위부장직을 거절하다

한반도에 진주한 하지 장군은 남조선 방위력을 건설하기 위하여 미군정 한국인 통위부장에 신망 있고 실력 있는 인사를 앉히기를 희망하였다. 1945년 9월 8일 점령지 오키나와로부터 한국에 도착하였던 미 제24군단장 하지 중장은 한국 임시정부나 광복군과는 전혀 접촉이 없었다.

하지 중장은 주중 미군사령관 웨드마이어 장군에게 추천을 요청하였다.[1] 웨드마이어 장군은 주저 없이 철기를 추천하였다. 독수리계획을 추진하면서 검증한 철기의 능력과 임시정부와 광복군 내에서의 철기의 명성을 감안한 것이었다.

하지 중장은 당시 미군정청 국방부장이었던 버나드 대령을 자신의 전용기에 태워 중국에 있는 철기에게 특사로 보내 통위부장직을 제의하였다.[2] 하지만 철기는 미군정청이 한국 임시정부를 인정하지 않고 광복군의 입국을 거절한 가운데 별도의 국군을 만든다는 처사에 대단히 분개해 있었으므로 이 제안을 단칼에 거절하였다.

"나는 미군의 한국 주둔을 반대하지는 않소.
하지만 나에게는 독립군 장군이라는 자부심이 있소이다. 미 군정청 관리가 될 생각은 추호도 없소이다."

철기의 말이다. 사람은 설 때와 앉을 때를 구분할 줄 알아야 하는 것이다. 당시 잠시 한반도의 주인 행세를 했던 미군정청과 어떡하든 선을 닿으려는 사람들로 붐비던 시절에 철기의 처신은

---

1) 웨드마이어 장군은 주중 미군사령관 자격으로 1946년 2월 12일 서울의 하지 장군을 예방하였고, 이때 웨드마이어 장군이 철기의 OSS 합작과 국내정진군 활동 등을 소상히 소개하면서 철기에 대한 한국민들의 신망과 그 능력을 고려하여 추천하였다.
2) 버나드(Lyle W. Bernad) 대령은 1946년 4월 11일부터 5월 17일까지 1개월간 미군정청 제3대 국방사령부장으로 있었으므로 이 시기에 철기를 방문했던 것으로 보인다.

대단히 신선하였다. 진정 대한독립군 장군다운 풍모가 차고 넘쳤다.

후일 이 이야기를 전해들은 하지 장군이나 웨드마이어 장군은 한국 광복군에 군인의 기백을 지닌 군인다운 군인이 있다고 감탄하였다. 이를 인연으로 하지 장군은 후일 철기가 민족청년단을 창단할 때 전폭적인 지원을 아끼지 않는다.

철기는 1946년 6월 꿈에도 그리던 고국으로 돌아왔다.

> 「구존유금 지재보국(苟存猶今 志在報國)」
> "지금껏 구차하지만 이 한 몸 버텨 살아 온 것은
> 그 뜻이, 나라가 요구할 때 보답하기 위함일세"

철기가 국내정진군 총사령관으로 여의도로 출발 직전 서안에서 지은 8언절구다.

30년 망명생활의 애환을 말하면서, 막연한 감상을 넘어 새나라를 위해 헌신하고자 하는 강력한 의지를 담고 있다.

철기 나이 이제 46세. 그동안 쌓아 온 경륜을 정력적으로 마음껏 펼칠 수 있는 나이다.

새나라 건설의 역군이 될 청년지도자 양성에 매진하다

귀국 후 철기는「국가지상, 민족지상」의 기치를 내걸고 민족청년단을 조직하였다. 철기는 광복된 새 나라를 건설하기 위해 청년들을 조직화하고 훈련하는 것이 시급하고 중요한 일이라 판단하고, 중국에서 생사를 같이 하였던 이준식, 노태준 등 광복군 동지들과 함께, 당시 국내의 지도급 인사들인 현상윤, 백낙준, 김활란 등의 협력을 얻어 1946년 10월 9일 민족청년단을 발족시켰다.

철기는 단장에 추대되었다. 발기대회에서 철기는 다음과 같은 요지로 그의 뜻을 역설하였다.

"새 술은 새 부대에 담아야 하고, 새 나라엔 새 인물들이 있어야 한다. 장차 우리나라를 맡을 인물들이 젊은 청년들인데, 그들에게 우리가 바른 애국심을 길러주고 지도를 해주어야 한다."

민족청년단은 비정치, 비군사, 비종파를 내세웠다. 당시 40여 개나 난무하던 대부분의 청년단체들이 우익을 표방하고 정치테러 등의 활동에 치중하던 때에 민족청년단은 강한 민족주의 성향을 띠면서 오직 인재양성에만 진력하였다.

1946년 11월 7일 오후 <시카고 선>지의 마크 게인(Mark Gain) 기자와의 인터뷰에서 철기는 이렇게 말하였다.

"오늘의 한국은 1919년의 독일과 같소.
이데올로기적인 대립과 민족적 불화, 경제적 곤궁의 문제가 바로 그것이오. 청년들의 단결이 민족해방의 관건이 되오. 지도자 양성을 위한 학교를 세우는 것이 우리의 목표지요.
우리는 그들에게 명령에 복종하는 것, 실천적인 능력의 함양과 도덕심의 회복 등을 교육하려 하고 있소."

민족청년단은 창단에서 해체에 이르기까지 2년여의 짧은 기간 동안 존재하였지만 대한민국 건설기에 근대민주주의 국가로 나아가는 데 초석 역할을 했다고 해도 지나치지 않는다.

민족청년단은 조직 확대 방법으로 철기가 독립군과 광복군 시절에 체득한 조직원리에 바탕을 두고 훈련소를 운영하였다. 우선 제1기 훈련생 200여 명을 훈련시켜 이들을 지방으로 파견하여 조직을 확대시켜 나갔다.

1946년 11월, 수원의 옛 일본군 병원자리(지금의 경기도 보훈지청 자리)에서 첫 1기생 훈련을 시작하였다. 제1기 입교생은 2만 명의 지원자 중에서 200명을 선발하였다. 그러나 9개월 후에는 20만, 창립 2주년에는 120만 명의 대조직으로 성장하였다.

전국에서 모인 새나라 건설 동참의 열의에 가득찬 청년들은 두 달의 훈련과정을 이수하고는 다시 각자의 고장으로 돌아가 조직을 확대하였다.

훈련생들은 당시 직면한 한국문제들을 보다 잘 파악하여 지도력을 발휘할 수 있도록 '지능훈련'을 실시하였다. 이 지능훈련을 통해 경제, 통치, 역사, 사회학, 한반도 국제관계에 대한 안목을 길러 주었다.

당시 훈련소 교과목은 철기를 비롯해 정인보, 안호상, 장덕수 등 20여 명이 담당하였다. 정규과목 외에도 정신훈화 특강을 마련하였는데, 김구, 조소앙 등 임시정부 원로들이 초빙되어 과거 독립운동의 경험을 강연하였다.

특히 철기는 한국 청년들의 애국심과 민족관념을 주입하는 데 노력하였다. 그는 직접 민족청년단의 정신, 조국의 현실과 새로운 청년운동의 방안, 인생관, 민족관, 생활관 등 국가와 민족을 구하는 데 필요한 인식 구비에 힘을 기울였다.

민족청년단은 지능훈련 외에도 조직훈련 등을 실시하였다. 한국인들에게 부족한 조직생활을 가능하게 할 정신적 자세, 조직편성과 운영능력 함양, 기율엄수, 지역지지를 얻기 위한 프로그램 실습 등을 적극 시행하였다. 미 군정도 철기의 계획에 공감하고 적극적인 지원을 아끼지 않았다.

일부에서는 민족청년단을 히틀러의 유겐트류라고 폄하하기도 하였으나 그것은 질시에서 나온 것에 불과하다. 철기는 1933년 유럽시찰시 유겐트 훈련장에서 주입식이나 암기식이 아니라 대자연의 사색과 탐구로 자연의 이치를 깨닫게 해주면서, 활동적이고 적극적인 청년을 육성하기 위한 여러 가지 학습방식에 감명을 받은 것일 뿐이었다.

철기는 자신에게나 남들에게 파시즘적인 행동과 면모를 보인 적이 없다. 군인 출신으로 중국 군관학교, 신흥무관학교, 북로군정서 사관연성소, 낙양군관학교, 그리고 중국 국민당 중앙훈련소 등에서 체득한 철기의 교육 철학에 바탕을 둔 것이다.

민족청년단은 1949년 1월 초대 국무총리이자 국방장관이었던 철기의 영향력 확대를 우려한 이승만의 정치적 요구로 해단되었다. 그러나 민족청년단 출신들의 발자취는 대한민국 발전과 함께 오늘까지 깊이 남아 있다.

후일 국방장관을 역임하였던 최영희, 박병권, 노재현, 그리고 박임항 등 군과 경찰 등으로 진출한 단원들은 반공의 이념으로 국가 안보를 담당하였고, 경제 부총리를 역임하였던 태완선, 국무총리를 역임하였던 유창순 등 관계와 재계로 진출한 단원들은 한국 경제발전의 중요인물이 되었다.

장준하, 부완혁, 김철, 서영훈, 이희호, 김정례 등 정계와 사회단체로 진출한 단원들은 한국 시민사회의 중요세력이 되었다.

〈민족 청년단 로고; 민족청년단의 3가지 중점(단지삼칙 團旨三則)은, 민족지상국가지상, 대내자립대외공존, 착안원대착수비근이었다〉

초대 국방장관, 독립군-광복군-국군 정통성의 맥을 잇다

초대 대통령 이승만은 대한민국 초대 내각의 수장인 국무총리에 철기를 지명하여 제헌국회의 동의를 얻는다. 이어서 철기를 초대 국방부장관으로 임명하였다.

군의 최고통수권자인 대통령을 대신하여 군정과 군령권을 행사하는 국방부장관이다. 이는 대한민국 정부와 상하이 임시정부의 법통, 그리고 독립군-광복군과 국군의 정통성을 연결시키는 결정적 고리로서 그 상징성이 매우 크다.

1907년 8월 1일 대한제국 군대가 해산된 날부터 40여 년이 지나 다시 내 나라 국방을 건설하는 중책이었다. 철기의 「구존유금 지재보국」의 뜻을 발휘해야 할 때였다.

초대 국방장관으로 지명되다

1948년 5월 10일 유엔 한국위원단의 감시하에 남한 전역에서 실시된 총선거로 그 해 5월 31일 제헌국회가 소집되었다. 7월 20일 국회의장 이승만 박사가 초대 대통령으로 선출되면서 그는 철기를 초대 국무총리와 초대 국방장관으로 임명하였다.

당시는 일제가 패망한 이후 중국대륙에서 장개석 국민당 군대가 모택동 공산당 군대에 밀리는 대소용돌이의 때였다. 태평양전쟁의 승자로 동아시아에 미국이라는 거대한 해양세력이 들어오는 가운데, 소련을 정점으로 하는 공산주의세력도 동아시아로 확장하고 있었다. 세계사적으로 냉전이라는 거대한 갈등 구조가 유럽과 마찬가지로 동아시아에서도 막 발생하려는 시기였다.

한반도는 일제의 압제로부터 해방은 되었으나 한민족이 열강으로부터 자주적 독립의 주체로 인정받지 못하였다. 한반도는 한민족이 원치 않은 남북 분단상황이 발생되어 냉전 구도 속에 그대로 갇혀 버렸다. 대한민국은 공산주의의 팽창을 막아내야 하는 자유진영의 최첨단 보루가 되어버렸다.

이러한 때 신생 대한민국 정부의 국방을 어떻게 설계해야 하고, 누가 그 역할을 하게 되는지는 국내외 최고의 관심사가 아닐 수 없었다.

초대 국방장관은 군대를 창설하고 그 성격과 역할을 규정하는 등 국방이라는 나라의 큰 울타리를 설계해야 하는 자리다.

당시 초대 국방장관으로 거론될 수 있는 사람은 여럿 있었다. 광복군 총사령관 출신 이청천, 광복군 참모총장 출신으로 미군정 하 통위부장이었던 유동렬 등 원로그룹을 포함하여 일본 육군사관학교, 만주 군관학교, 중국 군관학교 출신들이 많았다. 그러나 결과적으로 철기에게 그 역할이 주어졌다.

광복군 연구의 최고 전문가 한시준 교수는 철기가 초대 국방장관으로 임명된 배경을 다음과 세 가지로 설명하고 있다.

하나는, 당시 군정사령관 하지(John R. Hodge) 장군의 강력한 추천이라는 것이다. 독수리계획 추진과정에서 보여준 추진력과 통찰력, 그리고 웨드마이어 장군의 통위부장 추천과 사양 과정에서의 처신 등이 그 배경일 것이다.

또 하나는, 철기가 환국 후 조직하였던 100만이 넘는 단원을 자랑하는 민족청년단이라는 막강한 조직의 힘이라는 것이다.

마지막 하나는 철기가 특별한 정치조직에 가담하지 않고 순수한 청년운동에만 전념하였다는 참신함이 그 배경이라는 것이다.

그러나 무엇보다도 청산리전투 영웅이라는 절대적 후광과 함께, 독립군시절부터 초지일관한 자유민주주의 사상 견지, 그리고 상대적으로 40대라는 연부역강(年富力强)의 나이가 신생 독립국가로서 과거를 연결하면서 미래를 준비하는 최적의 선택이었을 것이다.

대한민국 국군사의 큰 흐름에 신의 한 수가 놓여졌다. 장군은 이후 사임하는 1949년 3월 21일까지 길지 않은 8개월 간 초대 국방장관으로서 혼신의 힘을 다해 국방의 초석을 마련하였다. 일부에서는 8개월이라는 짧은 시간 동안에 무엇을 할 수 있었겠는가라고 폄하하는 사람도 있다. 하지만 그것은 잘 모르는 사람의 말일 뿐이다. 그 시간에 철기는 정말 엄청난 일들을 하였다. 그만이 할 수 있는 일들이다.

국군의 창설, 성격과 이념과 사명 규정, 국방기구와 방위체계의 수립, 국방기조의 설정, 정체성 확립과 사상혼란의 수습, 공산주의를 이기기 위한 대비 등 모든 국방정책과 국군 운용에 있어 그의 경험, 철학과 사상이 건군 과정에 녹아들어 간다.

초대 국방장관 철기는 국군 정통성을 상징한다

철기의 국방장관 지명에는 무엇보다도 대한민국 국군이 독립군-광복군의 전통을 이어받는 국군으로서의 정통성을 갖게 하는 상징적 의미가 담겨 있다. 여기서 중요한 것은 철기가 국방장관이 되었다는 사실뿐만 아니라, 그가 장관으로 수행한 여러 정책들이 국민과 역사의 기대대로 국군의 정통성을 명확히 확립시켰다는 것이다.

정통성이 중요한 이유는 이것이 확립되어야 자발적 복종이 만들어지고, 힘은 안정화되며, 그 힘의 사용은 공감을 얻기 때문이다. 막스 베버는 조직이 정통성을 갖기 위해서는 전통, 카리스마, 합법, 이 세 가지를 갖추고 있어야 한다고 말했다.

군대의 전통이란 그 뿌리가 그 국가의 역사적 연원과 일치해야 함을 말한다. 군대의 카리스마는 군대에게 힘이 있고 특별한 업적이 있어야 형성될 것이다. 합법이란 국내법과 국제법적으로 합법적이어야 함을 말한다.

한국군의 정통성이 독립군-광복군으로부터 이어지고 있다는 것은 당연하고도 상식적인 데도 불구하고 이를 흠집 내는 주장들이 있다.

하나는 한국군의 태생이 미군정의 남조선경비대에서 출발한다는 '남조선경비대 모체설'이다. 즉 태생이 국가의 역사적 연원과 일치하지 않다는 것으로 정통성에 문제가 있다는 주장이다.

또 다른 하나는, 광복군 연원설을 부정하며 그 이유로 불과 수백 명에 불과한 광복군이 한 국가의 군대로서 큰 의미가 없었다는 '광복군 무의미론'을 주장하고 있다.

결론부터 말하자면 두 가지 주장 모두 오해와 왜곡이다.

첫째, 미군정 남조선경비대 모체설은 근거 없는 주장이다. 대한민국 국군은 남조선경비대가 모체가 아니라 국군이 당시 여러 무장단체 중 하나인 남조선경비대를 흡수한 것일 뿐이다. 남조선경비대 모체설은 편입생을 정식 입학생으로 둔갑시킨 억지다.

둘째, 광복군 연원설을 부정하는 사람들은 광복군의 규모가 수백에 불과했고 실제 전투다운 전투도 하지 않았던 조직이었다고 폄하한다. 일제 항복 당시 광복군 규모가 불과 500여 명에 불과하였다는 주장은 맞다.

그러나 광복군은 현 대한민국 헌법에도 명기된 한민족의 유일한 망명정부 조직이었던 임시정부의 군대였다. 그리고 1920년대 3,600여 명의 독립군의 전통을 그대로 이어받고 있었다.

청산리전투로부터 자유시참변과 수많은 대·소전투를 거치면서 전투력 손실을 입기는 하였고, 또 일제의 강점이 길어지고 중일전쟁 등의 여파로 항일무장투쟁이 어려워지기는 하였지만 그래도 한민족 40여 년의 항일무장독립투쟁의 상징이 독립군·광복군임은 분명한 사실이다.

광복 직전 광복군은 한미연합으로 독수리계획이라는 국내진공을 추진하는 등 실행되지는 못했지만 그 정신과 기개는 죽지 않았던 것이다.

광복군 연원설을 부정하는 사람들은 미군정청의 대나무계획(Bamboo Plan)만 기억하고, 자기 조상들의 정신과 기개를 부정하는 뿌리 없는 사람에 불과하다.

북한의 선전선동에 기인한 국민 안보의식의 해이, 국군 역사에 대한 일부의 잘못된 대군 인식이 국군의 정통성을 폄훼하고 있다.

국군의 정통성은 군인에게는 군에 대한 자부심과 긍지, 그리고 정신적 헌신을 가능하게 하여 무형 전투력인 군기와 사기를 형성하게 하는 가장 근본적인 힘이다. 군을 바라보는 국민들에게는 자랑과 긍지를 바탕으로 군을 아낌없는 지원하게 하는 바탕이다.

철기는 독립군-광복군-국군의 정통성을 연결시키는 상징이다.

국군 창설, 그리고 「국방군」으로서 사명을 설정하다

철기는 대통령으로부터 군정과 군령에 관한 권한을 부여받은 국방장관으로서 각계의 의견을 수렴하면서 본인의 지난 30여 년간의 경험과 식견을 바탕으로 신생 대한민국의 현대식 국방체계를 설계하고 추진하였다.

먼저 국군을 창설하고, 국군의 성격을 현대 국가에 맞게 「국방군」으로 규정하였고, 국방군에 부합된 사명을 부여하여 국군이 지향해야 할 방향을 분명히 하였다.

창군 전야

현대에 있어서 한 나라의 국방건설은 그 국가가 처한 안보상황과 가용 자원을 바탕으로 설계된다. 모든 것을 무에서 시작해야 하는 대한민국 앞에는 '남북 분단'과 '미군정'이라는 2가지 주요 변수가 자리잡고 있었다.

해방 후 광복군이 미군정으로부터 인정받지 못한 상태에서 국내에는 많은 군사단체들이 우후죽순으로 난립하였다. 1945년 11월 미 군정청에 등록된 군사단체는 30여 개에 달했다.

김원봉 등 중도 좌익세력의 「조선국군학교」, 이응준 등 일본 육사 출신들의 「조선임시군사위원회」, 학병 출신들의 좌파적 성향의 「조선학병동맹」, 지원병 출신들의 좌우가 섞인 「조선국군준비대」, 광복군 오광선 중심의 「광복군 국내지대」, 손원일 중심의 「해사대」가 대표적이었다.

미군정청은 난립한 군사단체들을 정비하고 향후 정부수립에 대비하기 위해 1945년 11월 13일 군정청 법령 28호로 '국방사령부 설치'를 선포하고, 12월 5일 서울 냉천동에 「군사영어학교」를 설립하여 간부양성을 추진하였다.

2대 국방사령관 참페니(Arthur S. Champeny) 대령은 2만 5천여 명 규모의 필리핀식 '경찰예비대'(약칭 경비대) 창설을 계획하였다. '대나무(Bamboo)계획'으로 알려진 경비대 창설 계획에 의해 46년 1월 태릉에서의 제1연대 창설로부터 같은 해 11월까지 각 도별로 1개 연대씩 총 9개 연대가 창설되었다. 그리고 제1연대 창설 시점에 경비대를 제외한 모든 군사단체에 해산령을 내렸다.

당시 정세는 한민족의 기대와는 달리 한반도가 미·소 양 진영 냉전의 한복판에 위치하여 남북분단과 민족의 좌우분열은 날이 갈수록 심화되고 있었다.

그와 같은 상황에서 46년 1월 15일 남조선 국방경비대와 해안경비대가 경찰의 예비 내지는 보조를 위한 치안유지군으로 창설되었던 것이다. 경비대는 47년에 들어 주한미군 감축 또는 철수에 대비하여 그 수준을 5만 명으로 증가시킨다.

한편, 한반도 북부에 진주한 소련군은 일찍부터 북한에 군사력을 건설하기 시작하였다.

1945년 10월 21일 소련 제25군 사령부의 명령으로 보안대 창설을 시발로 46년 2월부터 군내 정치사상 교육과 군사분야 간부양성을 위한 평양학원, 중앙 보안간부학교 등의 군사교육기관이 잇달아 설립되었다.

46년 9월 모든 무력기구를 총괄하는 인민집단군 총사령부가 창설되어 최용건 등 김일성과 같이 소련 88여단에 복무했던 세력들이 중심세력으로 부상한다. 그리고 마침내 김일성은 북한 정권 공식수립 7개월 전, 그리고 대한민국 정부수립과 국군창설 6개월 전인 48년 2월 8일에 조선인민군을 창설하였다.

말로는 민족통합을 떠들면서 내면으로는 한반도 적화를 위한 군대를 먼저 만들었던 것이다. 6.25 남침은 이미 준비되고 있었다.

국군의 출발과 국방장관 훈령 제 1호

법적인 면에서 국군의 출발은 정부 수립 1개월 전인 7월 17일 헌법과 법률 제1호로 공포된 정부 조직법에 근거를 둔 국방부 설치에서 비롯된다. 8월 15일 국방장관의 임명을 시작으로 국군조직법이 공포되면서 국방조직이 마련되기 시작하였다.

정부조직법 제14조와 제17조에 의해 국방장관은 육해공군의 군정권을 가지면서, 국군조직법 제5조에 의해 군정권과 아울러 대통령이 위임하는 군령권을 행사할 수 있다고 되어 있다.

정부 출범과 동시에 한·미 간에는 미군정이 설립한 조선경비대 이관에 대한 협정이 이루어졌다. 8월 24일 주한미군사령관 하지 중장은 이승만 대통령을 방문하고 그간 양측에서 논의된 군사협정에 정식으로 조인하였다.

서명은 헌법상 국군의 총사령관인 이승만 대통령과 주한미군사령관 하지 중장 간에 이루어졌다. 협정에서는 미군이 한국에서 철수할 때까지만 한시적으로 효력을 갖도록 한 한국과 미주둔군의 공동 안전보장을 다루었는데, 국방군비(경찰, 통위부, 해군경비대)의 통솔권과 통수권을 가급적 조속히 그리고 점진적으로 이양한다는 것이었다. 여기에는 미군이 통위부와 해안경비대의 훈련 및 장비와 관련해서 미국이 한국정부를 계속 원조한다는 내용도 포함되었다.

대한민국 통수권자인 대통령으로부터 군정과 군령에 관한 권한을 위임받은 국방부장관으로 취임한 철기는 당일에 전문과 3개 항으로 이루어진 '국방부 훈령 제1호'를 발령하여 미군정으로부터 인수한 조선경비대라는 무력집단에 대한 정부의 방침을 분명히 하였다.

훈령 제1호는 대한민국 국군의 정통성과, 국군의 성격, 그리고 국군장병의 사명을 규정한 대한민국 국방부가 최초로 국군에 하달한 기념비적 명령행위이다.

"본인이 대한민국 정부수립과 아울러 대통령령에 의하여 국방장관을 겸임하게 되었다. ---(중략)---.

1. 금일부터 아 육·해군(경비대를 의미) 각급 장병은 대한민국의 「국방군」으로 '편성'되는 명예를 획득하게 되었다. 이에 장병 제군은 오직 근면진충보국의 정신으로 -- (중략) -- 직책을 극진히 하고 군기를 엄수하며 친애협동하는 국군의 미덕을 발휘하라.-- (후략)
2. (생략)
3. --- (전략) --- 전 국민의 애호를 받을 수 있도록 노력하여야 할 것이며 전 국민을 생명으로 애호하라."

이 훈령이 갖는 의미는 매우 중요하다.

첫째, 대한민국 국군의 정통성 차원에서, 대한민국 정부가 국군을 만들었음을 법령적으로 분명히 하였다. 대한민국 국방부장관이 미군정하 경비대를 국군으로 편입한 것이다. 경비대는 국군이 아니라, 법령적으로 대한민국 국군에 흡수된 조직일 뿐이다.

당시 대한민국 정부 출범 시 국군 창설에 대한 다양한 주장들이 있었다. 경비대의 전면 해산론, 경비대의 광복군 개조론 등 사회적 요구가 다양하였다.

대한민국 정부는 이러한 여론을 감안하여 경비대를 국군으로 편입시키되, 국방부 장·차관에 광복군 출신인 이범석 장관, 최용덕 차관을 임명하여 국군이 광복군의 독립투쟁정신을 계승하도록 했고, 그 법령적 권위는 국방장관 훈령 제1호로 나타났다.

둘째, 이 훈령은 국군의 성격을 「국방군」으로 천명하였다.

국군은 국가를 방위하고 국민을 지키는 국민의 군대임을 말하는 것이다. 반면 북한의 군대는 조선로동당 규약 제46조에 의거「조선로동당의 혁명적 무력」으로 당의 군대, 수령의 군대다.

셋째, 국군장병의 사명을 명확히 하였다.

철기 장관이 전 장병에게 실천을 당부하며 내건 정신적 요체는 진충보국, 군기엄수, 친애협동, 근면충실, 정성단결이다. 또한 국민의 애호를 받고 전 국민의 생명 보호를 군의 사명으로 명확히 제시하였다.

국군이 창설되자 이범석 장관은 건군의 방향을 설정함에 있어 "군의 정신은 광복군의 독립투쟁 정신을 계승한다"고 천명하여 건국이념의 토대인 독립투쟁 정신과 자주독립국가에 대한 민족적 자각과 소명의식을 건군의 정신으로 삼아 계승하였다.

철기에 의해 대한민국 국군은 독립군-광복군의 정통성을 이어받아 현대식 국방군으로 자리매김하게 된 것이다.

국방 상부지휘구조를 확립하고
연합국방으로 국방기조를 천명하다

철기 국방장관은 국군조직법에 의해 부여된 군정권과 군령권을 행사하기 위해 국방지휘구조를 대통령 - 국방장관 - 국군 참모총장 – 각 군 총참모장 구조로 만들었다. 이는 장관을 중심으로 강력한 군정권과 군령권을 행사하는 구조였다.

그리고 철기는 대한민국 국방정책의 기본 즉, 국방기조를 '연합국방'으로 제시하였다. 대한민국은 자주국이지만 첨예하게 대립하는 공산독재국가와 자유민주국가의 대결구도에서 독자적인 힘으로 국방을 전담하기보다는 당시 2차대전 이후 세계 최강국으로 등장한 미국과의 연합국방이 최선이라는 인식이었다.

국방 상부지휘기구의 확립

철기 국방장관은 취임과 동시에 기자회견을 통해 아래와 같이 국방군 조직을 위한 기본구상을 밝혔다.

"육·해·공 3군을 대통령이 통솔하되 국방장관이 대통령을 대리하여 3군의 군정과 군령을 장악한다.
군의 병력 규모는 국가경제 비율이나 가상 적 등을 감안하여 최소한의 상비 병력을 보유하도록 하겠다."

국방장관으로서 철기의 최우선 과제는 국방지휘구조의 확립과 인사, 그리고 국군의 창설과 국방정책의 확립이었다.

국방지휘기구는 철기의 장관 취임 후 3개월 정도의 연구 끝에 48년 11월 30일 국회에서 '국군조직법'이 법률 제9호로 통과되면서 확정되었다. 국군조직법에 의해 국군 최고 통수조직은 대통령을 정점으로 국방부장관 – 국군 참모총장 – 육·해군 총참모장의 구조를 취하였다.

특징적인 것은 장관의 군령권 행사를 보좌하기 위하여 국방장관 예하에 국군 참모총장과 차장을 두었다는 것이다. 그리고 육군과 해군을 우선 편성하고, 공군은 육군에 예속시켜 향후 필요시 독립시키기로 하였다.

국방지휘기구의 편성에 이어서 48년 12월 7일 국방부 직제가 대통령령으로 공포되었다. 국방부 직제가 결정됨으로써 국방부 본부와 육군 본부 및 해군 본부의 기능이 발휘될 수 있는 조직들도 구체화되었다.

국방부 본부에는 비서실, 제1국(군무국), 제2국(정훈국), 제3국(관리국), 제4국(정보국), 그리고 별도의 항공국을 두었다. 이 중 정훈국과 정보국은 미 군사고문인 로버츠의 극렬한 반대에도 불구하고 철기가 그 필요성을 강력히 주장하여 설립되었다.

그 밖에 '육군과 해군의 작전, 용병, 훈련에 관한 중요 사항을 심의하는 '연합참모회의'를 설치하였다. 국군 참모총장이 의장이고 각군 총참모장과 국방부 국장들이 멤버였다.

국군 참모총장은 대통령 또는 국방장관의 지시 아래 각 군의 군정과 용병에 관한 모든 업무를 관장하는 권한을 가졌다. 이를 위해 국군 참모총장은 각군 총참모장 추천권을 가지며, 육군의 사단장 이상의 지휘관과 해군의 함대사령관 이상의 지휘관에 대한 추천권을 행사하였다. 강력한 인사권을 가진 것이다.

철기는 국방장관직을 시작하면서 무엇보다도 군의 주요 지휘관 인사, 특히 국방 참모총장과 육군 총참모장 인사에 관심을 기울였다. 당시 국방장관 비서실장이었던 강영훈 전 육군사관학교장(당시 육군 중령, 국무총리 역임)은 다음과 같은 회고를 남겼다.

"국군 참모총장은 처음부터 채병덕 장군과 이응준 장군 두 사람으로 좁혀졌다.

일본 육사 출신인 채병덕 장군과 이응준 장군은 일단 군사경력면에서 유리하였다.

철기는 국군 참모총장은 국방장관 직속이므로 장관 입장에서는 젊은 사람이 바람직하고, 반면에 육군 통솔은 병기병과 출신인 채병덕 장군보다는 전투병과 출신의 노련하고 경험이 많은 이응준 장군에게 맡기는 것이 더 바람직하다는 결론을 내렸다."

1948년 8월 19일. 신임 국방장관으로서 첫 국방부(지금의 명동 퍼시픽호텔 자리)에 등청한 날 철기는 손수 모필로 국방부 인사명령 제1호를 작성하였다. 국군 참모총장에 채병덕 장군을 임명하는 인사발령이었다.

일본 군사교육을 받은 인사들 중에는 정부가 바뀌더라도 군이 흔들리지 않는 일본식 군정, 군령 분리원칙을 주장하는 사람도 있었으나, 청년장교들은 대체로 군정, 군령을 통합 운용하는 미국식 군제가 보다 합리적이고 효율적이라는 생각을 가지고 있어 이 생각이 더 힘을 받았다고 강영훈 장군은 회고하였다.

군제상 문제의 기본방향을 설정하는 데 있어 철기 장군의 의중이 크게 반영되었다고 강영훈 장군은 회고하였다. 후일 신성모가 국방장관이 되면서 1949년에 국방기구 간소화 차원에서 국군 참모총장제는 폐지된다. 국방최고지휘기구가 휘청하는 사이에 6.25를 맞게 된 것이다.

대한민국 최초의 국방지휘기구는 지금의 교리로 말하면 3군병립 하 국방장관 – 국방 참모총장의 단일 군령지휘체제라고 말할 수 있다. 한국의 상부지휘구조는 6.25를 치르는 과정에서 작전통제권을 유엔군에 위임한 이후부터는 전형적인 3군 병립체제를 유지해 오다가, 1991년 평시작전권 인수 후부터, 장관의 군령권은 합참의장을 통해, 군정권은 각군 참모총장을 통해 행사하는 다소 복잡한 지휘구조를 유지해 왔다. 상부구조가 너무 비대하고 의사결정이 비효율적이라는 비판이 일반적이다.

지금 한국군 전시작전통제권을 인수하는 준비를 하는 과정에서 한국군은 어떤 국방지휘구조를 가져야 하는지 많은 논의가 있다. 건군시의 한국군 최초 국방지휘구조는 많은 참조가 될 것이다. 6.25에서 한국군이 와해되었던 것은 지휘구조의 문제라기보다는 건군 후 너무 이른 시기에 기습을 당했고, 거기에 지휘능력이 부족한 최고지도부 인적 구성이 한 몫 했다고 보아야 한다.

대한민국 국방기조를 연합국방으로 천명하다

대한민국이 출범할 즈음 국제정세의 조류는 전임 미국 대통령 루즈벨트의 국제주의(Internationalism)에서 트루만의 대소 봉쇄정책(Containment Policy)으로 변천하였다. 미국에서는 세계대전 후 병력의 대규모 감축과 아울러 봉쇄정책에 따른 해외 주둔의 필요성이 겹쳐지면서 비용 부담 증가에 대한 비판 여론이 커지고 있었고, 한반도의 미군 철수 주장이 대두되고 있었다.

이러한 때에 한반도 북부에서는 소련군의 지원에 의한 '조선인민군' 창설이 48년 2월 8일 전격적으로 이루어졌고, 주한 미군은 48년 9월 15일부터 49년 6월까지 단계적으로 철수를 추진하였다.

한국의 국방정책은 이 영향을 받을 수밖에 없었다. 철기는 국방정책의 기본전제로 '연합국방'을 천명하였다. 연합국방이란 공산주의세력의 팽창에 대응하기 위해 미·소 냉전구조 하에서 미국과의 군사유대를 강화하며, 대내적으로는 반공사상이 투철한 정예국군을 건설한다는 정책이었다.

철기는 장관부임 제 일성으로 현실적으로 당면하고 있던 공산세력의 국제적 팽창에 대응하기 위해 미국을 중심으로 한 서방진영의 군사역량을 규합해야 한다고 강조하였다.

철기는 이미 임시정부 광복군 시절부터 한국은 미국과의 동맹이 필수적임을 간파하고 있었다. 그는 독수리계획이라는 최초의 한미연합작전의 창안자였다. 연합국방 개념은 1948년 8월 15일 이승만 대통령도 정부수립 선포기념사에서 아래와 같이 강조한 바가 있었다.

"우리는 미국에게 배울 것도 많고 도움을 받을 것도 많다. (중략)
대·소, 강·약의 어떠한 국가를 막론하고 상호 간에 의지해야 생존할 수 있다. (중략)
모든 미국인과 모든 한국인 간에는 한층 더 친선을 새롭게 하는 것이 중요하다."

이러한 정책기조 아래 정부는 유럽의 나토체제처럼 아시아에서도 반공국가들을 중심으로 태평양동맹을 결성하고, 나아가 한미상호방위조약 체결을 추진하였다. 그러나 아직 때가 아니었다. 한반도 전쟁 발발 가능성을 낮게 평가한 미국은 한국의 전차나 비행기와 같은 중장비 지원 요구마저도 거절하는 상황이었다.

하지만 이러한 연합국방정책은 6.25전쟁이 발발하고 나서야 그 타당성이 증명되었고 오늘에 이르기까지 한반도 안정보장의 핵심구도로 존속하고 있다.

정예장병 양성과 국군의 사상통일을 기하다

'연합국방'이라는 국방기조 하에서 철기가 역점으로 추진했던 국군 내부의 2대 정책은 '정병양성'과 '국군의 사상통일'이었다.

당시는 광복 직후로 다양한 출신들이 국군에 들어와 있었다. 일본군 출신, 만주군 출신, 중국군 출신, 또 민족주의자, 공산주의자 등 다양한 출신들과 사상들이 국군에 유입되었다.

철기는 정예장병 양성을 위해 사병제일주의를 내세우면서 그 첫 걸음으로 사상 통일을 추진하고, 수차례의 국군 내 공산주의자들에 의한 반란을 진압하면서 대규모 숙군을 단행하였다.

국군은 6.25전쟁 초기에 기습을 당해 3일 만에 서울까지 내주는 참패를 겪었으나, 완전히 붕괴되지 않고 축차적으로 후퇴하면서 후일 반격에 나설 수 있었던 것은 실로 이 숙군을 포함한 장병 사상통일의 덕분이었다.

정병양성을 위한 사병제일주의

철기는 정병양성과, 사상통일을 위한 반공정신 강화에 주안점을 두고, 이를 위해 사병제일주의와 정훈교육을 통한 사상통일에 주력할 것을 천명한다.

철기의 30년간에 걸친 독립군과 광복군 지도자 생활을 통해 쌓여진 군사지식과 진중경험을 바탕으로 착안한 사병제일주의는 정병주의에 입각하여 사병 개개인의 자질을 조속히 향상시켜 국군 전체의 질적 수준을 평준화함으로써 선진 민주국가의 우수한 군대와 대등한 자질을 가지게 한다는 것이다.

또한, 사병 개개인을 민주주의이념과 반공정신에 투철하고, 임전무퇴의 전형적인 군인으로 육성하여 정예국군으로 뿌리를 내리게 한다는 것이다.

철기가 국방장관이 되면서 내건 사병 제일주의는 장병복지 증진이라는 포퓰리즘적인 단순한 것이 아니라, 철기의 군사경륜가로서의 철학이 담겨 있었다. 그 배경은 다음과 같다.

하나는, 공산주의자가 도발하는 전쟁에 관한 인식에서 출발하였다. 철기는 중국에서 중국 국민당과 공산당 간의 내전을 보면서 공산주의자와의 싸움은 주로 사상전이요 심리전이란 점을 뼛속 깊이 체험하였다.

1947년까지 대체로 우세하였던 국민당군대가 1948년이 되자 갑자기 밀리기 시작하였다. 잠입하여 암약하던 공산당원의 포섭과 회유공작에 의해 지역별 국민당군 지도부가 하룻밤 사이에 공산당에 우호적으로 변하면서 각 지역의 국민당군대가 여지없이 괴멸하는 사상전과 심리전의 위력을 철기는 이미 목격하였던 것이다.

전투가 개시되기도 전에 부대가 무너진 것이다. 사상전과 심리전을 주특기로 하는 공산당과의 싸움에서는, 총 쏘기도 전에 장병들이 공산주의사상의 포로가 되는 것을 막아내는 것이 총 쏘는 훈련보다 앞서는 최우선 과제였다.

다른 하나는, 공산당과 싸워 이기기 위해서는 군 통솔 면에서 민주국가의 기본정신인 인권을 존중하여야 한다는 인식이 또 다른 배경이었다. 일본군과 만주군 출신들이 주력으로 자리잡았던 경비대에서 병영생활은 사병구타, 체벌 등 비리로 만연되어 있었다. 철기는 이를 반드시 척결하고자 하는 의지를 확고하게 갖고 있었다.

마지막은, 당연히 사병복지에 대한 관심이었다. 철기는 대륙전선에서 장개석 국민당 군대와 더불어 장기간 모택동 공산당 군대에 대항하면서 사병복지에 관심이 있는 부대와 관심이 없는 부대 간의 사기가 얼마나 판이한가를 절감하였다. 철기는 국군양성의 책임을 맡으면서 군기와 사기의 기초에는 사병복지 문제가 깔려 있다는 것을 역설하였다.

사병제일주의는 단순한 인기영합 전술이 아니라 신생 국군의 상황을 정확히 통찰하여 만들어 낸 전략가이자 군사 경륜가로서 철기의 탁월한 리더십의 한 표현이었던 것이다.

국군의 사상통일과 사상무장에 진력하다

정부 수립과 더불어 철기가 인계받은 경비대의 장비와 훈련수준은 야전에서 평생을 보낸 철기의 체험에 비추어 볼 때 국방 임무를 수행하기엔 너무나 열등하였지만, 그것보다 더욱 심각한 문제는 장병들의 사상문제였다.

미군정 하에서 경비대는 전적으로 지원병으로 충당되었다. 그러다보니 좌우익 정치세력이 각축하는 상황 속에서 공산혁명을 목표로 하는 공산당은 군 내부에 자기 세력을 침투시키고자 집요한 공작을 했다. 이는 후에 일어난 여러 차례 군내 반란사건에서도 입증되었다.

미군정 당국은 장병들이 경비대 법규를 준수하고 상관 명령에 복종한다는 서약을 하고 입대한 이상 그들을 의심할 필요가 없다는 입장이었다.

미군정 3년간의 소위 민주화 시책을 기화로 공산주의자들이 정부와 각 주요 기관 또는 경비대에 아무런 제한도 받지 않고 채용되거나 입대할 수 있었다. 이로 인하여 경비대 내부에도 이들 세력이 침투, 동조세력을 규합하여 조직망을 확대해 나갔다. 이들의 암약은 국군 편입 후에도 계속적으로 증대되어 군의 안전유지에도 심각한 문제점을 던져 주고 있었다.

철기는 이렇게 공산 파괴분자가 상당수 침투한 경비대를 국군으로 개편해야 하는 과제를 떠맡았던 것이다.

부임과 동시에 철기는 군 내부의 사상통일이 시급함을 절감하고, 지도방침의 두 번째로 사상통일과 반공정신의 함양을 위한 정훈공작의 적극적인 추진을 강조하였다.

철기가 구상한 국군의 기본정신은 광복군의 독립 투쟁정신을 계승하여 투철한 애국사상과 반공정신으로 무장된 이른바 사상전사로서의 기본을 갖추는 데 그 핵심이 있었다.

정부 수립 직전인 1948년 4월 3일, 초대 경비대 인사국장으로 창군에 공이 컸던 제주도 9연대장 박진경 대령이 연대에 잠입해 있던 예하 중대장이자 공산 프락치인 문상길 중위 일당에게 암살되는 사건이 발생하였다. 그리고 정부 수립 후인 10월 19일, 여수 14연대 반란사건이 일어났다. 11월 2일에는 대구 6연대 반란사건이 일어나는 등 군에 잠입했던 공산 프락치들에 의한 군내 반란사건이 줄을 잇는다. 이제 막 출범한 국군이 뿌리째 흔들리고 있는 것이다.

철기는 군내 용공분자 색출과 이들의 척결을 위하여 1948년 10월부터 제1차 숙군을 과감히 단행하였다. 그때까지 군 내부에서 암약하던 현역 장병 324명과 군 관계 민간인 40명을 검거하였다.

한편, 국군의 정신적 지표를 위한 실천구호를 제정할 필요가 대두되어, 철기는 1948년 12월 1일 '여수순천지구 전몰장병 합동위령제'에 참석하여 '국군 3대 선서문'을 발표하였다. 이 선서문은 이 날짜로 정식 공포되어 국군장병의 상징적 실천구호로서 전군에 보급되었는데 그 내용은 다음과 같다.

1. 우리는 선열의 혈적을 따라 죽음으로써 민주국가를 지키자.
2. 우리의 상관, 우리의 전우를 공산당이 죽인 것을 명기하자.
3. 우리 국군은 강철같이 단결하여 군기를 엄수하고, 국군의 사명을 다하자.

이 구호는 자유민주주의 국가를 수호하기 위해 국군은 광복군의 독립투쟁 정신을 계승하고 철저한 반공정신으로 무장하자는 결의를 담고 있다.

이 국군 3대 선서문은 이후 「국군의 맹서」-「군인의 길」로 개정되었다가 지금은 '군인의 지위 및 복무에 관한 기본법'의 「국군의 강령」과 '부대관리 훈령'의 「군인의 길」로 발전되었다. 이름은 바뀌었어도 그 정신은 동일하다.

「국군의 강령」
① 국군은 국민의 군대로서 국가를 방위하고 자유 민주주의를 수호하며 조국의 통일에 이바지함을 그 이념으로 한다.
② 국군은 대한민국의 자유와 독립을 보전하고 국토를 방위하며 국민의 생명과 재산을 보호하고 나아가 국제평화의 유지에 이바지함을 그 사명으로 한다.
③ 군인은 명예를 존중하고 투철한 충성심, 진정한 용기, 필승의 신념, 임전무퇴의 기상과 죽음을 무릅쓰고 책임을 완수하는 숭고한 애국애족의 정신을 굳게 지녀야 한다.

「군인의 길」
대한민국 군인은 다음 각 호의 군인의 길을 지표로 삼는다.
나는 영광스런 대한민국 군인이다.
하나, 나의 길은 충성에 있다. 조국에 몸과 마음을 바친다.
하나, 나의 길은 승리에 있다. 불굴의 투지와 전기를 닦는다.

하나, 나의 길은 통일에 있다. 기필코 공산 적을 쳐부순다.

하나, 나의 길은 군율에 있다. 엄숙히 예절과 책임을 다한다.

하나, 나의 길은 단결에 있다. 지휘관을 핵심으로 생사를 같이한다.

철기의 반공주의는 본인의 체험에서 비롯된 것이었다. 이것은 당시 한국 사회의 일부 정치인들이나 지식인들이 갖고 있었던 반공주의와는 질적으로 차이가 있었다.

그들의 대부분은 해방정국 당시 공산주의자들이 자신들의 기득권을 박탈하였기에 반공을 지향하였으나, 철기는 항일투쟁과정에서 공산주의자들의 생리와 전략전술을 직접 목격하고 체험한 것을 바탕으로 국가 생존을 위한 반공을 하였던 것이다.

공산주의에 대항하기 위한 특별 조직을 만들다

철기는 공산주의로부터 자유민주국가를 지키기 위해, 장병의 사상무장을 최우선으로 하면서, 국방부에 정훈국과 대북첩보국을 설립하였고, 그리고 군 구조면에서 상비군 외에 호국군을 창설하였다.

철기는 공산주의자들과의 싸움에서 이기려면 국방장관의 군정권을 보좌하는 국방정훈국과, 군령권을 보좌하는 대북첩보국이 필요하다고 역설하여 이를 관철시켰다.

또한, 미군정의 종결로 미군이 철수하는 상황 속에서 점증하는 북한 공산주의의 위협에 대비한 국방 예비병력의 확보차원에서 10만 명을 목표로 호국군을 창설하였다. 당시는 아직 징병제가 시행되기 이전으로 상비군을 급격히 늘리는 것은 현실적으로 어려웠기 때문이다.

국방 정훈제도는 오늘까지 이어오고 있다. 하지만 대북첩보국과 호국군 제도는 철기의 영향력 확대를 우려한 정치적 이유로 철기 국방장관 사임 직후 두 조직 모두 해체되었다가 후일 국방정보본부와 예비군 제도로 부활하여 오늘에 이르게 된다.

국방부 제2국 정훈국과 제4국 대북첩보국 창설 비화

국방부직제령에 의하면, 국방부 본부에 비서실, 제1국(군무국), 제2국(정훈국), 제3국(관리국), 제4국(대북첩보국), 그리고 별도로 항공국을 두었다. 여기서 2국 정훈국과 4국 대북첩보국이 논란이 되었다.

철기는 1948년 11월 29일 국군의 이념구현과 반공민주정신의 함양을 전담하는 국방부 제2국을 설치하고 초대 정훈국장으로 광복군 제2지대 정훈조장이었던 송면수를 임명하여 본격적인 정훈활동을 전개하도록 하였다.

그러나 주한 미 군사고문단은 군내에 정치장교를 배치하는 제도는 민주주의국가나 정치적 중립을 요하는 군대에서는 있을 수 없는 제도라는 이유로 반대하였다.

"군 내에 정치장교를 배치하는 제도는 '히틀러'나 공산당이 채택하고 있는 제도입니다. 민주주의국가의 군은 정치에도 초연한 입장에서 엄정 중립을 지켜야 하는 것입니다.

따라서 일당 독재국가의 군처럼 Political Commissar(정치장교) 제도를 채택할 수는 도저히 없는 것입니다."

미 군사고문단장 로버츠 장군의 말이다.

"공산군과 싸우는 군대가 반공사상의 정신무장 없이 어떻게 싸우란 말이오? 당신네들은 공산주의가 어떤 것인지 잘 몰라.

그리고 지금은 남조선 과도정부 통위부가 아니야. 대한민국 국방부야. 난 대한민국 국방부장관이야. 통위부 때하고는 사정이 달라.

난 대한민국 국방부장관으로서 내 부하들을 철저한 반공사상으로 무장시킬 것이오."

철기는 국방 정훈국의 설치를 강하게 역설하고 이를 설치하였다. 이후로 70여 년간 국군 정훈조직은 공산주의로부터 국군의 오염을 방지하는 컨트롤타워 역할을 다하여 왔다.

한편, 공산주의자들의 생리와 전략전술을 잘 아는 철기는 미구에 북한 공산주의자들의 침략이 있을 것으로 예상하고 국방부에 대북첩보 수집관련 참모부와 부대를 창설하고자 하였다.

철기는 북한의 남파 게릴라 침투를 차단하고, 이북지역 침투와 첩보수집 등을 주임무로 하는 제4국(대북첩보국; 일명 특수공작국)을 국방부 내에 설치하고, 과거 광복군 당시에 미군의 전략정보국(OSS) 지원 아래 국내정진군을 편성한 경험을 토대로 첩보수집, 방첩업무를 전담하는 특수부대를 설치하려 한 것이다.

그러나 미 군사고문단측은 북한에 특수부대를 침투시키는 데 극력 반대하면서 국방 대북첩보국의 설치와 국방부 직속으로 특수부대를 둔다는 것은 원칙상 불가하다고 주장하였다.

그러나 철기는 적극적인 대북교란 전술의 필요성을 강조하면서 북한이 다수의 무장 '게릴라' 부대를 남파하고 있는 실정에 비추어 이에 대해 과감한 반격을 가해야 한다고 역설했다.

그러나 미 고문단 측은 한국군이 무장병력을 38선 이북에 침투시키는 적극책에 대해서 펄쩍 뛰었다. 미 군사고문단장 로버츠 단장은 국방부장관에게 정식으로 반대의견을 표현하는 동시에 국방부 제4국에 대한 고문단 지원을 전적으로 거부하였다.

하지만 철기는 소신대로 국방부 내에 제4국을 설치하고, 특수부대를 육군에 창설하였다. 정보국은 6.25전쟁 직전 후임 신성모 국방장관에 의해 폐지되나 후일 국방정보본부와 국군정보사령부로 부활하여 오늘에 이르고 있다.

호국군 창설

대한민국 정부 수립 당시 국군으로 편입된 경비대 병력은 대체로 5만 명 내외였다. 그리고 미군정 시절 경비대는 치안유지가 제1차적 임무인 경찰 예비였기에 전혀 예비역 병력을 확보하고 있지 못했다.

주한 미군철수 후 북한 공산집단의 병력보다 열세한 국군을 일단 유사시에 지원할 수 있는 예비역 병력의 창출은 철기 초대 국방장관에게 심각한 국방 현안이 아닐 수 없었다.

1948년 11월 20일, 대통령 긴급 임시조치령으로 군에 복무할 것을 지원하는 청년들을 기간으로 한 호국군이 창설되었다.

호국군은 전투부대와 특수부대의 2종으로 구분하여 국방상 필요에 따라 정규군에 편입 가능한 군조직으로, 신분은 장병 모두가 예비역으로 각자가 거주지의 연대에 소속하여 생업에 종사하면서 필요한 군사훈련을 받도록 하였다.

호국군은 1949년 1월 7일에 제101, 제102, 제103, 제106여단 등 4개 여단이 창설되고, 그해 1월 1일부로 졸업한 육사 8기 특별

제1반 출신인 오광선 대령, 유승열 대령, 안병범 대령, 권준 대령이 각각 여단장으로 임명되었고, 초기에는 각 연대로부터 소대에 이르기까지 각급 지휘관을 현역 장교로 임명하였다.

1949년 1월 11일에는 국방부 직할로 호국군사령부가 설치되고, 호국군의 규모는 전국 단위의 10개 여단 규모로 확대되기 시작하였다.

호국군은 조직, 편성, 기능의 측면에서 보아 현대 한국군의 예비군제도의 효시라고 평가된다. 그 신분은 앞에서 말한 바와 같이 장병 공히 예비역으로서 각자의 거주지에 주둔하고 있는 연대에 소속되어 생업에 종사하면서 필요한 군사훈련을 받도록 되어 있었다.

장교 임관에 있어 호국군은 일반 장교와 마찬가지로 특별채용과 보통채용에 의해 임관되었으나, 대대장급 이상은 60세, 중대장급은 50세, 그리고 소대장급은 40세까지로 연령제한을 두었다.

철기 국방장관은 호국군이 급성장함에 따라 기간요원 양성책으로 49년 3월 4일에 호국군 간부훈련소(동년 7월에 호국군사관학교로 확대)를 서울 용산에 설치하고, 교장에 장석륜 중령을 임명하였다.

국방 대북첩보국과 함께 호국군은 철기가 국방장관직을 사임한 직후 후임 신성모에 의해 해체되는 운명에 처해지고 만다. 병역법이 공포되어 과거의 지원제가 국민개병제로 전환됨으로써 병원 보충 문제가 해소되었다고는 하나 철기의 영향력을 견제할 정치적인 목적으로 창설된 지 불과 10개월 만에 호국군을 해체시켰다는 것은 국방력에 심각한 손실을 초래할 수밖에 없었다.

호국군 해체라는 엄청난 국방구조 변화가 진행되는 가운데 국군은 6.25전쟁을 맞이하게 되는 어처구니없는 일이 벌어진 것이다.

호국군 사관학교는 4개 기에 걸쳐 모두 1,080명의 졸업생을 배출하였는데, 그 중 나중에 현역장교로 편입된 자는 640명이었다. 대표적인 인물이 후일 연합사 부사령관을 역임했던 박노영 대장이다.

서울지역의 제101여단장 안병범 대령(후일 장군 추서)은 6.25 때 서울이 함락되자 이미 해체가 진행되어 전투력이 거의 없는 호국군 제101여단을 이끌고 인왕산에 들어가 유격작전을 펼치다가 포위망이 좁혀 들어오자 자결로써 그 책임을 다하였다.

후일 전쟁이 발발했을 때 4만여 명에 달하는 호국군이 건재했더라면 북한군의 침략을 저지하는 데 매우 유용했으리라는 유감이 많다. 이유가 어떻든 6.25전쟁 발발시 상비군의 일부가 후방 게릴라 소탕에 묶여 있어 전방 방어력에 공백이 생겼고, 국군은 예비병력이 전무하였던 것이다.

그 후로 후방 방어작전은 전적으로 현역에 의해 작전이 진행되다가, 1968년 1.21사태로 인해 예비군제도가 부활하게 되었다. 실로 20여 년 만의 부활이었다.

국군의 인적 정통성을 바로 세우다

국군의 인적 정통성이란 대한민국 독립에 기여한 세력이 신생 국군의 중심이어야 한다는 문제다. 우리 국군사에서 이 부분은 시비와 왜곡의 대상이었다.

그 이유는 국군 창설시 편입시킨 조선경비대에 일본군과 만주군 출신 중심의 군사영어학교와 조선경비대사관학교 출신들이 주력세력으로 있었고, 국군 편입 이후 그들이 오랜 기간 우리 군의 상층부를 형성하였기 때문이다.

이 문제는 창군 초기에, 군사경력자들이 매우 부족하였던 상황과 광복군 출신들의 미군정 조선경비대에 대한 불신에서부터 시작되었다. 미군정은 조선경비대를 만들면서 희망자 중심으로 이들을 수용하기로 하였고, 그 당시 국내로 들어와 있던 일본군과 만군 출신들은 여기에 적극 참여하였다.

이들 모두가 일제에 부역하고 독립군을 직접적으로 탄압하였던 것은 아니었을 것이다. 하지만 일제 강점 초기에 항일의병들을 무자비하게 학살하였고, 종국에는 대한민국 독립을 억제 차단하는 핵심도구였던 일본제국주의 군대나 그 괴뢰인 만주군에 있었던 사람들이 신생 독립국가 국군 간부의 중심세력이 되는 것은 분명히 모순이었고, 후세에 교육적이지 못하였다.

독립군과 광복군 출신의 철기는 이를 용납할 수 없었다. 철기는 국방장관 부임과 동시에 이 문제를 적극 해결하고자 하였다.

국군 출범 전 조선경비대의 장교 실정

조선경비대 창설 이전에는 군사영어학교가, 경비대 창설 이후에는 조선경비대사관학교와 조선해안경비대사관학교가 장교 양성의 유일한 기관이었다. 국군 출범시 편입시킨 조선경비대는 군사영어학교 출신과 조선경비대사관학교 6기까지의 출신들이 장교단의 주축이었다.

미군정 당국이 경비대 창설을 계획하고 있을 당시 무엇보다 우선적인 것은 간부 양성 문제였다. 미군정 당국은 필요한 간부를 양성할 목적으로 우선 과거 군사경력을 가진 사람 중 희망자 중심으로 기회를 부여하기로 하였다. 그리고 이들에게 기초 군사영어를 가르치기 위해 군사영어학교를 1945년 12월 5일 서울 냉천동 감리교신학대학 자리에 개설하였다.

그런데 군사영어학교 창설시 광복군 출신은 임시정부의 정통성을 주장하며 응시를 거부하였다. 따라서 군사영어학교 입교자들은 자연히 당시 군사영어학교 부교장(교장은 미군)이었던 만주군 중교(중령) 출신 원용덕과 미군정 고문이었던 일본군 대좌(대령) 출신 이응준이 추천한 일본군과 만주군 출신이 대부분을 이루게 될 수밖에 없었다.

군사영어학교는 조선경비대사관학교가 설립되기 직전인 1946

년 4월 30일 폐교될 때까지 총 200명이 입교하여 110명이 졸업하였다. 그 졸업생을 출신별로 보면 일본 육사출신 13명을 포함한 일본군 출신이 87명, 만주군 출신이 21명, 그리고 광복군 출신이 2명으로 일군과 만군 출신이 압도적이었다.

한편, 미군정은 군사영어학교를 1946년 4월 30일에 해체하고, 5월 1일부로 태릉에 남조선 국방경비사관학교를 창설하였다.

이날 남조선경비대 사관학교 첫 입학생 88명이 입학선서를 하고 1기생으로 입학한다. 초대 교장은 일본육사 출신으로 군사영어학교를 나온 이형근 소령이었다.

이후 정부 출범 전까지 6개 기수 1,254명이 남조선 경비대사관학교를 거쳐 장교로 임관하였다.

군사영어학교 출신은 1968년까지 한국군의 수뇌부를 형성하였고, 후에 이들과 함께 미군정하의 경비대사관학교 졸업 1~6기까지는 그들 세력의 기반인 경비대가 오직 국군의 모체임을 강력히 주장하게 된다.

육군사관학교 입교 확대를 통해 군의 인적 정통성을 확립하다

정부 출범과 동시에 해군을 제외하고 국군의 장교단은 군사영어학교 출신 110명과 경비대사관학교 출신 1,254명이 장교단 전체였다.

독립군과 광복군 출신의 철기가 국방 최고책임자로 부임하면서 국군의 인적 정통성 문제는 반드시 슬기롭게 해결해야 할 과제였고, 핵심은 두 가지였다.

하나는, 한반도를 식민지배하였던 일본군 출신과 그 아류인 만주군 출신이 경비대의 주력이라는 현실의 해결과,
또 하나는, 경비대에 참여하지 않고 아직도 군 밖에 있는 군사경력자들의 군내 흡수였다.

철기는 이를 위해 특단의 조치를 취하였다. 바로 육군사관학교 입교생 확대와 각 기별 특별기 임관제도였다.

국방부장관에 취임하자마자 철기는 군사유경험자로서 군정에 협력을 거부하며 정부 수립을 기다리고 있던 광복군 출신들에게 대거 군 입대를 요청했다.
해외에 체류하고 있던 김홍일 장군과 신성모의 귀국을 알선하였다. 오광선, 안춘생, 이준식, 박영준, 권준, 장흥, 김관오 등 광복군 출신이 대거 군에 들어왔다.

한편, 유승열, 안병범, 신태영, 김석원, 백홍석, 이대영, 이종찬, 이형석, 이용문 등 일군 출신들도 병행 영입하는 결단을 내렸다.

이에 따라 48년 8월 9일에 입교한 육군사관학교 7기생은 당일 입교한 602명 외에도 정부 출범 직후인 8월 17일부터 특별기와 후기를 추가로 별도 입교를 받아들여 1,096명이 임관하였다. 그리고 8기생은 정기 입교자 외에 특별기 4개 기가 추가 입교하여 1,848명이 임관하였다.

군사영어학교 수료 2개 기 110명과 경비대사관학교 1기~6기까지 졸업생 1,254명, 도합 1,364명의 기존 장교단을 2배 이상 압도하는 숫자가 단기간 내에 군 장교단으로 들어오게 된 것이다.

광복군 출신으로, 제7기 특별반에는 김관오, 김국주, 장흥 등이 입교하였고, 제8기 특별반에는 이준식, 오광선, 안춘생, 박영준, 권준, 장호강, 김영일, 전성호 등이 입교하였다. 그 외에도 철기 후임으로 광복군 참모장을 역임하였던 김홍일 장군, 제1지대장을 지낸 채원개가 특임으로 임관하였다. 최용덕, 김구 선생의 자제 김신은 공군으로 임관하였다.

이로써 그 동안 군 참여에 은인자중하던 광복군 군 유경험자들 그룹이 군에 들어오게 되었고, 이들이 들어옴으로 인해 군의 상층부 리더십이 채워지게 되었다.

또한, 사회의 청년단체 요원들도 대거 군에 들어오게 되었다. 철기의 민족청년단, 지청천 장군의 대동청년단 등과 이북에서 월남한 서북청년회, 대동강동지회, 압록강동지회 등 우익 청년단체 회원들이 그들이다.

이때 철기가 육군사관학교와 관련하여 조치하였던 사항들은 이후 군과 사회에 끼친 영향이 실로 지대하였다.

첫째, 군의 인적 정통성과 정체성 확립에 크게 기여했다. 이들은 당장에 기존 장교단이 일본군과 만주군 출신으로 75% 가량 채워졌던 비율을 일거에 역전시켜 일본군과 만주군 색채를 희석시켰다. 이로 인해

6.25전쟁 직전에는 일본군과 만주군 출신은 1/5 수준으로 희석되었다.

둘째. 육군사관학교 7기와 8기생들은 곧 이듬해 일어나는 6.25전쟁 시 최전선에서 대한민국을 공산주의 침략으로부터 구해내는 주역이 된다. 특별기 임관자들은 사단장 이상 고급 지휘관으로, 정규기 임관자들은 중·소대장으로 공산주의 침략을 몸으로 막아냈다.

셋째, 이들이 군에서 체득한 선진 미국의 행정과 조직관리 능력은 이후 대한민국 국가발전에 크게 기여하게 된다.

넷째, 철기는 국군이 광복군 정신을 이어받는다는 의미에서 광복군 출신을 육군사관학교장으로 임명함으로써, 지금도 국군 정통성에 관한 상징을 만들었다.

미군정 시절 경비대사관학교까지는 일본군 출신들이 사관학교 교장을 역임하였으나, 이범석 장관 취임과 동시에 육군사관학교로 명칭을 개칭한 이후부터는 광복군 정신을 사실상 이어받는다는 의미에서 광복군 출신들이 학교장을 이어서 맡았다. 6대 학교장 최덕신(광복군), 7대 김홍일(광복군 참모장), 8대 이준식(광복군 제1지대장), 9대 안춘생 장군(광복군 2지대. 안중근의사 조카)이 그들이다.

'인사가 만사'라는 말이 있다. 군의 인적 정통성은 국군 정통성의 핵심이다. 철기이기에 그것이 가능하였다.

광복군 출신은 무능하였고, 일군과 만군 출신은 유능하였다는 말이 있다. 전적으로 틀린 말이다. 무능하기로 제일은 만군 출신 채병덕이었다. 6.25전쟁 때 전선지역에서 거의 유일하게 전 사단 병력을 잘 수습하여 낙동강 방어선까지 내려와 영천전투의 영웅이 되었던 8사단장 이성가 장군은 광복군(정확히는 중국군) 출신이었다. 그리고 유능하기로 최고는 바로 철기 장군 아닌가. 광복군에 대한 근거 없는 모함이자 편가르기로 이득을 보려는 매국노적 소인 모리배의 주장일 뿐이다.

철기 국방시대 후기

철기의 국방장관 재임기간 8개월은 길지 않은 시간이었다.

그러나 그가 초대 국방장관으로 국방건설을 위해 이루었던 업적들은 대부분 지금까지도 국군의 근간을 이루는 기본적이고 본질적인 정책들이었다.

철기는 국군을 창설하면서 국군의 정통성과 정체성의 확립, 이념과 사상의 정립, 정체성 확립 등 국군의 기본과 본질을 확립하는 정책들을 거침없이 추진하였다. 그가 독립군과 광복군 출신이었기에 가능했던 역작들이다.

철기는 그 외에도 국군의 확장, 장비의 확보, 여군 창설 등 다대한 업적을 남기었다.

6.25 바로 1여 년 전 국방장관직에서 물러난 철기는 그가 만든 국방조직 중 국방부 대북첩보국과 호국군이라는 적과 싸우기 위해서는 절대 필수인 조직들이 해체되는 것을 바라보면서 국무총리직마저 내려놓은 후에는 반연금 상태에 있다가 전쟁을 맞이하게 된다.

국군의 확장과 장비 자급자족을 추진하다

국군부대의 확충에 역점을 둔 철기는 1948년 10월 28일 이후 제16, 제17, 제18, 제19, 제20, 제21연대 등 6개 연대를 증편하고,

제7여단을 창설함으로써 육군을 10만 명으로 증강하였다.

또한 장비의 자급자족에도 심혈을 기울였다. 당시 국군이 보유하였던 장비는 일본군이 남겨 놓은 구식 무기와 주한미군이 철수하면서 이양한 소규모의 낡은 장비들뿐이었다.

당시의 재정 형편상 국군의 장비 확보는 미국의 대한군사원조에 기대는 수밖에 없었으나, 철기는 언제까지나 미군의 지원에만 의존할 수는 없었으므로, 원대한 안목에서 자급자족의 기틀을 단계적으로 준비하고자 하였다.

이에 따라 일본군이 사용하던 국내 병기 생산공장을 보수하는 한편, 새로운 공장의 설립계획을 서둘러 확정하고, 1948년 11월 25일 육군 병기공장과 1949년 초 해군 병기공장을 설치하여, 병기 자급자족을 위한 준비와 기술 습득을 위한 기초 작업에 착수하도록 하였다.

여군을 창설하여 인적 자원 활용을 확대하다

철기는 여성 인적 자원을 어떻게 활용할 것인가 하는 문제에 깊은 관심을 가졌다. 가용 인적 자원을 최대한으로 활용하는 현대전의 성격을 감안한 조치다. 특히 현대 민주국가로서의 대한민국 사회구조에서 과거의 봉건사회 유풍을 빠른 시간 내 척결하고 남녀동등의 민주사회를 건설하여 하루속히 선진사회로 가야 한다는 것이 철기 장군의 지론이기도 하였다.

그래서 현대사회의 축소판이면서 남녀협력의 상징적 존재로서 여군 창설을 철기는 결심하였던 것이다. 마침 미군에도 여군제도가 있어서 군내 반대의견을 무마시키는 데 큰 도움이 되었지만 숙소, 복장 문제 등은 물론 내무생활 면에서도 지휘관에게 불필요한 신경을 쓰게 한다는 이유로 부정적으로 보는 사람들도 많았다.

여군제도가 국군 전력에 큰 도움이 된다는 철기 장군의 소신은 부인 마리아와 독립무장투쟁 일선에서 고락을 같이 한 경험에서부터 우러나온 것이었다. 철기의 이러한 여성관이 국군 내 여군 창설에 반영되었고, 김현숙, 김정례 여사 등이 초창기 여군 발전을 이끌었다.

그 후 여군은 많은 발전을 하여 군 행정 운영 면에 있어서도 커다란 공헌을 하였고, 나아가 여군제도가 한국 전통사회의 현대화에 기여한 측면도 대단히 컸다. 지금은 전투부대 지휘관으로 보임되는 등 여군의 역할과 규모가 보다 확대되고 있다. 철기의 원고심려의 결과다.

국방장관직의 해임

철기는 1949년 3월 21일 퇴임식을 갖고 국방장관직에서 물러났다. 철기의 지나친 영향력 확대를 우려한 정치권의 견제였다.

철기는 물러나는 마당에서도 국방력의 강화를 강조하였다. 그는 퇴임사에서 다음과 같이 역설하였다.

"…… 군은 본래 질만 가지고는 안 되며, 양만 가지고도 안 되는 것이다. 양은 유형의 존재이며, 질은 무형의 존재로서 이것이 함께 종합되어야 한다.

제 아무리 질이 우수하더라도 양이 극도로 부족하면 어려움을 능히 극복하지 못한다.

탱크 1대는 잘해야 탱크 3, 4대를 격파할 뿐, 10대나 20대를 제압하지는 못하며, 우수한 포 1문은 적의 포 3, 4문을 제압할 수 있어도 10, 20문을 제압하지는 못한다.

이것은 곧 적합한 양의 필요성을 의미하는 것이다. 또한 질의 우열에 있어서도 꼭 같은 이치가 적용될 것이다.

질이 졸렬하면 아무리 넉넉한 양을 가져도 소용이 없다. 총을 쏠 줄 모르는 사람은 총을 쏠 줄 아는 사람에게 패하게 마련이다."

6.25전쟁과 철기

1950년 6월 25일 새벽, 북한 공산군은 38선 전 전선에 걸쳐 남침을 개시하였다. 국방장관직과 이어서 국무총리직도 사임한 철기는 북아현동 집에서 6.25를 맞이하였다.

당일 철기는 집에 머물면서 찾아온 손님들로부터 군 병력이 전방으로 이동하고 있다는 소식을 들었다. 그러나 정작 라디오에서는 별다른 소식을 전하지 않고 있었다.

이 당시 철기는 호위 헌병들에게 반 연금상태였다.

6월 26일, 전쟁 발발 바로 다음날 아침 이른 시간에 철기는 대통령 비서 황규면으로부터 경무대로 급히 들어와 달라는 연락을 받았다. 철기는 경무대로 들어갔다. 이승만은 미안한 표정과 함께 다급한 목소리로 요청하였다.

"아무래도 지금 정세가 매우 긴급한 것 같네.
남의 일처럼 보지 말고 마음속에 있는 모든 감정을 잊어버리고, 오직 애국하는 마음으로 도와주게."

철기는 이날 10:00시에 국방부에서 대통령의 지시로 열린 국방장관 주재의 '긴급 현역과 원로 군 경력자 합동회의'에 이승만의 요청으로 참석하였다. 철기 외에도 신성모 국방, 육해공군 참모총장, 참모학교장 김홍일, 전 경비대 총사령관 송호성, 전 통위부장 유동렬, 전 광복군 사령관 지청천, 전 1사단장 김석원 등이 참석했다.

여기서 철기는 김홍일 장군, 김석원 장군과 함께 한수 이북은 포기하고 한강선에서 방어할 것을 강력히 주장하였다.

"38선을 연한 방어선이 붕괴된 현재 상황에서, 시·공간적으로 전선을 수습할 수 있는 방책은 한강선 방어밖에 없소이다."

그러나 이미 무너진 서울 북방에서의 결전만을 주장하는 참모총장을 설득하지 못하였다. 작전을 해본 사람과 해보지 못한 사람 간에 상황을 보는 안목의 차이다.

철기는 이날 심야(정확히는 6월 27일 새벽)에 개최된 비상국무회의에도 참석하였다. 철기는 각료가 아니었지만 여러 장관들과 대통령 비서실장이 강력히 요구하여 참석하게 되었고, 여기서 철기는 역시 강력하고도 분명한 전쟁지도 방침을 내놓을 것을 요구하였다.

"서울을 사수할 것인가, 아니면 서울 주변에서 저항하며 시간을 벌 것인가 분명한 지침을 결정해야 합니다.

그도 안 된다면 서울을 포기하고 철수할 것인지를 당장 결정해야 할 것이오. 만약 철수하게 된다면 작전상 적의 한강 이남 공격속도를 최대한 저지하기 위하여 한강철교를 반드시 폭파해야 할 것입니다."3)

하지만 철기는 아무 실권이 없는 야인일 뿐이었다. 비상국무회의는 수원 천도만 결정하였다. 결국 서울이 무너진 후 '시흥지구 방어사령부'가 급조 편성되고 당시 참모학교장이던 김홍일 장군이 시흥지구 방어사령관이 되어 한강선을 그나마 3일간 지켜냈다. 이로 인해 낙동강방어선이 형성될 수 있었다.

한편, 대통령 이승만은 조야에서 나오는 국방장관 교체를 주장하는 목소리를 무시할 수 없었다. 대부분의 이승만 참모들은 철기의 복귀를 강력히 건의하였다.

---

3) 『민족의 증언』 1, 16쪽. 이때 철기가 주장한 한강철교 폭파 발언이 와전되어 시중에 한때 한강 인도교 조기 폭파는 철기 건의에 의해 이루어졌다는 루머가 나돌기도 하였다. 철기가 폭파할 것을 강력히 주장하였던 한강 철교는 이때 제대로 파괴되지 않아 북한군이 부산 방면으로 공격할 때 중장비 등 군수품과 지원병력을 기차수송하게 하는 잇점을 주었다.

6월 28일, 충남도지사실에서 열린 임시국무회의에서 전규홍 총무처장관은 신성모를 경질하고 철기를 국방장관으로 임명할 것을 제의하였다. 6월 29일에는 이승만을 찾아온 장택상과 신익희 역시 국방장관을 철기로 바꿀 것을 강력히 요청하였고, 이 자리에서는 이승만도 동의의 뜻을 내비쳤다.

이승만은 무초 미대사와 상의하였는데, 무초 대사는 철기의 민족주의적 성향 관계로 그를 극구 반대하였다. 그날 밤 이승만은 프란체스카 앞에서 푸념하였다.

"우리는 지금 철기와 같은 파이터가 급하게 필요한데, 사사건건 무초 펠로(Muccio fellow)가 저 모양이란 말이야."

무초 대사는 영어에 능통하고 고분고분한 선장 출신 신성모를 그대로 유임하기를 강력히 주장하였고, 이승만은 그것을 받아들이면서 참모총장 채병덕을 경질하였다. 철기에게는 대신 호남지역으로 들어가 적 후방지역에서 게릴라전을 펼칠 것을 주문하기도 하였다. 나라가 공산당에게 먹히기 일보 직전의 위기에 처해 있기에 촌부라도 할 일이 있다면 발 벗고 나서야 할 것이다. 하지만 현역도 아닌 철기에게 그런 주문을 한 것은 상식을 벗어난 정치적 주문이라고 할 수밖에 없다.

그러다가 1951년 1월, 전쟁이 한창 중인데 초대 국방장관으로 국군을 건설하였던 철기는 대만의 대사로 발령을 받아 출국하였다. 8개월 뒤 이승만 대통령은 정치적 목적으로 철기를 다시 불러들인다.

5

인간 철기 이범석

항일 의식이 싹트다

대한제국 군대 하사관 정태규의 죽음

"태규, 죽지 마! 죽으면 안 돼!"

범석의 애타는 목소리를 뒤로하고 정태규는 서서히 숨을 거두었다.

장기 와병 중이었던 친모와 엄하기만 했던 부친으로 인해 외로웠던 범석. 그런 그에게 정태규는 말벗이자 놀이 친구였고, 노복이었지만 형 같은 존재였다. 그 대한제국 군대 하사관 정태규가 대한제국 군대 해산과정에서 벌어진 일제군대와의 남대문 전투에서 깊은 부상을 입고 일군의 추격을 겨우 따돌리고는 범석의 집 앞에 겨우 다다랐다. 그리고는 집 앞의 개울을 채 넘지 못하고 범석이 먼 발치에서 보는 것도 모르고 숨을 거두었다.

정태규의 죽음을 목도한 7세의 범석은 슬픔보다는 커다란 분노를 느꼈다. 당시 또래의 아이들보다 조숙하였던 범석에게 이 사건은 그의 일생을 결정하는 분기점이 되었다.

범석은 구 한말 격동기이자 새로운 세기가 시작되는 1900년 10월 20일(양력)에 세종대왕의 다섯째 아들 광평대군의 17대 후손으로 태어났다. 태어난 곳은 서울 용동(龍洞)으로 지금의 명동

중국대사관 후원 자리다.[1]

선향은 충남 천안군 목천면(현 독립기념관 소재지), 부친은 궁내부 농상공부 관리(정3품)였다.

세기가 변하는 가운데, 일제는 청일전쟁의 승리로 한반도 지배권을 확보하였다. 조선은 대한제국으로 국호를 바꾸는 등 자주국을 유지하려고 노력하였으나 일제의 야욕을 막기에는 역부족이었다.

1894년 갑오개혁으로 전통적인 신분체제가 무너지고 천민들의 신분해방이 이루어진다. 철기의 부친도 가노들을 해방시켜 이들이 독립해 나가 자립생활을 하도록 도와준다.

범석의 집안에는 힘이 장사인 정태규(丁泰奎)라는 노복이 있었다. 다른 노비들은 다 나갔지만 정태규만은 범석의 집을 떠나지

---

1) 철기 집터 일부가 언제부터 중국 소유가 되었는지는 분명하지 않다. 그러나 철기의 회고에 바탕을 두고 추적해 보면, 언제부터인지는 정확하지 않으나 천안에 살고 있던 철기 부친은 한성 궁내부 관원이 되자 이 집을 산 것으로 추정된다. 현 중국대사관 역사자료에 의하면 이 집 소유권은 1882년 임오군란을 진압하기 위해 한성에 들어왔던 위안스카이 등 청나라 군대의 지휘관 숙소와 병원으로 사용하기 위해 집 절반이 청국 소유로 넘어갔다. 이후 이 집은 청나라 수뇌부의 조선 경영 대본영으로 사용되다가 청일전쟁 발발시 위안스카이가 중국으로 도주 후 잠시 사용불명시기를 거쳐 을사늑약 이후에는 중국영사관으로, 지금은 다시 중국대사관으로 변하였다. 철기는 양 집 사이에 별도의 울타리가 쳐져 있었다고 회고하였다. 철기는 출생단계에서부터 대한제국 말기 외세 침범의 혼란을 피부로 느꼈고, 민족주의자 철기의 생가 일부가 일제 강점 이전 대한제국 개혁을 방해하였던 청나라의 후신 중화인민공화국의 대사관이 된 것은 역사의 아이러니다.

않고 어린 그를 끔찍이 돌보았다.

 범석의 부친은 정태규의 앞길을 생각하여 친분이 있던 시위대 오참령을 통해 군 복무의 길을 주선하여 주었다. 이후 정태규는 시위대 1대대에서 복무하게 되었는데, 군복의 정태규는 틈만 나면 범석의 집을 방문하였고, 범석은 그의 늠름한 모습에 대단한 매력을 느꼈다.

 범석은 6세 때 외삼촌인 이태승으로부터 한문공부를 시작하였다. 당시 외삼촌은 한성외국어학교 영어과에 다니고 있었다. 이때 범석은 외삼촌 친구인, 후에 그가 중국으로 망명해 상하이에 있을 때 중국 윈난육군군관학교 입학시 도움을 주는 해공 신익희 선생을 알게 된다.

 1907년 8월 1일, 일제는 대한제국 병탄 마지막 단계인 군대해산의 흉계를 단행하였다.
 해산 직전 대한제국 군대 형세를 보면, 서울에 시위혼성여단 제1, 제2 보병연대 약 5천여 명과 기병, 공병, 포병 각 1개 중대가 있었고, 지방에는 8개의 진위보병대대 약 2천여 명이 배치되어 있었다.

 군대해산 계획을 확정한 일제는 대한제국 군인들에게 외출 금지령을 내리고 화약과 탄약고를 접수하였다. 그리고 만일의 폭동에 대비하여 일본군을 증파하였는데, 우선 전국 각지에 분산 주둔하고 있던 일본군 제13사단 병력을 서울로 집중 배치시켰다. 그리고 일본군 보병 제12여단을 대구, 평양 등 주요 지역 중심으로 배치시키는 한편, 인천에 구축함 4척을 정박시키면서 한반도 연안으로 제2함대를 출동시켜 우발사태에 대비하도록 하였다.

7월 31일 심야에, 대한제국 조정을 위협하여 군대해산에 관한 융희 황제의 칙령을 반포하게 하였다. 동시에 군대를 해산할 때 대한제국 군인들이 봉기하게 되면 이를 철저히 진압해 줄 것을 이완용의 이름으로 통감 이토 히로부미에게 의뢰하였다.

8월 1일 오전, 시위혼성여단장 양성환 이하 연대장, 대대장 및 기타 각 부대장들은 현재 소공동에 위치한 일본군 사령관 관저인 대관정으로 소집되었다. 이곳에서 군무대신 이병무가 '군대해산 조칙'을 낭독하고 조선 주둔 일본군 사령관 하세가와 요시미치(長谷川好道)는 1시간 가량 군대해산에 관해 연설을 하였다. 이어 각 부대에 무기를 소지하지 말고 오전 10시까지 훈련원에 집합하라는 명령이 하달되었다.

해산식이 열릴 훈련원(현 서울 중구 을지로 5가) 주위는 일본군이 포위하고 있었다. 오전 10시로 예정된 해산식은 오후 2시가 되어서야 가까스로 거행되었다. 해산 인원 총 3,441명 중 사병 1,812명만이 훈련원에 강제 동원되었다.

훈련원에 모인 군인들의 군모와 견장이 회수되고 이른바 '은사금' 명목의 봉급이 지불되었다. 해산된 군인들은 울분을 누르지 못하고 땅을 치고 통곡하거나 봉급을 내던지면서 일제와 매국노들을 성토하였다.

군대 해산 소식을 들은 제1연대 제1대대와 제2연대 제1대대 병사들은 강제 동원을 거부하고 일본군과 교전을 벌였다. 이것이 '남대문전투'다. 이후 해산된 군대는 '정미의병'의 주력이 되었고, 만주와 연해주 일대 독립투쟁의 뿌리가 되었다.

한편, 당시 정태규가 소속되었던 시위대 제1연대 제1대대장 참령 박승환의 자결은 해산 군인들의 무장봉기 시위를 촉발시키는 계기가 되었다.

군대 해산이 단행된다는 사실을 보고받은 박승환은 크게 분개하면서 통탄하였다.

"군인은 국가를 위하여 경비함이 직책이거늘 이제 외국이 침략하고 있음에도 불구하고 홀연히 군대를 해산하니, 이는 황제의 뜻이 아니요 적신이 황명을 위조함이니, 내 죽을지언정 명을 받을 수 없다."

그는 다음과 같은 유서를 남기고 "대한제국 만세"를 외치면서 권총으로 자결하였다.

"군인이 능히 나라를 지키지 못하고, 신하가 능히 충성을 다하지 못하면 만 번 죽어도 아깝지 않다."

이 소식을 전해 들은 군인들은 탄약고를 부수고 탄환을 꺼내 봉기하였다. 제1연대 제1대대 군인들이 봉기하였다는 소식에 제2연대 제1대대 군인들도 분연히 일어섰다.

대한제국 군인들과 일본군 사이에 4시간 가량의 격전이 벌어졌다. 대한제국 군인들은 서소문과 남대문 방향으로 진격하였지만 탄환이 떨어져 더 이상 전투를 계속할 수 없었다.

더군다나 기관총을 동원하여 사격하는 일본군들을 당해 낼 수가 없었다. 일본군은 도망가는 대한제국 군인들을 끝까지 추격해 가면서 학살극을 벌였다.

이때 치열한 남대문전투에 참가하였던 정태규는 심각한 총상을 입고 말았다. 부상당한 정태규가 찾아 갈 곳은 범석의 집밖에 없었다. 정태규는 피를 흘리며 기어서 혼신의 힘을 다해 범석의 집을 향해 갔다. 그리고 먼 발치의 범석을 어렴풋이 보면서 숨을 거두고 말았다.

항일 의병들의 마지막 항전 모습을 보다

범석은 9세 되던 해에 사립 장훈(長薰)학교에 입학하였다. 이곳에서 그는 한글학자 주시경(周時經) 선생한테 국문을 배우고, 김인식(金仁湜) 선생한테 창가를 배웠다. 당시 주시경 선생의 국문과 김인식 선생의 창가는 한양에서도 가장 유명하였다.

주시경 선생은 개화기의 독보적인 국어국문학자이자 독립운동가였다.

"자기 나라를 보존하며 자기 나라를 일으키는 길은 나라의 바탕을 굳세게 하는 데 있고, 나라의 바탕을 굳세게 하는 일은 자기 나라의 말과 글을 존중하여 쓰는 것이 가장 중요하다."

그는 한글 전파로 독립운동을 하였던 것이다.

창가는 개항과 함께 한국 사회에 수용된 서구의 악곡에 맞추어 제작된 노래가사이다. 내용은 주로 개화, 문명, 애국을 주제로 하였다. 철기가 사사한 김인식 선생은 평양 출신으로 우리나라 최초의 서양음악 교사였다.

연세대 총장과 문교부 장관을 역임했던 고 백낙준 박사는 "철기는 공자가 말하는 예악사어서수(禮樂射御書數; 품위, 음악, 활쏘기, 말 타기, 글쓰기, 계산)의 6례를 갖춘 위인이었다"고 말한 바 있다. 아마도 그의 재능은 바로 이 시기에 갖추어지기 시작했던 것으로 보인다.

경술국치 당시 범석의 부친은 농상공부 비서과장으로 재직 중이었는데 망국에 이르자 관직을 사직하였다. 이즈음 범석의 부친은 사기를 당해 용동의 40칸짜리 집을 빼앗기는 수난을 당하고는 잠시 초동으로 이사하였다. 이때 범석은 아버지의 선향인 천안 목천군에 잠시 내려가 있기도 하였다.2)

1912년, 범석의 부친은 강원도 이천(伊川)군수로 부임하게 된다. 부친을 따라간 범석도 이천보통학교 2학년으로 전학하여 공부하게 됐다.

---

2) 지금의 천안시 목천읍 서리 123번지(독립기념관 뒷마을, 목천초등학교 옆)가 철기가 낙향했던 부친을 따라 잠시 내려와 있던 집안 선향이다. 1986년 당시 충남도지사가 세운 '철기장군유허비'가 현재 목천읍사무소 뒤뜰에 있다.

오늘날과 달리 교육열이 높지 않고 외진 시골이었던 이천보통학교에서 범석의 나이는 가장 어렸다. 한 반에서 공부하는 학생들 가운데는 대부분 제 나이가 드물었고, 30대 혹은 며느리까지 본 장년의 학생들이 상투를 튼 채 학교에 다녔다.

범석은 이곳에서 첫 해 월반을 한 뒤 이후 진급할 때마다 최고의 성적으로 졸업했다. 강원도 전체를 통틀어 보통학교 최우등생 세 사람에 낄 만큼 탁월한 성적을 거두었다.

범석이 이천으로 이사했던 1912년은 마지막 의병들의 항전이 거세던 때였다.

의병은 1890년대 일제의 침략이 더욱 노골화되자 이에 대한 반발로 자발적 무장투쟁을 벌인 민간 병력을 말한다. 1895년에 '을미의병', 1904년에 '을사의병'으로 조금씩 표출되더니 1907년 '정미의병'에 와서는 활화산처럼 분출됐다.

특히 1907년 일제가 조선 군대(대한제국 시위대)를 강제 해산하자 시위대 병력은 일본군과 시가전을 벌인 뒤 대거 의병으로 전환하였다. 일본군과 싸워 패배한 조선의 정식군대(시위대) 군인들은 고향으로 내려가서 스스로 의병을 조직하거나 기존의 항일 의병부대에 합류하였다.

이는 여태껏 농기구나 화승총 또는 죽창 같은 재래식 무기로 투쟁하던 의병부대가 새로운 무기와 전술을 도입하는 계기가 됐다. 이후 점차 세력을 키운 각지의 의병부대는 전국 규모의 3차 의병항쟁을 펼쳐 일본군의 간담을 서늘하게 하였다.

일제가 1909년 9월 1일부터 '남한대토벌작전' 계획을 세워 야만적인 탄압을 가하자, 의병들은 산간벽지로 들어가 유격전을 벌이며 항쟁하였다. 그러나 전략과 화기 면에서 절대 약세였던 의병들은 더 이상 싸움을 벌일 수가 없었다. 이에 따라 일부 의병부대는 국경을 넘어 만주와 연해주 등지로 이동해 독립군으로 전환되었다. 반면 국내에서 유격전으로 최후까지 항전하던 의병들은 대부분 일본군에 전멸당하였다.

범석이 살던 강원도 이천은 대한제국 군대해산 시 남대문전투에 이어 지방에서 제일 먼저 봉기하였고, 13도 창의군의 주력 의병들의 항쟁이 강했던 곳이었다.

당시 이천에는 일본군 헌병분견대 1개 소대와 전투병력인 수비대 1개 중대가 주둔하고 있었다. 일본 헌병대 속에는 우리나라 사람인 헌병보조원이 십 수 명 있었는데, 이들의 행패는 일본인보다 더 심해 목불인견(目不忍見)이었다.

범석은 등하교 길에 일본군 토벌대가 의병들을 붙잡아 포승줄로 끌고 가는 장면을 종종 목격하곤 했다. 망한 나라를 되찾아 보겠다고 싸운 조선의 민중들이 피를 철철 흘리며 짐승보다 못한 취급을 받는 현실에 울분을 금치 못하였다. 이런 처참한 광경을 일 년에 4~5차례씩 목격하면서 범석의 항일민족의식은 점점 더 마음 속 깊이 자리잡아 가고 있었다.

범석은 14세에 최우등의 성적으로 이천보통학교를 졸업하였다. 그렇게 강원도 이천에서의 소년시절은 끝이 났다. 그리고 그

해 범석은 서울로 상경해 경성제일고등보통학교(오늘의 경기고등학교) 갑반에 무시험으로 입학하였다. 범석의 삶을 완전히 뒤바꾼 청소년기가 시작된 것이었다.

일제의 한국인 우민화 정책

중·고 학창시절은 모든 이들에게 미래를 향한 꿈과 이를 이루기 위한 배움이 넘치는 때이다. 일찍이 동양의 고전『관자』에서 말하기를 일 년 계획의 제일은 곡식을 심는 것이오, 10년 계획의 제일은 나무를 심는 것이며, 100년 계획의 제일은 사람을 기르는 것이라 하였다. 여기에서부터 교육은 국가의 백년지대계라는 말이 유래하였다.

1905년 을사늑약과 1910년 경술국치로 이어지는 망국의 설움 속에 이 땅의 수많은 젊은이들은 좌절과 분노로 미래에 대한 희망을 갖지 못하고 방황하였다.

일제는 대한제국을 합병하자 이는 '상고(上古)시대에 있었던 일본의 한반도 지배로 되돌아 간 합당한 처사'라는 황당한 궤변 아래 한국문화와 한국어를 말살하고 한국인을 일본왕의 신민(臣民)으로 만들기 위한 식민지 우민화교육을 펼쳤다. 이것이 일제의 조선인을 위한 백년지대계였다.

우리나라 근대교육 제도는 1894년 갑오개혁으로 기존 서당 중심 교육제도에서 소학교 - 중학교 - 실업학교/대학교의 근대식 제도로 큰 변화를 겪게 된다.

그러나 1910년 경술국치 후 일제는 조선인을 '일본국 식민지인'으로 개조하려 하였다. 이를 위해 1911년 소위 '조선교육령'을 공포하여 을사늑약 시기부터 은밀히 심기 시작하였던 조선인 우민화(愚民化) 교육제도를 본격적으로 가동하였다.

일제의 식민정책은 당시 다른 서구 열강의 식민정책과 그 근본이 달랐다. 서구열강은 식민지 수탈이 주목적이었는 데 반해 일제는 조선인을 아예 말살하고 질이 낮은 일본인으로 개조하는 데 목적을 두었다. 그 핵심 도구가 교육제도였다.

일제는 한국인을 충량(忠良)스러운 즉, 충성스럽고 선량한 황국신민으로 바꾸는 데 교육목적을 두었다. 교육은 시세(時勢)와 민도(民度)에 적합하게 한다고 하면서 한국인들에 대해 전적으로 저열(低劣)한 교육을 실시하였던 것이다.

먼저 초등과정에서 일제는 대한제국 시절의 5~6년 과정이었던 소학교를 보통학교로 이름을 바꾸면서 4년제로 단축하고, 보통교육의 목적을 단지 (일본)국민으로 만들기 위해 국어(일본어)를 보급하는 데 두었다.

중등과정인 고등보통학교는 대한제국 시절 중학교 7년이었던 것을 4년으로 단축시키고 수업 내용도 쉬운 교재로 일본어, 수학, 물리, 화학 등의 초보적 내용 중심으로 교육시켰다. 또한 중학교라는 명칭을 고등보통학교로 바꿔 이름 그대로 그 당시의

최종학교 과정으로 만들었다. 한국인의 대학교육은 전혀 고려하지 않았다.[3)]

고등보통학교를 나온 한국인은 졸업 후 사회로 나가거나 아니면 전문학교나 실업학교로 진학하여 농·공업, 주산, 부기 등 생산과 관련된 교육을 이수하도록 하는 것이었다.

전체적으로 한국인 학생은 교과목 종류나 그 수준면에서 문화창달은 고사하고 살아가는 데 필요한 최소 교육만 받도록 하여 일인에 비해 열등하도록 조장하였다. 반면 당시 서울에 있던 일본인 학생들은 별도로 6년제 소학교, 5년제 중학교를 다니면서 상대적으로 질이 높은 교육혜택을 받았다.

당시 경성고보는 유일한 관립 고보여서 전국에서 우수한 인재들이 모여들었다. 경성고보의 본교는 한국인들만 다녔고, 2부 학생들은 모두 일본인만 다녔다. 경성고보 2부는 일본에서 중학교를 졸업하고 교사를 지망하는 자들 중 우수한 자들을 추려다가 장래 한국에서 교편을 잡게 할 목적으로 교사 자격을 부여하는 교사양성 부설과정이었다.

고보에 입학하면서 범석은 강원도 이천의 집을 떠나 혼자 서울

[3)] 한국인 대학교육 불허 정책은 3.1운동 후 기존 무단정치에서 문화정치로 한반도 식민통치 정책이 바뀌면서 함께 변경되었다. 일제는 1922년 제2차 조선교육령을 발표하여 한국인의 대학 설립과 교육을 제한적으로 허용하기 시작하였다. 이 문화정치는 교묘하게 한국인 내부를 분열시키는 책동에 불과하였지만 그런대로 한국인에게 고등교육을 받는 기회를 제공하였다.

에서 하숙하였다. 범석은 학년이 올라가면서 일본인 교사들이 벌이는 노골적인 식민지 동화교육에 반발하고 분노하는 가운데 조국의 광복을 위해 망명할 결심이 가슴에 싹트기 시작하였다.

당시 과목 중 제일 시간이 많았던 과목이 주당 4시간의 정신교육인 '수신(修身)과목'이었는데, 이 시간은 주로 일본인 교사들이 한국인들의 흉을 보고 일본인들의 우월성을 거들먹거리는 시간이었다. 이 과목 담당 일인교사로 '자하(滋賀?)'라는 이름의, 금테를 두 개나 두른 모자를 쓴 나이가 좀 있는 교사가 있었는데 노골적으로 한국인들을 모욕하기 일쑤였다.

이에 범석은 그 '자하'를 골탕 먹이기로 작정하였다. '자하'는 수업시간에 의자를 하나 앞에 놓고 발을 거기에 올려놓고 달달 떨면서 한국인들을 욕하고 헐뜯는 습관을 가지고 있었다.

범석은 '서경신'이라는 가까운 친구와 작당하여 몰래 그 의자 다리 하나를 분질러 살짝 받쳐 놓았다. 그 날도 '자하'가 수업시간에 들어와 의자에 다리 하나를 얹어놓고 달달 떨면서 한국인 흉을 보다가 의자가 주저앉으면서 앞으로 고꾸라지는 봉변을 당하였다.

또 당시 교사 중에 '감별(瞰別?)'이라는 러일전쟁시 하사관이었던 체조교사가 있었다. 같은 체조교사 중에 '유'씨 성을 가진 한국인 교사가 있었는데 그 사람은 대한제국 고급 장교 출신이었다고 한다. 그런데 '감별'이 '유'라고 하는 한국인 교사를 제 조수처럼 부리다가 좀 마음에 안 들면 학생들 앞에서 심한 모욕을 주곤 하였다.

 범석은 모욕을 주는 '감별'이나 일인 교사에게 굽실대는 '유'라는 선생을 보고 심히 경멸하여 '보조원'이라는 별명을 붙였다. 범석은 정신까지 완전히 일인의 노예가 되어 굽실대는 것을 보고는 민족적 자존감에 큰 상처를 입었던 것이다.

 일본군에게 살해된 정태규에 대한 기억과 이천에서 의병들이 학살당하던 것 등의 기억이 얽혀 성격도 우울해지고, 학교 내 생활에 적응하지 못하였다. 대신 종로 YMCA 청년학관을 다니던 민족의식이 강했던 청년들과 어울려 유도를 배우고 일본 학생들에게 싸움을 걸면서 그나마 치솟는 울분을 달래곤 하였다.

 학교 강의 시간에도 책상 위에 책은 펴 놓았지만, 책상 밑에는 지도를 펼쳐 놓고 중국으로 어떻게 망명할 수 있는가만 궁리하였다. 집에 돌아오면 셰익스피어, 톨스토이, 뚜르게네프 등의 책을 열심히 탐독하였다. 그렇게 범석의 학창시절이 지나고 있었다.

 1915년 여름, 방황하던 범석은 운명적으로 몽양 여운형을 만나게 된다. 그가 경성고등보통학교 3학년이었을 때 한강에 수영하러 갔다가 역시 수영하러 나온 몽양을 알게 된 것이다.

 당시 몽양은 나이 30세로 국내에서 계몽운동을 하다가 1914년에 중국으로 건너가 독립운동을 하면서 중국 남경 금릉대학에서 영문학을 공부하고 있었다.

 그 해에, 몽양은 여름방학을 맞아 잠시 귀국해 독립운동에 참여할 청년학생들을 물색 중이었다. 짧은 만남 동안 몽양은 범석에게 중국 망명에 대한 모험심과 애국심을 불어넣어 주었고 감수성이 예민한 학생 이범석은 자신도 중국으로 건너가 항일무장투쟁을 전개하겠다는 결심을 굳힌다.

중국으로 망명, 군인의 길을 걷다

망명이란 무엇인가?

나라 잃은 자가 조국을 다시 찾기 위해 조국을 떠나는 것이다. 똑같이 나라를 잃었건만 어떤 이는 모든 것을 버리고 이 땅을 떠나 저항의 길을 택하고, 어떤 이는 이 땅에 남아 살아갔다.

떠나고 남은 것이 중요한 것이 아닐 것이다. 단지 젊은이로 애국심과 용기의 문제요, 그 시대가 무엇을 요구하는지를 고민하고 행하는 자와 그렇지 않은 자의 차이일 뿐일 것이다.

우리는 기억해야 한다. 그들의 애국심과 희생을. 그것이 후손들이 해야 할 최소한의 도리다.

모든 것을 버리면서 치밀하게 준비하다

여운형과의 만남 후 몇 달이 지나 4학년 진급시험을 치른 양력 정월 어느 날 밤, 이범석은 '이제 중국으로 망명해야겠다'는 결심을 굳히고 세 가지를 소리 없이 준비하였다.

첫째. 여비다. 수만 리 타국에서 집도 절도 없는 망명객에게 돈은 생명이었을 것이다. 철기 몫으로 한성은행에 아버지가 예치해 놓은 일천 삼백 원(현재 시세로 약 3천만 원)을 몰래 빼내기로 하였다. 그리고 서울로 시집 와 있던 누님께 이실직고하니 누님이 그 뜻을 가상히 여겨 즉시 가지고 있던 패물을 팔아 삼백 육십만 원을 마련해 주었다. 그 동생에 그 누이다.

둘째. 집안의 4대 독자로서 부모님에게 자신이 떠나는 걸 제대로 이해받도록 하는 것이 문제였다. 면전에서는 말도 나오지 않을뿐더러 말을 하더라도 곧 거절당하거나 불호령밖에 받을 수 없다는 걸 생각하고 서면으로 글을 써서 출발하는 날 인편으로 보내기로 하였다.

훗날 철기는 그 편지는 생리사별한 아버지와 어머니에게 당신들의 생명 최후 순간까지도 가슴에 비수를 박는 고통이었으리라는 생각에 내내 죄송함을 금할 수 없었다고 회상하였다.

셋째. 생소한 미지의 세계를 향해 모험의 첫 발을 내딛는 그 첫 걸음의 안내를 받을 수 있는 여운형 선생과 만주 봉천 서탑에서 만나기로 약속하였다.

1915년 11월 어느 날 밤 11시 30분, 이범석은 집을 나서 남대문역에서 신의주행 열차에 몸을 실었다. 언제 다시 돌아올는지, 어디까지 갈는지, 어떻게 뜻을 펼칠 수 있을는지 …

철기는 그때를 회상하면서 그저 모든 것을 운명의 신에 맡길 뿐이었고, 신의주를 향해 달리는 그 열차 속에서 몇 만 리, 몇 십 년 후로 꿈과 상상의 세계를 펼쳤다고 말했다. 철기의 굳은 신념과 낙관적 생각이 교차한 것이다.

이 대목에서 이육사 선생의 '광야'라는 시를 떠올리지 않을 수 없다.

"까마득한 날에 하늘이 처음 열리고 어디 닭 우는 소리 들렸으랴.
모든 산맥들이 바다를 연모해 휘달릴 때도 차마 이곳을 범하던 못하였으리라.
끊임없는 광음을 부지런한 계절이 피어선지고 큰 강물이 비로소 길을 열었다.
지금 눈 내리고 매화 향기 홀로 아득하니 내 여기 가난한 노래의 씨를 뿌려라.
다시 천고의 뒤에 백마 타고 오는 초인이 있어 이 광야에서 목 놓아 부르게 하리라."

나라를 강탈당해 돌아갈 조국이 없고, 또 언제 돌아갈지도 모르는 약관의 소년 망명객!
비록 지금은 황량한 광야로 그저 내달리기만 하는 가련한 처지이나 언젠가는 백마를 탄 초인이 되어 돌아가리라!

일본인 학생 복장을 하고 신의주에 도착한 이범석은 압록강 철교에서 일본인 경찰을 만났다. 유창한 일본어로 수학여행을 왔다가 길을 잃은 것처럼 가장해 압록강 철교를 걸어 중국 땅 안동(지금의 단동)현에 도착했다. 임기응변이다.

안동현에서 봉천행 기차를 탄 이범석은 11월 20일 봉천에서 여운형이 묵고 있는 고려여관을 찾아갔다. 이곳에서 여운형으로부터 매형 신석우가 상하이에 있다는 소식을 듣고 상하이로 갈

결심을 했다. 독립운동가이자 범석의 매형인 신석우 선생은 일본 와세다 대학을 졸업 후, 당시 중국 상하이에서 동포들의 단합과 애국을 설파하고 있었다.

예관 신규식 선생을 만나 군인의 길을 선택하다

상하이에 도착한 이범석은 앞으로 군인의 길을 뚫어 나가는 데 결정적인 역할을 하게 되는 신규식 선생을 찾았다.

16살의 어린 이범석을 본 예관 선생이 물었다.

"어린 소년이 여기에 뭣 하러 왔는가?"

이범석이 당돌하게 대답하였다.

"조국 독립에 몸 바치러 왔습니다."

중국에 온 동포 청년들의 적성을 살펴 군인이 될 만한 자들을 찾고 있던 예관은 이범석의 당찬 모습을 보고는 그 자리에서 그를 군인으로 키울 생각을 갖고는 자기 집에 머물게 하였.

예관 선생 곁에서 이범석은 한국 독립운동의 대선배인 조소앙 선생과 신채호 선생, 그리고 중국 혁명의 대부인 쑨원 선생을 만나는 기회를 갖게 되었다. 이범석은 며칠 걸러 한 번씩 예관 선생과 쑨원 선생 사이의 편지 심부름을 한 것이다.

이범석은 전반적인 정세를 익히면서, 중국 생활에 필수요소인 중국어를 익히기 위하여 예관 선생이 천거해 준 중국인 선생에게서 중국어 공부를 하는 기회도 갖게 되었다. 그때나 지금이나 큰 일을 제대로 하려면 외국어 능력 보유는 필수이다. 이범석은 중국어를 잘 배우느냐 못 배우느냐에 자신의 운명이 결정된다는 것을 절실히 깨닫는다. 열심히 공부했고 또 어학에 대한 소질이 나쁘지 않은 편이어서 한 4개월쯤 배운 뒤 중국말로 간단한 대화를 할 수 있을 정도가 되었다.

철기는 주변에 자기는 군인이 되고 싶다는 말을 자주 하였고 상하이에 있는 동안 영화를 볼 기회가 있으면 전쟁영화, 그 중에서도 기병들이 나오는 것을 찾아서 보곤 했다.

그때 항주에는 「항주체육학교」라는 「군관예비학교」 성격의 학교가 있었는데 이범석은 예관 선생의 주선으로 그 학교에 입학하였다. 그곳에 들어가 반드시 졸업하겠다는 생각보다는 예관 선생이 추진 중인 중국 군관학교 입교의 길이 언제 열릴지 모르기 때문에 그 동안 중국어 공부와 체력 단련에 열중한 것이다.

6개월 정도 지났을 때 이범석은 예관 선생으로부터 상하이로 돌아오라는 연락을 받았다. 입학 때 미리 교장에게 사정을 얘기해 두었던 까닭에 아무 문제없이 자퇴를 하고 상하이로 되돌아갔다.

중국 윈난육군군관학교에서 군인의 길을 시작하다

지금이나 그때나 사관학교는 군인이 되고자 하는 젊은이들에게는 선망의 대상이다. 특히 당시 나라 잃은 백성으로서 나라를 다시 찾기 위해서는 무력이 필수였기에 뜻있는 젊은이들은 이 기회를 잡는 데 매우 관심이 많았다.

대한제국 무관학교가 문을 닫은 이후 한국인이 군인이 되는 길은 일본 육사 또는 중국 군관학교로 가는 것이 정규 코스였다. 아니면 신흥무관학교나 북로군정서 사관연성소와 같은 자생적 독립군 사관연성소를 거치는 것일 뿐이었다. 이범석은 중국 군관학교로 갔다.

당시 동양에서 앞서가는 사관학교는 1874년 메이지 7년에 설립된 일본 육사였다. 후발 주자인 중국 군관학교는 제도 면이나 교육내용 면에서 일본 육사의 영향을 많이 받을 수밖에 없었다. 인접한 같은 동양권이면서 먼저 개화했다는 잇점으로 당시 중국 군관학교 교관진에는 일본 육사 졸업생들이 주력을 형성하는 등 영향력이 상당했다.

신해혁명을 전후해서 뜻있는 중국의 지역 군벌들은 민권에 바탕을 둔 공화국 혁명을 선도하기 위한 군 간부 양성을 목표로 신식군관학교를 여럿 만들었다. 철기가 입학한 윈난육군강무당(후에 명칭이 윈난육군강무학교를 거쳐 윈난육군군관학교로 개칭)도 초창기 창설된 그런 신식 군관학교였다.

사관학교 졸업생들은 지원 동기와 그 학교가 지향하는 목표 면에서 어느 사관학교에서 수학하였는지에 큰 영향을 받게 된다. 학문을 연구하고 사회생활을 준비하게 하는 일반 대학교와는 크게 다르다.

일본 육사나 만주국 군관학교 졸업생들은 개인별 입교 동기와 가치관에 따라 차이가 있을 수 있지만, 대부분은 일본 왕 중심의 만세일계를 보위하거나, 만주의 5족[4]화합을 목표로 하는 만주국 보위를 위한 '충견되기'라는 입교 동기 내지는 그 학교 학습목표에 지대한 영향을 받을 수밖에 없을 것이다.

일본 육사 졸업생 중 지청천이나 김경천 등 극소수는 임관 후 탈출하여 독립군으로 합류하였다. 하지만 대부분의 일본 육사나 만주국 군관학교 졸업생들은 조국이 광복되기 전까지 그저 일왕에 충성스러운 일본 군인이었거나 영혼 없는 만주국 군인이었을 뿐이다. 사람의 격이 같을 수 없다.

경우에 따라서는 자의와는 무관하게, 또는 출세를 목적으로 독립군 토벌에 동원되기도 하였다. 개개인의 사정이 있을 수 있고, 그 중에는 후일 참회하고는 신생 자유대한민국 수호에 기여한 사람도 있다.

미래를 위해 우리는 후손들에게 어떤 길이 옳은 길이었는가를 명확히 가르쳐야 한다. 그것이 역사를 배우는 목적이다. 역사는 냉정하다.

---

[4] 일본인, 만주족, 조선인, 중국인, 몽고인을 말한다.

당시 망국 한인들이 어떻게 중국 군관학교에 들어갈 수 있었는가? 여기에는 신규식 선생과 쑨원의 개인적인 친분이 크게 작용하였다. 경술국치 이듬해인 1911년 중국 상하이로 망명한 신규식 선생은 조선인 중 유일하게 쑨원과 함께 신해혁명에 참가하였다.

이러한 인연을 바탕으로 신규식 선생은 쑨원의 지원 아래 조선인을 장차 독립투쟁의 무장력으로 양성하기 위하여 약 10년간 100여 명의 청년들을 윈난(雲南)육군강무학교, 바오딩(保定)군관학교5), 난징(南京)해군학교, 톈진(天津) 수학교 등 중국 여러 현대 군사학교에 입학시켰다.

윈난육군강무당 1차 선발에 낙방하나 추가 선발로 결국 합격하다

선구자이자 개척자로서 최초 군관학교 입교자 선발은 신규식 선생 등 선배 독립지사들을 중심으로 비밀리에 엄격하게 이루어졌다. 군사학 배우기를 지원하고 각지에서 기다리는 사람들이 굉장히 많았다. 체력과 정신력, 나이, 경력, 중국어 능력 등을 종합적으로 고려한 끝에 1차 선발로 김세준, 배천택, 김정, 최진 등 4명이 선발되었다. 이범석은 나이와 중국어 능력, 경력이 미달하여 1차 선발에서 낙방하였다.

---

5) 신해혁명 후 위안스카이가 만든 베이징 인근 소재 군관학교로 위안스카이의 북양군벌의 심장이었다. 당시 윈난군관학교와 더불어 신식 중국군관학교의 대표격이었다. 대부분의 북양군벌 지휘관들이 이 학교를 나왔다. 잘 알려진 졸업생으로 장제스가 있다.

선발된 네 사람은 중국에 온 지도 오래되었고, 또 그 가운데는 중국에서 경찰서장을 지낸 사람도 있고 전문학교를 졸업한 사람, 거기에다 중국말도 충분하게 준비되어 있어 막히는 게 없었다. 체력도 꽤 단련되어 최진, 배천택씨는 유도실력이 초단 이상이었고 격투기 같은 것도 고단이었다.

1차 선발에서 낙방한 이범석은 절망하지 않고 기필코 입교하겠다는 강한 의지를 내보였다. 이범석의 간곡한 입학의지는 선배 독립지사들을 감동시켰다. 선배 독립지사들은 이범석의 정신자세와 잠재력을 인정하여 추가로 끼워 넣었다. 결과적인 이야기지만 이 끼워넣기로 들어간 이범석이 후에 상징적 인물로 컸다.

인생의 일은 아무도 모른다. 한번 떨어졌다고 낙담할 필요가 없다. 기회는 또 오거나 본인이 만들어 내기도 한다. 뜻이 있고 준비한 자에게는 기회가 반드시 온다는 인생 교훈이다.

1916년 가을에 일행 5명은 윈난성 쿤밍으로 향하였다. 이때 상하이항에서 장도를 떠나는 청년들에게 한 신규식 선생의 당부사가 자못 비장했다.

"배우기 위해선 설사 훈련장의 철봉대에서 떨어져 죽든, 또는 강의실에서 죽든 상관할 게 못된다.
다만 쓸모 있는 사람이 되는 것만을 목표로 삼아야 한다.
모름지기 나라 잃은 2천만 동포를 위해 힘껏 싸워야 한다. 따라서 그대들 개인의 영광은 우리 2천만 겨레의 영광인 줄 알라.
부디 힘써라."

선배 독립지사의 피어린 당부를 가슴에 담고 5명의 열혈 조선 청년은 수만 리 장도를 떠났다.

식민국 베트남에서 조국을 생각하고 항일의지를 다지다

요즘 한국의 많은 젊은이들이 배낭여행으로 베트남을 통해 중국 윈난성 쿤밍에 다닌다고 한다. 이들 중 과연 몇이 100여 년 전 열혈 한국 청년들이 애국심 하나로 수만 리 길을 지나갔던 사실을 기억하고 있을까?

지금 윈난을 가려면 고속열차로 중국 광시 장족자치구 난닝에서 9시간 정도면 갈 수 있다고 하지만, 당시는 중국 내 육로길이 너무도 험해 남쪽 바닷길로 돌아 베트남으로 들어갔다.

상하이항에서 배로 출발하여 홍콩으로 먼저 간 후, 남중국해 북쪽을 통해 하이난도를 거쳐 통킹 만을 지나 베트남의 하노이로 갔다. 여기서부터는 프랑스와 중국 간의 합작으로 부설되었던 등월철도(登越鐵道)6)를 이용하여 다시 중국으로 들어갔다. 총 약 17일 간의 여정이다.

당시 홍콩은 영국의 식민지였고, 베트남은 프랑스의 식민지였

---

6) 베트남 하노이와 중국 윈난 쿤밍 간을 연결하는 협궤철도다. 이 철로를 통하여 당시 인도차이나반도를 식민지로 갖고 있던 프랑스의 영향력이 중국 윈난성에 크게 미쳤다. 중월 관계에 따라 폐쇄와 개방을 반복하다가 지금은 노후되어 폐쇄된 상태다.

다. 여권을 네 번이나 위장하였고 돈도 네 번이나 환전하였다.

때는 1차 세계대전 기간이었다. 프랑스는 부족한 병력을 보충하기 위해 식민지 베트남인들을 무차별 징용하였다. 이범석은 하노이에서 프랑스 복장을 하고 도살장으로 끌려가는 소처럼 배에 오르는 베트남인들을 보고 나라 잃은 백성들의 설움과 무기력을 보았다.

하노이에서 윈난으로 가는 등월철도에서 베트남인 젊은 부부를 희롱하는 프랑스 공안경찰의 만행을 목격하고는 일제하에서 식민지배의 고초를 당하고 있는 조국의 처지를 생각하면서 다시금 항일의지를 굳게 다졌다.

중국 항일 투쟁의 요람 윈난육군강무학교

청일전쟁에서 패배한 후, 청나라는 신식군대를 확대하고 우수한 장교 양성에 심혈을 기울였다. 그 일환으로 텐진의 북양강무당, 봉천의 동북강무당, 그리고 1909년 윈난에 윈난육군강무당을 설립하였다. 청나라 근대 3대 군관학교다. 뒤에 윈난육군군관학교로 명칭이 바뀌는 윈난육군강무당은, 1924년 중국의 대일 무력 항쟁의 상징이 되는 항푸군관학교 창설시 초기 교관의 60%가 윈난육군강무학교 출신이라고 할 정도로 중국 근대에 영향이 큰 군관학교였다.

현재 구 윈난육군강무당 자리에 설치된 윈난육군강무당 기념관은 유명 졸업생으로 중국의 초대 국방부장 주더(朱德) 원수, 문화혁명 말기 4인방을 체포하여 문화혁명을 종식시켰던 당시 국방부장 예진잉(葉劍英) 원수(철기와 동기생), 대한민국 초대 국방장관 이범석 장군 등을 꼽고 있다. 중국인들은 9,000여 명의 졸업생 중 현대 중국 10대 원수 2명을 포함하여 200여 명 이상의 장군을 배출한 윈난육군강무당을 황푸군관학교와 함께 '명장의 요람'이자, '항일무장투쟁의 본산'이라고 자랑하고 있다.

한편, 이 학교에는 한국인 50여 명이 수학한 것으로 알려져 있는데, 독립투사 김종진 선생, 광복군 노태준 선생, 이준식 장군(전 한국 육군사관학교장), 김관오 장군 등이 널리 알려져 있다. 또한 윈난육군강무당 부설 항공학교 출신으로 대한민국 공군의 어머니라고 불리는 권기옥 여사와 김신 전 공군참모총장이 있다.

실로 윈난육군강무당은 중국과 한국 모두에게 항일무장투쟁의 요람이었다. 그리고 대한민국 국군과는 뗄 수 없는 깊은 인연을 갖고 있다.

여담으로, 중국이 2010년에 선정한 「역대 중국 항일명장」에 외국인으로는 유일하게 이범석 장군이 들어가 있다. 그리고 중국 국영 방송인 CCTV에서는 2007년과 2011년 2회에 걸쳐 이범석 장군 특집을 중국 전역에 방영한 바가 있다.

당시의 중국 정세

이범석 일행은 긴 여정 끝에 신해혁명 직후 혁명 분위기가 물씬한 쿤밍에 도착했다.

1916년 당시 윈난 지역의 군벌 탕자오(唐繼堯)는 쑨원의 열렬한 지지자이자 비밀결사단체였던 동맹회 회원이었다. 탕자오 등 중국 서남부의 혁명가들은 북벌을 지원하기 위해 동남아에서 정치·경제적으로 막강한 영향력을 갖고 있던 화교의 힘을 빌리기로 하고 유력 화교 자제들을 무료로 군관학교에 입학시켰다. 그 틈에 한국인들도 입학한 것이었다.

이범석의 12기는 약 7할 가량이 화교였다. 그 화교 학생들은 표준 중국어를 잘 구사하지 못했기에 이것은 한국인 입학생들에게 매우 행운이었다. 중국어가 약한 이범석 일행은 그 속에 묻혔다.

이범석은 연령이 다섯이나 위인 지린성 이국근이라는 사람의 호적을 사서 만 18세 이상 입학 기준을 통과했다. 나라가 없었을 뿐 아니라 일본정부의 시비를 피하기 위하여 중국사람 행세를 할 수밖에 없었다.

언어 장벽 속에 고된 학술훈련과 생활, 수면부족 등으로 모든 신경이 곤두선 가운데 6개월간의 신병교육을 받았다.

고된 신병교육기간에 군인의 기본을 배우다

원난육군강무당 군사교육은 일본 육사와 프랑스 쌩시르사관학교 졸업생들이 주로 담당하였다. 아주 엄격한 군국주의식 교육이었다. 육지로 배를 끌라면 끄는 거고 못 끌면 끄는 시늉이라도 해야 하는 분위기였다.

신병교육 기간은 매일 아침 총검술을 하였다. 통상 조교들이 가르치는데 한번은 일본 육사 출신 임진웅이라는 교관이 직접 나와 가르친 적이 있었다.

기본 자세에서는 왼쪽 팔을 상체에서 떼야 하는데 왼팔 힘이 부쳐 이를 몸에 붙인 사람, 왼쪽 다리 발끝이 정면으로 향해야 하는데 옆으로 비뚤어진 사람, 그리고 총구 위치가 너무 올라간 사람, 또 삐뚤어진 사람 등등 이런 걸 모두 하나하나 교정시켰다.

하지만 멀찍이 서서 일일이 교정하니 제법 시간이 걸렸다. 그때 이범석은 키가 작은 편이어서 거의 끝 줄에 서 있었다. 240명 학생 하나 하나 교정하는 가운데, 끝 줄에서 몇 시간을 기다리고 있던 이범석은 기진맥진 지치고 팔이 마비되어 부지불식간에 왼쪽 팔꿈치를 왼쪽 가슴에 붙이고 있었다(총검술을 해 본 사람은 금방 그 고충을 이해할 것이다).

그때 임진웅 교관이 정면에 와서 왼쪽 팔꿈치를 떼라고 했는데 이범석은 착각해 왼쪽 팔꿈치를 상체에 더 강하게 붙였다. 교관이 서너 번을 더 얘기해도 이범석이 점점 더 붙이니까 교관은 아무 말도 없이 갖고 있던 총으로 왼쪽 어깨를 연거푸 다섯 번이나 찔렀다. 처음 두 번은 그래도 넘어지지 않고 겨우 버텼는데, 세 번째부터는 번번이 나가 떨어져 세 번씩이나 땅에 뒹굴고 말았다.

자존심 강한 이범석은 분노와 모멸감에 식사 때 밥도 제대로 먹을 수가 없었다. 식당에 그냥 앉아만 있다가 나왔고 밤에 취침 나팔을 불어도 잠은 오지 않아 그냥 누워만 있었다. 도망쳐 버릴까 생각도 했다. 그러나 생각을 고쳐먹고 이를 악물며 열심히 하기로 하였다.

'까짓것 내가 죽지 않으면 살아 남겠지.'
'참아야 하고 무엇이든 배워야 한다'

신병교육이 거의 끝나가고 생도들이 총검술에 숙달될 즈음, 생도들은 교관과 조교들을 상대로 시합을 하였다. 철기는 복수를 결심하였다.
교관이 허점을 보이는 틈을 타 힘차게 목을 찔렀는데 교관은 여유있게 비켰다.

다시 헤집고 또 찌르고 하다가 오히려 중심을 잃고 교관 몸으로 푹 고꾸라졌다. 그 교관이 일으켜 주려 방심하자 이범석은 그 틈을 타 호갑도 걸치지 않은 교관의 오른팔을 총으로 냅다 내찔렀다.

전혀 생각지도 못한 기습에 교관은 총을 떨궜다. 화가 머리 끝까지 치민 교관은 즉각 반격을 시작하였다. 그가 한번 찌르자 이범석은 그대로 자빠졌고, 재차 찌르면 또 자빠지기를 도합 다섯 번 정도 반복하였다.

"이제 그만!"

이범석은 억지로 기운을 찾아 교관에게 경례를 하였다.

그날 훈련이 다 끝나고 난 시간에 교관에게 별도로 불려간 이범석은 교관으로부터 한소리 들었다. 그런데 그것이 약이었다.

"그동안 네가 열심을 갖고 훈련한 것을 칭찬한다.

하지만 오늘같이 주제넘게 네가 더 낫다는 생각은 하지 말기 바란다.

만약 계속 그렇게 생각한다면 더 이상 너의 장래 발전은 없을 것이다."

원칙과 포용의 교관과 자존심 강한 이범석의 만남이었다. 교관의 엄숙하고도 묵직한 지도에 이범석은 존경과 끈끈한 유대감을 느꼈다. 군대는 역시 강한 훈련과 기율 속에서 상하 간·동료 간 전우애가 생기는가 보다.

기병과 지원, 이범석은 지독한 공부로 우수한 성적을 거두다

병과를 선택할 때 이범석은 평소 숭모했던 '말을 탄 나폴레옹'을 연상하고 기병을 지원했다.

오늘날 기병 역할을 하는 것이 기갑부대다. 하지만 그때는 제1차 세계대전 중간이었고 기병전술은 18세기와 비슷해서 기병은 그저 안장 위에 올라앉아 적진에 돌격하여 무찌르는 것이 일반적이었다.

학교에서 병과를 분류할 때 제일 먼저 포병병과를 뽑고 그 다음은 기병, 공병, 그리고 치중병 순으로 뽑고 나서 나머지는 보병으로 분류하였다. 포병과 공병은 수학적인 두뇌와 튼튼한 몸을 가진 사람이 유리하였다.

기병은 말을 타는 데 적합한 체격에 좀 발랄하면서, 민첩, 용감, 대범하고 특히 기병의 생명인 말을 사랑할 줄 아는 사람이 필요하였다. 기병은 인마동체(人馬同體)를 달성할 수 있어야 한다. 오늘날 기갑부대는 인차동체(人車同體)라는 말을 쓴다. 사람과 탱크가 하나가 되어야 한다는 뜻인데, 아마도 기병시절부터 내려오는 인마동체 정신의 연장선상이 아닌가 한다.

한국인 중 김세준과 배천택 두 사람은 포병, 김정과 최진은 보병에 뽑혔다. 이범석은 지원한 대로 기병과로 뽑혔다.

첫 학기에 이범석은 240명 중에서 173등을 했다. 이범석은 부족함을 절감하고, 자신의 약점이 중국말과 한문이 모자라는 데 있다고 생각했다. 시험 답안지를 작성할 때 자신의 의사를 훌륭하게 표현하기는커녕 기껏해야 암기해서 그대로 베껴 쓰는 수준의 한문이었다. 결심하고는 밤잠 안 자고 각고의 노력을 하였다.

둘째 학기에, 전체 37등, 기병과 5등이었다. 여러 사람들이 깜짝 놀랐다. 셋째 학기에는 기병과에서 2등, 전체에선 9등을 하였다. 그 이후로 졸업시까지 기병과 수석, 전체 9등을 유지하였다.

사관학교는 그곳을 나온 군 장교들에게 고향의 어린 시절과 같은 추억을 주는 곳이다.

2017년 3월, 3박4일로 쿤밍의 윈난강무학교 유적지를 방문하였다. 평균 6도~18도의 매우 쾌적한 나날이었다. 한국은 평창올림픽이 강추위 아래 막 시작되었지만, 윈난은 지구의 북회귀선이 지나가는 곳으로 사시사철 꽃이 피는 사람 살기에 최적의 낙원이라 할 만큼 기후가 매우 좋은 곳이다.

쿤밍의 별칭은 봄의 도시를 뜻하는 춘성(春城)이다. 여름은 덥지 않고 겨울은 춥지 않다. 바다 같은 호수인 쿤밍지(池) 외에 중국에서 가장 많은 소수민족이 살고 있는 명소와 이색적인 곳이 많은 곳이다. 유명한 샹그릴라라고 하는 이상향도 이곳에 있고, 티벳-인도로 가는 차마고도가 이곳에서 시발된다. 보이차와 대리석이 특히 유명하다.

윈난 바로 남쪽에 있는 인도차이나반도를 지배했던 프랑스의 영향 탓인지 프랑스풍의 고풍스런 빌딩들이 아직도 즐비하다. 지금은 시진핑의 일대일로 시발점 하나로 도시 전체가 공사 중이다.

이범석과 한국인 군관후보생들이 다녔을 법한 취호, 쿤밍지 들을 걸어 보았다.

하지만 당시 망명객으로 군관학교에 입학한 이범석 일행에게 이런 풍광들이 제대로 눈에 들어왔겠는가? 서툰 중국어, 그리고 비밀 입교한 신분으로 참으로 여러 곤경을 겪는다.

신분 발각 위기 속에 망국의 설움을 절감하다

하루는 병기학 시간에 뜻하지 않게 똑똑하고 까다롭기로 소문난 교관인 포병대령 왕백령이 최진을 가리키며,

"일어나서 오늘 배울 것을 읽으라"고 지시하였다. 특별한 상황은 아니지만 문제는 최진의 발음이다. 몇 마디 읽자 당장 "너 어느 나라 사람이냐"고 묻는다. 최진이 망설이며 "지린성 사람"이라고 하였다. 왕씨는 "너 지금 책 읽은 발음이 지린성 발음이냐?"고 반박하였다.

"그렇다"고 하면서, 얼른 "원래 지린 출신인데, 자라기는 러시아 연해주에서 자라 그렇다"고 부언하였다. "연해주 어느 지방이냐?"고 왕씨는 계속 추궁한다. 최진은 준비하고 있었다는 듯이 쉽게 "니콜르스키"라고 하였다.

혁명의 와중이라 군관학교엔 엄격한 보안지시가 내려져 있었다. 거의 군법회의 감이라는 염려 아래 모두 체념하는 분위기였다.

하지만 "러시아 말은 아는가?"하고 물었을 때 다행히 몇 마디 얻어들어 알던 러시아 말을 구사한 것이 그 똑똑한 교관을 속여 넘길 수 있었다.

교관 가운데 공병대령 유탁양이 있었는데 축성학을 가르쳤다.

만주와 조선의 가옥 대부분은 진흙에 돌과 목재를 이용해 건축했다는 대목에 이르자, 자기 경험을 바탕으로 조선은 일본의 식민지이며 조선인은 게으르고 나약하고 단결할 줄 모른다는 둥, 까닭 없이 우리 민족을 무시하고 모욕하였다.

키가 작아 앞에 앉았던 이범석이 순간 자제력을 잃고 분노심에 벌떡 일어서서 교관과 한판 붙을 판이었는데, 근처에 앉았던 최진이 중국어로 소리쳤다.

"안 돼, 앉아!"

이 말은 낮은 톤이었지만 힘 있는 구령처럼 이범석의 귓전을 때렸다. 이범석은 정신이 퍼뜩 들어 다시 주저앉았다. 교관은 이범석의 이상한 태도와 동작 그리고 최진의 돌발적 큰소리에 대해 무슨 일인가 어리둥절하여 "무슨 일이냐?"고 묻는다.

이범석은 얼른 기지를 발휘하여 "최진에게 필기한 것을 베끼기 위해 빌려달라고 했는데 최진이가 거절하였다"고 대답하였더니 속아 넘어갔다.

이범석은 울화를 참지 못해 빈혈을 일으켰다. "네 얼굴이 왜 그렇게 백지장 같냐?"고 교관이 말하기에 '현기증'이라고 응답하니 의외의 호의로 밖으로 나가라고 했다. 이범석은 교실 밖 계단에 쭈그리고 앉아 눈물을 흘리면서 나라 없는 설움을 통탄하였다.

성실과 정직이라는 군인의 도를 배우다

북(北)교장은 5개 사(대대급)가 열병식을 하는 제일 큰 연병장이었다.

야외연습을 마치고는 특별한 일이 없으면 일단 북교장에 들러 마무리로 수명씩 나눠 횡대 돌격연습을 시키곤 했다.

그런데 가장 중요한 것은 직선 돌격이었다. 이 돌격 전술은 적을 향해 정면 돌격할 때 적탄으로부터의 노출 시간을 최대한 단축시키기 위한 최고속도의 돌격이다. 말도 최고 스피드를 내어 뛰는 습보돌격(분당 550~600m 이상 전속력)이다.

차례가 돌아오면 먼저 평보(분당 약 110m 이동)를 하다가 적당한 때 속보(분당 약 220m 이동)로 바꾸어 이동하고, 다시 구보(분당 350~400m 이동)로 이동하다가, 나머지 1킬로미터는 최대한의 속력으로 죽어라 하고 목표를 향해서 직선 돌격을 한다. 이때 말고삐는 말 안장의 안전교에다 걸쳐 놓고 두 팔을 뒤로 젖히고 말 등자는 벗겨서 말 안전교에 걸어 놓고, 기수는 의지할 것 하나 없이 몸체로만 말을 조정하여 속도를 변경시켜가며 돌격을 하는 것이었다.

이것은 만만치 않은 훈련이었다. 하루 종일 말을 타면 안장이 땀으로 미끈미끈해진다. 5명이 한 팀으로 뛰게 되는데 이범석 차례가 되었다. 교관이 보지 않는 틈을 타서, 안장 좌우에 수통의 물을 조금 쏟아 좀 덜 미끄러우라고 발랐다. 이게 교관에게 발각

되었다.

벌로 말고삐를 말 목에 걸고 말의 좌우쪽 등좌를 다 벗겨서 말 안장에 걸고, 팔은 뒷짐 지고, 완전무장한 채 또 다른 어깨에 수통과 탄띠, 등엔 기병총, 허리엔 군도 등을 멘 상태에서 말 궁둥이를 채찍으로 쳐서 달리게 하였다. 힘이 다 빠진 상태에서 교관이 뒤를 쫓아오면서 채찍으로 치고 해서 그만 중간에 말에서 떨어졌다. 떨어지는 순간에 습관적으로 숙달된 대로 다행히 말고삐만을 손에 잡고 떨어졌다. 다시 올라타라고 해서 올라타고, 그러길 네 번이나 반복했다.

땅에 머리는 부딪히지 않았으나, 1분에 6백 미터 이상을 뛰는 속도에서 네 번이나 굴러 떨어지고 나니, 그만 혼이 다 빠진 듯했다.

그날 교관의 훈시는 '군인은 성실하고 정직해야 한다는 것'이었다. 만일 교활하게 꾀를 부려 그 습관이 몸에 배이면 장래는 없을 것이라는 내용이 아주 머리에 꽉 박힌다. 그 교관은 총검술 훈련 때도 혼이 난 적이 있던 임진웅 교관이었다. 그 교훈이 오래도록 철기를 지배하였다.

나중에 임진웅 교관이 중국군 육군중장으로 참모본부 차장 시절 철기와 재회하였다. 학교시절 자신의 가명이었던 "이국근을 기억하는가?"하고 물었더니, 이범석을 껴안고 "나중에 당신이 외국의 혁명청년이었다는 것을 알았으며, 당신을 가르칠 수 있었던 것이 큰 영광이었다"고 술회하였다.

이범석은 2년 6개월의 사관교육 후 1919년 3월에 기병과를 수석으로 졸업하였다. 이때 자신의 평생 상징이 되는 철기라는 아호(雅號)를 지었다. 강철 같은 강인함을 뜻하는 '철'(鐵)자는 철혈재상(鐵血宰相)으로 유명한 비스마르크를 연상하고 거기서 따왔으며, '기'(驥)자는 이범석을 총애하였던 기병교관 서가기(徐家驥)의 천리마 '驥'자를 따서 철기라고 지은 것이었다.

〈중국 윈난육군군관학교 기념박물관 앞에서 철기이범석장군기념사업회의 정준 사무총장과 함께〉

철기와 여인들

아! 어머니

철기가 공산러시아의 무장해제에 불응하고 수이푼강을 건너 러시아에서 만주로 탈출하는 도중 이마에 총상을 입고 사경을 헤맬 때였다. 어머니가 철기를 찾아 만주를 헤매다가 마침 이때 당도하여 모자가 극적인 상봉을 하였다. 길지 않은 시간 어머니의 지극 정성의 간호로 철기는 다시 일어났다.

떠나실 때 어머니는 독립투쟁에 보태라고 당신의 모든 재산을 팔아 가져온 돈을 철기에게 남기셨다. 그리고 서울로 돌아온 어머니는 일제경찰의 모진 고문 후유증으로 돌아가시고 한줌의 재로 한강에 뿌려졌다.

대부분의 성공스토리나 위인이야기 뒤에는 어머니 그것도 생모 이야기가 등장한다. 어머니로 인한 정서적 안정감이나 어머니의 기대에 부응하려는 자식의 도리 등 동양적 윤리관적 접근이다. 그런 면에서 철기의 경우도 예외는 아니나 다소 특이한 경우에 속한다.

철기는 생모의 정을 채 느끼기도 전에 생모와 사별했다. 그리고 새어머니 김씨가 철기를 양육했다. 즉 계모 스토리다

철기의 새어머니는 강릉 분으로 무학이셨으나 학문 지식이 대

단했다. 철기는 호롱불 밑에서 바느질하시는 새어머니 곁에서 외삼촌에게서 배운 한문 공부를 복습하면서 틀린 곳을 어머니께 수정을 받곤 하였다.

철기가 아홉 살이 되었을 때, 철기의 아버지는 강원도 이천 땅에 군수로 발령받았다.

당시 철기의 장난질은 유명하였다. 하루는 혼자 당나귀를 타고 가는 일본인 금융조합 이사장을 고무총으로 맞춰 부상을 입힌 일이 벌어졌다. 거금의 치료비 탓으로 철기는 아버지에게 미운털이 단단히 박혔다.

철기는 틈만 나면 인력거꾼이나 노동자 집을 찾아다니며 밥을 얻어먹곤 하였다. 마치 새어머니 밥은 거부한다는 모습이다.

또 한 번은 임진강에서 자라를 잡다가 그 억센 자라에게 혀를 물리기도 하였다. 그런 철기를 아무 꾸지람 없이 정성껏 치료만 하시는 새어머니의 모습에서 철기는 서서히 어머니 정을 느끼기 시작하였다.

주면 주고 받으면 받는 식의 다분히 이해타산적인 철기의 마음이 조금씩 녹기 시작한 것이다.

그러던 어느 날이었다. 철기가 임진강에서 잡은 뱀장어를 소 항문에 넣는 장난으로 소 한 마리를 죽이는 사건이 벌어졌다. 그 당시 소 한 마리 가격은 58원. 소는 농가의 제일 큰 재산이었다. 노발대발한 아버지가 마당에 서 있는 철기에게 방적기 지레라는 쇳덩어리를 던졌고 이때 새어머니는 본능적으로 철기를 보호하려 감싸 안았다. 그러자 그 쇳덩어리가 철기를 감싸 안았던 새어머니 복숭아뼈를 부셔버리고 말았던 것이다.

하지만 새어머니는 철기를 혼내기는커녕 감싸 안으시면서 철기의 심한 장난질을 넌지시 꾸짖으시기만 하였다.

"내가 계모이기에 너를 잘못 가르치고 있구나."

이에 철기는 그 자애로움에 감동하여 어느날 밤 밤새 눈물을 흘리고는 공부하기로 작심하였다.

이후로 철기는 변하였다. 모범생이 되었고 보통학교를 졸업할 때는 전 강원도에서 세 명 뽑히는 최우등생으로 선발되어 지금 경기고등학교의 전신인 제일고보에 무시험으로 진학하였다. 애정으로 기다리면 아이들은 언젠가는 변하는 모양이다.

철기는 망명 이후 투쟁 생활의 연속이다 보니 자연 어머니 생각까지는 미치지 못하였다. 하지만, 철기를 떠나 보낸 새어머니는 단 하루도 눈물 마른 적이 없었다. 유일한 삶의 기둥인 아들이 독립군으로 있다는 풍문만 들었을 뿐 그 생사 안위조차 모르니 어머니의 심정은 갑갑하고 우울하기만 하였다.

게다가 불행히도 어머니는 당신의 소생이 없었다. 이에 어머니는 명문 이씨 댁의 자손을 끊을 수 없다는 강박관념으로 소실을 들이기로 마음먹었다. 그러나 어머니도 한 여인으로 그 일이 마음 편했겠는가? 철기 부친은 얼마간의 주저 끝에 새 가정을 꾸미고 말았다.

그런 가운데 어머니는 철기를 찾아 여인의 몸으로 그 험한 만주 길에 나선 것이다.

철기는 이마에 총탄을 맞고 동지들의 손에 의해 어려운 치료를 받고 있었다. 몽롱한 의식 속에서 철기는 어머니 환상을 보고 '어머니'라고 소리지르며 눈을 번쩍 떴다.

그런데 정말 거짓말같이 그곳에는 정말로 어머니가 그 자비로운 모습으로 와 계셨던 것이 아닌가? 철기 모자는 서로 덥석 끌어안고 통곡을 터뜨리기 시작하였다.

"어머니. 웬일이십니까. 꿈이 아닙니까. 어머니가 어떻게 이곳에까지……"

어머니는 철기를 찾아 만주 땅을 헤맨 끝에 철기가 있는 곳에 마침 당도하신 것이었다. 철기의 애국심과 어머니의 지극한 모정에 하늘이 감동한 것일까? 철기는 어머니의 정성 어린 간호로 부상에서 회복되었다. 행운이었다.

어머니는 다시 서울로 떠나가실 때, 갖고 오신 친정으로부터 물려받은 당신 몫의 전답 판 돈 1천 7백 원을 모두 철기에게 주시면서 유언 같은 말씀을 남기셨다.

"이젠 언제 죽어도 여한이 없다."

철기는 그 후 어머니가 주신 돈으로 총을 사고 폭탄을 사서 고려혁명군 결사단을 조직하였다. 그 결사단 결성에는 두 여인의 헌신이 있었던 것이다. 어머니는 평생의 재산으로, 갓 결혼한 무샤는 유창한 러시아어로.

아들을 만나고 귀가하신 어머니는 당장 종로서로 잡혀가셨다. 그들의 고문과 만행이 어찌했으랴는 것은 짐작하고도 남는다.

종로서에서 풀려 나온 어머니는 만 2년을 강원도 산사에서 정양하시었다.

2년 후 서울 천연동 집에 돌아오시자 어머니는 10년을 약정하고 백일기도를 8년간 하시었다.

어머니는 어떤 고된 일이 있거나 눈비가 쏟아지나 아랑곳없이 밤 열두 시에 영천 약수 물을 떠다가 철기를 위해 백일기도를 올리셨다.

백일기도를 올린 지 8년째 되던 해에 어머니는 누님을 불러 유언을 남기고 돌아가셨다.

"내 마음은 범석이 보고싶은 생각밖에는 없다.
10년 기도를 다 못 드리고 가는 게 한이다만 내가 죽더라도 땅에 묻지 말고 화장한 뒤 뼈를 갈아 한강에 뿌려다오.
뼛가루나마 날아가서 범석일 보아야겠다."

광복 후 철기가 그리운 고국에 돌아왔으나 어머니는 이미 이 세상분이 아니었다. 무덤조차 없었다. 만년에 철기는 어머니와 관련한 그 아련한 과거, 어머니가 슬픈, 보드랍고 인자한 눈매로 철기의 핏자국을 닦아 주시던 그 모습을 자주 회상하곤 하였다.

흑단같이 고운 머리에 노상 희고 단정한 무명 옷의 어머니. 철기의 어머니는 계모이셨지만 세상에 다시 없는 훌륭하고 슬기로운 사랑으로 충만한 자랑스러운 어머니셨다.

당시에 만주로 독립운동한다고 떠난 자식을 위해 노심초사하셨을 조선의 어머니가 어디 한둘이었겠는가? 그 어머니들의 기도로 아들들은 힘을 낼 수 있었을 것이다. 당시의 그런 모든 어머니들을 위해, 그리고 지금도 국방의 의무를 다하기 위해 군문에 들어온 자식을 위해 기도를 드리는 모든 어머니들에게 감사와 존경을 가득 담아 이 글을 드린다.

북만주 '광야의 갈리나', 그리고 톰스크 '눈의 여인 올랴' 이야기

철기의 광복군 시절 부관이었던 전 고려대 총장 김준엽은 철기에 대해 3w의 사나이라고 말하곤 하였다. war, wine, women의 첫 글자다. 망명 독립군은 어떻게 사랑과 이별, 그리고 결혼을 하였는가? 철기는 소탈하게 그의 인생사를 주변에 털어놓곤 하였다.

철기가 만주와 연해주, 시베리아를 오가며 투쟁하던 때 그의 나이는 20~30대. 여인이 없을 리 없는 때였다. 화약 냄새가 가득했던 만주와 시베리아 벌판에서 철기에게도 국경과 인종을 넘어선 정회들이 있었다.

1925년 초, 철기가 만주와 러시아 경계지역에서 중국 군벌 장총창에게 몸을 의탁하고 있을 때였다.

국경선 순찰을 마치고 복귀하던 철기는 삭풍 속의 광야를 지날 즈음 사람을 찾는 묘령의 러시아 여성을 만난다.

"제 이름은 갈리나, 니꼬르스키에서 오빠를 찾아왔어요."

그녀는 백계 러시아 여성이었다. 백계군 중대장이던 그녀의 오빠는 적계 군과의 싸움에서 패배하고는 국경선을 넘어 뽀그라니치나야 방면으로 도피하였다고 한다.

이역에서 서로 만난 외로운 이성들은 쉽게 연인이 되었다. 오로지 전장의 화약 냄새만 맡고 지냈던 철기에게는 꿈같은 시간이었다. 그러나 그것은 그리 오래가지 못했다.

어느날 철기는 영고탑에 있는 김좌진 장군으로부터 급히 오라는 전보를 받고는 갈리나를 버려둔 채 떠났다.

영고탑에서 3개월 정도 지난 후 김좌진과 철기는 군관학교 부지를 물색하기 위해 뽀그라니치나야를 향해 길을 떠났다.

중간지역인 마교하역에서 철기는 바에 들어섰다가 우연히 바의 여급으로 있는 갈리나와 스친다.

"갈리나!" 철기는 하마터면 소리를 내어 그녀의 이름을 부를 뻔하였다.

철기는 김좌진에게 자초지종을 자세히 털어 놓았다.

"흐음! 그런 사유가 있었구먼!"

김 장군은 잠시 생각에 잠기더니 철기에게 47원이라는 제법 큰 돈을 디민다.

"이 길로 당장 가서 사과하고 오시오."

철기는 어두운 바의 한 모서리에서 한사코 피하려는 갈리나에게 용서를 구한다.

갈리나는 눈물만 소나기처럼 흘렸다.

3년이 지난 어느 가을날, 철기는 우연히 철로이동을 하다가 역에서 승무원 복장의 갈리나를 만났다.

"난 지금 열차승무원으로 취직해 모스크바로 가는 길이에요.
이젠 모든 게 정상적이고 희망에 넘쳐 있으니 안심해요. 나의 사랑 안녕!"

철기의 첫 연인, 광야의 여인 갈리나는 그렇게 떠났다.

눈의 여인 '올랴'는 폴란드 여성으로 톰스크 여자중학교 문학교사였다. 러시아 황제 짜르의 지배하에 있던 폴란드 출신 그녀의 아버지는 러시아군 장교로 톰스크로 부임하여 왔다가 세상을 떠났다. 그리고 그의 가족들은 그대로 시베리아 한복판 톰스크에 남은 것이다.

철기는 눈의 도시 톰스크 거리에서 올랴와 우연히 마주쳐 나라를 빼앗긴 민족이라는 동병상련의 심정으로 교제가 시작되었다.
러시아 짜르의 지배 아래 있던 폴란드. 말과 글을 억제당하고 착취와 탄압을 당하는 모습이 일제 압제 속의 조선과 그리도 똑

같았다. 마담 퀴리와 쇼팽의 이야기, 그리고 탄압받는 역사를 화제로 둘의 관계는 연인관계로 발전하였다.

사간이 흘러 시베리아의 봄이 찾아왔다. 러시아와 중국 간 협상으로 철기 일행은 귀국하게 되었다. 올랴와 이별의 시간이 다가온 것이다.

철기는 그녀와의 정회를 소설 '톰스크의 연인들'로 남겼다. 철기가 운명한 후 그의 운구차를 따르던 철기의 마지막 애마, 눈의 여인 '설희'는 '올랴'의 환생이었다.

영원한 혁명동지 '김마리아'

마리아는 1901년 러시아령 연해주에서 태어났다. 그녀의 선대는 러시아로 귀화한 한국인이었다.

철기가 고려혁명군 기병사령관에 이어 수이푼 지구 합동민족군을 이끌던 시절, 마리아는 러시아공산당에서 파견한 정치부원이었다.

공산주의자가 못마땅한 철기는 마리아에게 간부직이면서도 한직인 피복창 주임 자리를 줘 접촉을 피하려 했다.

그런데 한번은 니콜스키에 있던 일본 군대가 철기부대를 기습해 온 일이 있었다. 그때 철기는 적의 공격으로 불타는 사무실을 향해 비밀문서를 가져나오기 위해 혼자 돌진해 들어가는 마리아를 목격하고는 마음에 새긴다. 그러나 상하관계일 뿐이었다.

어느 날 피복창에서 새로 군복을 해 왔는데 바지가 퍽 편하게 잘 만들어졌다. 그래서 피복창 주임에게 정성스럽게 잘 만들었다고 감사하다고 전달해 달라고 했더니 오후에 부관이 와서 피복창 주임의 말을 전했다.

"사령관 동지의 의복은 피복창 주임인 내 자신이 직접 만들었소."

고마운 생각과 더불어 섬세함이 느껴졌다.

스빠스가야 전투가 둘 사이의 전환점이었다. 철기는 전력을 다해 강력한 요새 스빠스가야를 함락시켰다.

그때 마리아는 자원해서 간호요원으로 활동하였다. 이때 마리아는 철기에게서 형언할 수 없는 매력을 느끼고 '철기에게 온 마음을 쏟아 붓기 시작했다'고 훗날 고백하였다.

1925년 마리아는 러시아를 탈출하였다. 인텔리였던 그의 친가 대부분이 공산 혁명정부에 의해 처형되자 마리아는 숙청을 피해 철기를 찾아 나선 것이었다.

재회에 한없는 반가움을 가지면서 두 청춘남녀는 이내 백년가약을 맺기로 하였다.

청산리전투의 북로군정서 시절부터 알고 지냈던 김혁 선생의 주례와 김좌진, 조성환 선생의 후견으로 한 쌍의 '혁명동지의 결혼'이 이루어졌다.

마리아와 결혼하고 철기는 하얼빈 근처 오주로 이사한 후 고려혁명군 결사단을 조직하여 일제 관동군을 괴롭혔다. 이때 필요한 권총이니 수류탄이니 하는 것의 구입은 모두 마리아의 몫이었다.

밀고와 즉결처분이 난무하던 북만주 국제도시 하얼빈이다. 아녀자 마리아는 유창한 러시아어를 바탕으로 하얼빈에서 생사를 넘나들며 무기 밀구입을 도맡아 한 것이다.

해방이 되어 국내에서 생활을 시작할 때 마리아는 철기에게 조용히 이야기했다.

"나는 고국의 말도 서투르고 고국의 풍속도 아는 것이 없소. 하지만 당신의 생활을 돌봐주고 당신이 시련과 유혹에 부딪치면 당신의 명예를 지켜 주겠소."

그리고 이 약속은 끝까지 지켜졌다.

철기가 초대 국무총리 겸 국방장관 시절 이야기다. 어떤 사람이 한번은 금 반상기를, 또 한번은 현찰을 두 트렁크 가져 왔다. 두 번 다 마리아는 문전퇴짜를 놓았다. 철기에게는 상의 한마디 없었다.

마리아는 공무나 정치에 관해 한 번도 나서지 않았다. 딱 한 번 빼놓고. 철기가 전쟁 중 대만대사로 출국당하고 나서 이승만이 다시 내무장관으로 기용하려 할 때였다. 화가 난 마리아가 경무대로 가 이승만에게 대들었다.

"국외로 쫓아낼 때는 언제고 아쉬우니까 또 불러들이는 건 뭡니까?"

이때 이 대통령이 정가야화로 남아 있는 유명한 한마디를 했다.

"내가 당하기는 했지만 철기보다 그 아내가 훨씬 낫더구먼!"

1970년 2월, 마리아는 철기보다 2년 먼저 타계하였다. 철기는 몇 달 뒤 꿈에서 그녀를 보고는 한밤중에 일어나 마리아를 그리는 한 편의 시를 썼다.

"빈 방 찬 이불에 잠 못 이루어
이슬 맺힌 베란다에 달빛 기울고
호수 같은 가을 하늘 밤은 5경
남녘 연변에 가로등 가물가물"

사별한 평생 동지 마리아를 사모하는 깊은 정이 가슴을 울린다. 필자만의 느낌은 아닐 것이다.

철기의 말(馬) 과 서예 이야기

철기는 승마와 서예에 능했다.

기병장교로 평생을 말과 더불어 전장을 누볐던 철기에게는 말과 관련한 많은 일화가 있다. 철기가 초대 국방장관 시절 서울시내에서 말을 타고 출퇴근했다는 일화는 유명하다. 그 누구도 범접할 수 없는 독립군의 자랑스러움과 무인의 기개였다.

철기는 서예에도 조예가 깊었다. 문무겸전이다. 그는 많은 서예작품을 남겼는데, 글의 뜻과 글자 획의 힘이 넘친다고 평가받고 있다.

철기와 말(馬)

본디 기마는 힘과 용맹을 상징하고 무인의 기질을 대표한다. 중국 윈난군관학교 기병과 수석 졸업 후 철기는 평생을 전장에서 보내면서 말과는 뗄래야 뗄 수 없는 사이가 되었다. 윈난군관학교 졸업시 만든 그의 호인 철기의 '기(驥)'자는 천리마 '기'자를 말한다.

기병은 과감히 마상돌격을 감행할 수 있는 발랄하고 민첩, 용감, 대범한 기질을 가져야 하며, 특히 기병의 생명인 말을 사랑할 줄 아는 사람이어야 했다. 기병은 인마동체가 핵심이다. 철기는 거기에 적합한 체격과 기질과 성정을 타고났다.

철기 일생에서 알려진 말은 '무전', '흑수', '설희'다. 무전은 철기가 만주와 연해주에서 일제와 투쟁시 탔던 말이다. 흑수는 철기가 귀국 후 설희를 소유하기 전의 말이고, 설희는 철기가 운명한 후 그 마지막 길을 따랐던 말이다.

러시아 시베리아 고원지방에서는 체구가 큰 극동의 명마가 많이 났다. 무전도 그 중의 하나였다. 철기는 그 어려운 독립군 시절에 1천 8백 루블이라는 거금을 지불하고 무전을 구입하였다. 이후 무전은 철기의 연해주와 만주 시절 숱한 사선을 함께 넘는 전마(戰馬)가 되었다.

무전의 오른편 뒷발꿈치 위에 오리알만한 크기로 두드러진 군혹이 있었다. 그것은 명예로운 상처였다. 칠흑같이 어두운 어느 날 밤. 27명밖에 안 되는 철기의 기병대가 3백여 명의 일군과 백계군을 포위하고 죄어들어 갔을 때 적탄이 날아와서 철기의 허리에 차고 있던 망원경을 깨뜨리고, 더 나아가 무전의 오른쪽 뒷발에 맞아 그때 뼈가 부서진 자리에서 군뼈가 튀어나온 것이다.

중·소 국경 소지영(小地營)에서의 전투 때다. 새벽부터 시작된 격렬한 전투는 종일토록 계속되었다. 철기는 총탄에 머리 부분 중상을 당해 붕대로 싸맨 채 칠흑 같은 밤에 절벽 위의 길을 이용하여 이동하고 있었다.

그때 갑자기 언덕이 무너지면서, 무전은 앞발을 헛디디게 되어 흙더미와 함께 그대로 낭떠러지로 밀리며 떨어지는 돌발 상황이 일어났다.

벼랑은 60도 이상의 급경사였다. 중상을 입은 철기와 무전은 한 덩어리가 되어 이 난관을 넘어서려 몸부림을 쳤다.

몇 번이나 구르며 내리밀리는 동안 무전은 마침내 기진맥진해서 앞발의 맥을 푸는 순간 철기는 전력을 다해 허리를 죄면서 중심을 말 궁둥이 쪽으로 옮기고 재빨리 고삐를 힘껏 위로 채 올렸다.

고삐를 힘껏 위로 채는 순간, 무전은 최후의 용기를 다해 나는 듯이 어둠 속에서 무작정 펄쩍 뛰었다. 떨어진 곳은 다행히 평지였다. 무전이 철기를 구한 것이다.

철기와 무전의 사이는 영혼의 결합이었다. 서로의 혈액이 스며들어, 그 많은 전투마다 철기와 무전은 한편의 조화로운 관현악을 연주하였던 것이다.

그러나 무전의 종말은 가슴 아팠다. 철기가 가장 어려웠던 시절, 무전을 먹일 귀리를 구하지 못해 산림 채벌꾼에게 겨울 동안 먹여달라고 맡겨 놓았다가 결국 중노동으로 폐마에 이르렀던 것이다.

설희는 호주산 말로 철기의 마지막 애마였다. 원래 철기가 귀국해서 타던 말은 흑수라는 이름의 말이었다.

철기가 설희를 만난 것은 타계하기 1년 전인 71년 5월 어느 날이다. 어떤 말 수입업체가 호주에서 수입해 온 스노우 퀸(snow queen)이라는 이름의 말을 본 철기는 평생을 두고 찾던 명마라고 극찬하고는 흑수와 교환하여 그 이름을 설희로 지었다. 순백색 말인 설희에 대한 철기의 애정은 그야말로 지고지순이었다.

철기는 비오는 날을 빼고는 매일 아침 각설탕과 당근을 들고 설희를 찾았고, 조련을 끝낸 다음에는 꼭 손수건으로 눈꼽과 입 언저리를 닦아주곤 하였다. 철기는 야생마에 불과했던 설희를 손수 조련시켜 이름 그대로 명마로 만들었다. 작은 각설탕도 시키는 대로 어김없이 절반만 깨물고 세 발로 달리기, 발 엇갈려 닫기 등 어려운 기술을 쉽게 익히게 하였다.

철기가 운명하던 72년 5월 11일 상오 6시쯤 설희는 마사공원의 마구간에서 갑자기 큰소리로 세 번 크게 울었다.

마사공원 직원들은 이날 7시 뉴스로 철기의 서거소식을 듣고 명마라 주인의 운명을 느꼈을 것이라고 짐작했다고 한다.

당시 설희의 나이는 7살로 말의 평균 수명을 18년으로 잡으면 20대의 청춘이었다.

설희는 철기의 국민장 때 철기의 운구차를 뒤에서 묵묵히 따랐다. 철기 사후에 제대로 먹지 않고 힘이 없었기에 유언에 따라 육군사관학교에 기증되었다.

설희는 철기의 승마복, 안장, 장화, 굴레 등과 함께 육군사관학교로 옮겨졌다. 조국 광복에 일생을 바친 철기였다. 설희는 육사 생도들에게 철기의 우국충정을 배우게 하는 역할을 끝으로 육사에 묻혔다. 독립군 장군이자 대한민국 국군 건설의 아버지 철기의 애마다운 마지막 스토리다.

〈1974. 5월. 철기의 마지막 애마 설희 기증행사〉

설희를 육군사관학교에 기증하던 당시 상황을 한민구 전 국방장관은 다음과 같이 회상하고 있다.

"육군사관학교 생도 4학년 시절이었던 1974년 5월 어느날, 1972년 돌아가신 철기 이범석 장군님의 마지막 애마 '설희'를 육사에 기증하는 행사가 화랑연병장에서 거행되었다. 그 자리에서 노산 이은상 선생께서 말씀하시기를 '이 말을 여러 단체에 기증할 수 있지만, 특별히 육군사관학교에 기증하는 목적은 철기 장군께서 만주벌판에서 풍찬노숙하며 오직 조국광복을 위해 노심초사하셨던 그 독립 애국정신을 육군사관학교 생도들이 전승해주기를 바라는 것이 국민들의 마음이기 때문입니다'라고 하셨다. 나는 그 때 가슴이 전율해 옴을 느꼈다. 지금도 그 느낌이 생생하다."

철기의 서예

철기는 서예에도 남다른 조예가 있었다. 철기의 글은 무인답게 글의 뜻과 글씨에 힘이 넘친다는 평을 받고 있다. 앞에서도 말했듯이 국군 출범시 명명되었던 육군과 해군사관학교 교명과 이승만 대통령 영결식시 운구를 덮었던 만장이나 묘비명은 모두 철기의 글이다. 그 외에도 많은 작품들이 남아 있으며 심심치 않게 TV나 경매시장에 철기의 글이 등장하여 고가로 호가되고 있다.

나이 16세에 중국으로 망명하여 30여 년을 전장을 누빈 철기에게 서예를 익히고 담금질할 만한 시간과 여유가 없었을 텐데 대단한 일이다. 천부적으로 타고난 재능도 있었겠으나 틈틈이 시간을 아껴 이를 익히고 숙달시키지 않았을까 생각해 본다.

자기 수양과 아울러 자기 생각과 의견을 표현하는 글을 잘 쓴다는 것은 특히 고급간부로 올라갈수록 매우 중요한 능력이다. 요즈음 군대 간부들이 무척 바쁘고 여유가 없다고 한다.

그러나 승마나 서예는 체력단련과 정신수양, 인격도야에 많은 도움을 준다. 평생을 무장독립투쟁으로 중국 본토, 만주, 연해주, 시베리아를 누비고 다녔던 철기의 생애에서 우리는 지도자가 스스로 수련을 통해 품격을 갖추는 교훈을 배울 수 있다 하겠다.

철기와 혁명동지들

철기의 일생에는 조국독립과 광복을 위해 헌신한 수많은 혁명동지들이 등장한다. 만주 일대에서 항일무장투쟁시는 홍범도, 김좌진, 지청천 장군 등이 대표적이었다. 그리고 광복군 시절과 광복 후에는 김구 선생과 함께 이승만 박사가 등장한다.

때로는 협력을, 때로는 정치적 라이벌과 이념적 대립 관계였으나 항일무장 투쟁시 그들과의 공동목표는 조국의 독립쟁취였다. 광복 후에는 신생 국가의 기틀을 세우면서 공산주의로부터 자유 대한민국을 지켜내기 위한 국가방위의 설계와 구축이었다. 과정에서 차이는 있었으나 결과적으로 대한민국을 만들기 위한 노력이었다.

항일무장 투쟁기 혁명동지들

김좌진 장군은 철기에게 동역자이자 스승이었다. 서로군정서에서 좌절을 맛보고 있었던 철기를 북로군정서로 발탁한 것은 전적으로 김좌진이었다. 청산리전투에서는 전투의 전권을 철기에게 위임하였다. 청산리전투 이후 거의 대부분 독립군 지도자들이 공산러시아 행을 주장할 때 이를 적극적으로 반대한 사람은 두 사람이었다.

연해주 지역에서의 공산러시아에 의한 무장해제, 그리고 만주지역에서 중국군에 의한 무장해제로 철기가 반 유랑생활을 할 때였다. 신민부를 조직하여 성동군관학교를 세우려던 김좌진은 철기에게 그 일을 맡기기도 하였다. 특히 마리아와의 결혼을 적극적으로 주선한 것도 김좌진이었다.

이후 '공패성사건'으로 철기는 장학량군에 현상금 50만 냥에 쫓겨 대흥안령과 몽고고원 사이에서 은거할 때 김좌진 장군의 암살 소식을 전해 들었다. 철기는 장례에 참석하지 못하고 은거지에서 조문을 지어 예를 표하였다.

철기와 지청천 장군은 평생의 동지였다. 철기가 지청천 장군을 처음 만난 것은 신흥무관학교 교관시절이다. 지청천 장군은 일본 육군사관학교를 졸업 후 만주로 망명하여 신흥무관학교 교관으로 와 있었다.

청산리전투 이후 만주와 러시아령 연해주의 접경지역인 밀산으로 이동할 때 서로군정서에 있던 지청천이 합류하였다. 대한독립군단이 자유시로 이동할 때 철기는 김좌진과 함께 자유시 이동을 거부하였고, 지청천은 홍범도와 함께 자유시로 이동하였다가 수난을 당하게 된다.

광복군 창설시 지청천은 사령관으로, 철기는 참모장과 제2지대장으로 활동을 같이했다. 정부수립 시 철기는 초대 국무총리겸 국방장관으로, 지청천은 무임소장관으로 정부수립에 기여하였다.

홍범도와 김원봉은 이념적 차이로 인해 끝까지 길을 함께하지 못한 항일투쟁 동지였다. 청산리전투를 같이 했던 홍범도는 자유시참변 후 공산 소비에트 협동농장 건설에 참여함으로써 항일무장투쟁 대열에서 사라지고 말았다.

김원봉은 신흥무관학교 졸업생이었으니 따지고 보면 철기의 제자 격이다. 그의 의열단은 유명한 항일무장투쟁 단체였다. 사회주의계열의 김원봉은 광복군에 합류는 하였으나 광복군 창설 승인 방해와 9대 준승 지연해제에 책임이 큰 인사다.

또한, 광복 후 정부수립 시기에 북으로 들어가 6.25전쟁 때는 북한의 장관직을 역임하다 김일성 일인독재 와중에 숙청당하였다. 그의 모든 항일무장투쟁 업적이 역사의 뒤안길로 사라진 것이다. 모든 선택은 본인 몫이다.

철기와 이승만, 그리고 김구

"철기가 어제 한국에 도착했다고 하는데 나한테 왜 아직 안 오는 게야?"

"선생님 철기가 찾아왔습니다."

"박사님, 저 철기입니다."

두 사람은 청산리전투 승전보로 인연을 맺은 후 30여 년 만에 처음으로 대면하게 되었다.

철기와 이승만의 관계는 청산리전투로 거슬러 올라간다. 청산리전투의 쾌거가 임시정부에 알려지자 임시정부 대통령으로 잠시 상하이에 와있던 이승만은 개인서신을 만주의 청년독립군 철기에게 보냈다.

그 편지는 다음과 같다.

"이 전투 덕분에 우리도 이제 독립투쟁을 하고 있음을 미국 조야에 떳떳이 이야기할 수 있게 되었소."

선물로 만년필도 같이 보냈다. 이것이 철기와 이승만의 첫 인연이었다.

광복 후 이승만은 철기를 초대 내각의 국무총리겸 국방장관으로 지명하였다. 그 이후 철기는 이승만 대통령의 많은 정치적 소용돌이에 여러 번 얽혀 나간다. 때로는 이용당하고 때로는 핍박받는 일이 반복되었다. 그러나 그 기저에 흐르고 있는 철기의 신념은 그가 환국 시 중국에서 각오하였던 구존유금 지재보국(苟存猶今 志在報國)[7]이었다.

6.25전쟁이 발발하자 이승만은 즉시 철기를 불러 섭섭함은 잊어버리고 국난극복에 동참하기를 요청한다. 하지만 내외 조야의 철기의 국방장관 재임명 요구를 물리치고 50년 7월 전쟁 중에 대만대사로 출국시킨다. 그리고는 국내로 들어오지 못하게 하였다.

52년 5월, 부산 피난정부 시절 이승만은 철기를 내무장관으로

---

[7] 구차하지만 지금 삶을 살고 있는 것은 언젠가 나라가 부를 시 이에 보답하기 위함이다.

임명하였다. 명목은 전쟁기간 후방안정에 힘써 달라는 것이었다. 철기는 고사 끝에 전쟁 중 국가의 후방상황을 안정시키기 위해 내무장관직을 수락했다. 그러나 취임 후 한 달이 채 되지 않아 그 유명한 부산정치 파동이 일어났다. 이기붕과 치안국장 문봉재의 작품이었다. 하지만 내무장관 철기가 그 오욕을 다 덮어 쓴다.

그러나 망명하였던 이승만 박사의 시신이 하와이에서 여의도로 비행기로 도착했을 때 제일 먼저 영접한 것은 철기였다. 영결식 때 운구차를 덮은 만장은 철기의 글이었고, 이승만 박사의 묘비명도 철기의 작품이다.

철기에게 있어서 이승만 박사와 김구 선생은 뗄래야 뗄 수 없는 관계였다.

철기가 운남군관학교를 마치고 상하이로 돌아왔을 때였다. 그때 백범 선생은 임시정부 경무국장이었다. 40대의 백범 선생은 철기보다 20여 년 위이기 때문에 아버지와 같은 정을 느끼게 했다. 얼굴이 좀 얽어 있고 시꺼먼 빛을 발하는 까닭에 처음에는 좀 험상궂은 인상을 풍겼지만 접근할수록 비범한 분이었다고 철기는 회고하였다.

중국군에 몸담고 있을 때도 철기는 임정과 비밀리에 항상 연락을 취하고 있었다. 중·일 전쟁을 확대하여 피의 대가로 조국광복을 쟁취하자는 철기의 생각과 김구 선생의 생각은 정확히 일치하였다.

철기와 김구는 1945년 8월 9일, 철기의 제2지대의 국내정진

준비사열 후 저녁식사 자리에서 일제의 항복 움직임 소식을 함께 듣고는 감격과 낙망을 같이 하기도 하였다.

해방정국은 이승만 박사 측과 김구 선생 측이 남한 단독정부 수립 문제로 첨예하게 갈등을 겪고 있던 시기였다. 그 두 분의 큰 뜻과는 무관하게 측근들의 과잉충성의 소용돌이가 정국을 휩쓸고 있었다.

백범 선생이 비명에 가신 날, 철기는 화력발전소 관계로 목포에 가 있다가 백범 선생 서거의 급보에 그 즉시 상경하여 경교장으로 달려갔다. 총상을 입은 얼굴과 가슴에 반창고를 붙여놓고 염습을 하는 참혹한 정경이었다.

철기는 이승만 박사와 김구 선생을 비교하여 이 박사는 이상에 중점을 둔 분이고 백범 선생은 행동에 중점을 둔 분이었다고 회상하였다.

이 박사에게는 숭고한 이상이 있었고 그것을 구현하기 위한 백절불굴의 용기가 있었다.

백범 선생에게는 대의명분으로 늘 신의와 인격을 내세워 행동을 관철하는 무서운 저력이 있었다. 즉, 하늘이 무너져도 눈 하나 깜짝하지 않고 뜻한 바의 행동을 밀고 나가는 박력이었다.

이 박사는 서양적인 사고방식으로 타협을 선택하였으나, 김구 선생은 대의명분을 지키며 자주독립에서 양보가 없었다.

결국 이 박사는 초대 대통령이 되어 반 조각이나마 자유민주국가를 수립하는 현실의 정치가가 되었고, 김구 선생은 끝까지 대의명분을 주장하면서 민족통일을 관철하고자 한 이상의 정치가로 남았다.

조국과 국군의 영원한 「우등불」, 철기 이범석

정계에서 은퇴하여 야인으로 돌아간 철기는 승마와 사냥을 즐기고 있었다. 그러다 1972년 5월 20일에 열릴 대만 총통 장제스의 취임식에 초청을 받고 출국을 준비하던 중 갑자기 찾아 온 급성 심근경색증으로 쓰러졌다.

급히 명동 성모병원에 입원하여 응급치료를 받았지만 1972년 5월 11일 상오 5시 40분에 철기는 운명하고 말았다. 향년 72세다.

16세의 학생 나이에 망명하여, 한국인 최초로 중국 현대식 정규사관학교에서 현대식 군인으로 항일의 첫 발을 내딛었던 철기였다. 그 이후 만주, 연해주, 시베리아, 중국의 각지에서 오직 조국 독립의 염원 하나만 가지고 풍찬노숙을 벗 삼아, 항일무장투쟁의 대오에서 한 치의 이탈도 없었던 「광복의 큰 별」이었다.

그리고 귀국한 이후는 '지존유금 지재보국'의 일념으로 대한민국 국방의 설계와 근본을 만드는 작업을 다한 「대한민국 국군의 거목」이었다.

정부는 각의를 열어 철기의 장례를 국민장으로 치르기로 결정하였다. 유해는 5월 17일 상오 8시 30분에 자택인 영등포구 신대방동 산동네에서 출발하여 남산 야외음악당 광장에서 영결식을 가졌다. 상오 10시에 육군군악대의 주악 아래 성신여고생들의 조가 합창이 울려퍼지고, 이어서 청산리전투를 회상하는 철기의 카

랑카랑한 육성녹음이 장내를 울렸다. 장내에는 2만여 이상의 시민이 운집하였다.

영결식을 마친 장군의 유해는 대형 초상화와 1천여 개의 만장과 훈장 등 생전의 고난과 영예를 상징하는 장식물들로 덮인 영구차에 실려 이동했다. 그리고 그 뒤로는 장군의 마지막 애마 설희가 주인의 죽음을 슬퍼하는 듯 머리를 숙이고 뒤따랐다. 철기의 모교인 경기고등학교 재학생 800여 명이 태극기가 덮인 영구와 만장의 운반을 도맡아 장군의 삶을 기렸다.

이날 관공서와 각 가정에서는 조기를 내걸고, 남산에서 동작동 국립묘지에 이르는 길거리에는 수십만의 인파가 몰려 청산리 전투의 청년 영웅이자 30여 년 독립무장투쟁의 산 증인, 그리고 대한민국 국군 건설의 아버지인 철기의 마지막 가는 길을 배웅하였다.

유해는 동작동 국립묘지에 2년 전 작고한 영원한 혁명동지이자 부인인 김마리아 여사와 나란히 합장되었다.

『우둥불』

철기는 운명하기 5개월여 전인 71년 겨울에 회고록 『우둥불』을 탈고하였다. 그 스스로 자신의 마지막이 다가옴을 예감했던 것일까?

그는 회고록 명을 『우둥불』로 붙인 이유를 이렇게 설명하고 있다.

　'우둥불은 함경북도 방언으로 노영화를 지칭한다. 우둥불은 한데서 잠을 자는 군인들이 몸을 덥히기 위해 피우는 불이다.
　나는 독립투쟁 30여 년간을 대개 이 우둥불 곁에서 지냈다 해도 과언이 아니다. 전선에서, 광야에서, 몽고에서 사냥할 때나, 혼자서나, 또 몇 사람이 둘러앉아 잡담을 할 때나, 수많은 군대를 데리고서나, 그 어디서나 이 우둥불은 나의 없지 못할 반려였다.

　우둥불, 그 불길을 바라보며 때로는 어린 시절을 회상했고, 그리운 조국을 생각했다. 우둥불 앞에서 불꽃 사이로 어른거리는 회상 – 쓰러져간 전우들을 생각했다. 우리의 자유를 꿈처럼 그려 보기도 했다.
　조국의 앞날을 환상으로 엮어도 보았다. 이글대는 불길 속에 내일의 승리를 다짐했다. 상념은 하염없이, 막연한 후세대의 생각도 해보았다.
(중략)

　그로부터 수십 년이 지난 지금 서울의 밤하늘에서 휘황찬란히 수놓는 네온사인의 채광을 보다가도, 가끔 옛날의 우둥불 생각에 빠지곤 한다.
　이처럼 내 마음 속 깊은 곳에 아직 꺼지지 않고 있는 우둥불이기에 앞으로 계속 낼 지도 모르지만, 우선 나오게 된 이 책에 우둥불이라고 이름 붙였다.' (이하 후략)

　철기에게 우둥불은 고달픈 현실을 이겨내는 힘이자 전우애의 상징이었다. 그리고 손에 잡히지 않는 막연한 미래에 대한 소망이었다. 철기는 죽어서 조국과 국군의 영원한 「우둥불」이 되었다.

조국

철기의 회고록 『우둥불』 제1장에서, 청산리혈전에서 쓰러진 애국 청년동지들에게 그 책을 바치면서 철기가 밝힌 조국이라는 개념이다.

'조국 ─. 너무나 흔하게 쓰이는 말이고 또 생각 없이 불리며 일컬어지는 단어다.

그러나 조국이라는 이 두 글자처럼 온 인류 각 민족에게 제각기 강력한 작용과 위대한 영향을 끼쳐 주고 있는 것은 다시 없으리라 본다. 아니 그렇게 믿는다. 믿는 것이 옳은 내 견해고, 내 체험의 소산인 것이다.

도대체 조국이 무엇이기에 나는 예나 지금이나 그처럼 연연해하는 것인가. 한 평생 나는 '그 때문에' 살아왔다고 자부하여도 부끄러움을 느끼지 않는다. 혼자 사랑하고, 미워하다가도 사랑하고, 떠나서도 사랑하고, 돌아와서도 사랑하고, 안겨서도 사랑하며 이제 고희가 넘은 나이에 '조국' 이 한마디를 조용한 안마당에서 입속말로 나직이 다시 불러보는 것이다. 불러본 소리에 잇따라 떠오르는 갖가지 생각이 걸음을 멈추게 한다.

인류가 국가생활을 영위하게 된 이래 거의 나라마다의 민족사는 조국의 수호, 명예와 번영을 위한 노력과 투쟁, 그 조화와 충돌로써 엮어진 기록사라 해도 과언이 아닐 것이다. (중략)

나는 이것을 만주와 중국, 그리고 러시아 및 동구라파에서 갖가지 형식으로 보아왔고 감격, 감동해 왔다.

범위를 좁혀서 우리 민족이 반세기 전, 일제 침략을 받아 망국한 이래, 연이어 일어난 민영환 씨의 자결, 안중근 씨의 이토 히로부미 저격, 이재명 씨의 이완용 자살(刺殺) 실패사건, 박성환 대대장의 자결에 뒤따른 그 휘하 전 대대(大隊)의 의거, 의병의 전국적 봉기, 강우규 씨의 사이토 총독 저격…… 등 허다한 의인열사의 늠연한 살신성인에서 그 갸륵한 몸 바침과 추호의 망설임도 없는 의연한 정신을 볼 수 있다.

기미년 이후 해외에서 광범하게 전개된 독립투쟁―특히 만주와 시베리아에서의 무장 항일투쟁과 같은 것은 피와 눈물의 교직이며 고난과 사멸의 점철이 아닌가? 그 모두가 한결같이 진심으로 조국을 사랑한 최고 애정의 극한적 표현이었다.

(중략)

그 시절에 나는 조국을 배웠고 조국을 다시 알았으며 조국에 대한 사랑의 깊이를 깨달았다.

이른바 흑하(黑河)사변 때엔 우군으로 믿고 합작하던 적소군(赤蘇軍)에게 기습을 당해서 수천의 아들들이 얼어붙은 바이칼 호수에서 하얀 꽃잎처럼 도살되었다. 그 원한의 선혈이 빙설을 물들여 때 아닌 피꽃이 얼룩졌을 때 나는 핏자국 줄기에서 조국의 길을 암시받았다. 내 동포의 피 향기를 시베리아의 바람이 휩쓸어 갈 때 난 조국을 증오했고 증오를 투지로 바꿀 수 있었다.

(이하 후략)

이 글은 서두에서 말했듯이 『우둥불』의 첫 장에 나오는 조국에 대한 그의 우국충정을 토로하는 유명한 글이다. 이 글은 시대를 넘어 이 땅의 수많은 청년들에게 항일애국지사들의 고난상과 애국심을 생생히 전달해 주는 명문장이다.

　철기의 시대에 조국은 애국의 대상이었다. 시대가 변해 이제는 국제화의 시대다. 그러나 모국을 의미하는 조국에 대한 사랑의 뜻은 변하지 않을 것이다. 그리고 그 말은 바로 애국심의 또 다른 표현이리라.

우둥불 리더십

16세에 망명하여 독립군으로, 광복군으로, 그리고 초대 국방장관으로 그가 시대적 소명을 잘 완수한 데는 철기만의 독특한 리더십이 있었다. 필자가 정리한 철기의 '우둥불 9대 리더십'이다.

첫째, 애국심이다.

이것은 우둥불 리더십의 핵심이다. 철기의 애국심은 자칭 '애국'이 난무하던 시절에 진정 몸으로 던져 만든 애국이었다. 남에게 '애국'하라고 말하는 '애국'이 아니라 본인의 몸으로 '애국'의 길을 보여 준 것이다. 애국심은 지도자의 기본 중의 기본이다.

그가 환국 직전 쓴 글인 '구존유금 지재보국(苟存猶今 志在報國)'이 그 정수다. 그의 애국은 비분강개를 바탕으로 하되, 투쟁 목적은 바로 살아서 나라에 보답하기 위함이라는 비분강개를 넘는 현실감을 갖고 우리 가슴에 와 닿는다.

둘째, 결단과 초지일관이다.

철기 장군은 16세의 연소한 나이에 망명을 결단했다. 결단할 때 결단하는 것이 지도자다. 그리고 열악한 30여 년 중국망명 항일무장투쟁기간을 군인으로 초지일관하였다. 민족주의와 자유주의의 이념에서 이탈하지 않았다. 많은 독립군 지도자들이 공산주의에 의지하려 할 때 철기는 단연코 이를 거부하였다.

셋째, 열정과 도전, 창조적인 삶이다.

철기는 남들이 고등학교 학업에 열중하던 시절 남다른 포부를 갖고 중국 망명길에 올랐다. 윈난군관학교 생도 선발로부터 청산리전투까지 그의 삶은 열정과 도전정신의 연속이었다.

쑤빙원부대에서 보여준 장갑열차의 창안은 그의 창조적 자세의 대표적 사례다.

중국 국민당정부의 승인 지연으로 광복군 창설이 늦어지고 있었을 때 우선 창설부터 해야 한다는 도전적인 안을 낸 것은 철기였다. 일제의 조기 항복으로 독수리계획이 허무하게 끝나게 되자 지체 없이 국내로 들어가자는 또 한번의 도전적인 안을 낸 것도 철기였다.

초대 국방장관 시절, 정치권과 미군고문단의 반대에도 불구하고 당시 공산북한과의 대결이라는 필요에 의해 국방부 정훈국과 대북첩보국을 과감히 설치한 것도 철기였다.

넷째, 시대를 앞서가는 통찰력이다.

청산리전투 이후 공산 러시아행에 대한 격론이 오갈 때 철기는 단연코 공산주의는 우리의 미래가 아님을 주장하였다.

중국군의 9개 준승으로 대외활동이 제약을 받고 있는 가운데, 대부분의 임시정부와 광복군 지도자들이 세계대전 이후를 내다보는 전략적 판단보다는 내부 노선투쟁에 몰두할 때, 철기는 한미합작이라는 시대를 넘는 통찰력과 추진력을 발휘하였다. 미국에게 대륙세력과 해양세력 사이에서 한반도가 가지고 있는 전략적 잇점을 인식시키는 첫 사례였다.

다섯째, 후계세대의 양성이다.

신흥무관학교, 북로군정서 사관연성소, 낙양군관학교 한적군관대 시절 철기는 독립군 양성에 매진하였다. 환국 이후 민족청년단 창설은 그의 시대를 보는 혜안의 결정판이었다.

역사학자 정인보 선생은 '철기는 치신(治身. 몸을 다스리는 것)과 치군(治軍. 군을 다스리는 것)이 둘이 아닌 것을 믿고, 그는 청년들을 훈련한다는 것보다 자신이 청년 속으로 들어가서 같이 울고 같이 뛰고 같이 나라를 위하여 몸을 바치고 같이 이 땅 위의 새 엔진이 되자는 소원을 가졌다'고 쓰고 있다.

여섯째, 자주정신과 실용정신의 균형이다.

철기의 생애는 기본적으로 자주정신의 상징이다. 하지만, 광복군 시절 미군과의 연합작전을 주도하고, 국방장관 시절 대한민국 국방기조를 연합국방으로 천명한 것, 그리고 건군과정에서 국군이 국방경비대를 흡수한 것이나, 동참을 희망한 일본군과 만주군 군사경력자들도 포용한 것 등은 자주정신에 기반한 실용정신의 사례들이다.

철기는 지나친 극단의 길을 가지 않았다.

일곱째, 지도자의 낭만과 여유이다.

철기는 상대와 대화할 때 시로 대화한다고 할 만큼 문학적 표현을 많이 사용하였다. 철기는 광복군 시절 항상 서랍에 시집을 간직하고 암송하였다.

문장과 문필에 능하고 음악과 예술에 조예가 깊은 스타일리스

트이자 낭만주의자였던 철기는 베토벤, 드뷔시, 차이코프스키와 같은 북유럽 가곡을 좋아했다. 무인적인 기질과 예술가적인 감수성을 동시에 갖춘 철기는 소탈하고 성실하며 겸손해 한번 만나 본 사람들을 끌리게 하는 인간적인 매력을 지녔다. 균형감 있는 지도자라는 말이다.

여덟째, 고결한 사생활이다.

지도급 인사들의 부정축재가 횡행하고 부적절한 사생활이 판을 치던 광복직후 혼란기에 최고위 지도자였지만 재물에 초연한 청렴과 건실한 사생활을 보여 주었다. 항일무장투쟁의 영원한 동지인 김마리아 여사와 평생을 해로하였다.

관직을 내려놓고는 서울의 변두리 약수동·신당동·대방동 산동네를 전전하였다. 특히 대방동 시절에 먹을 식량이 떨어져 두 내외분이 고초를 겪었던 일화들은 지도자가 반드시 갖추어야 금도가 무엇인가를 보여 주고 있다.

아홉째. 부하들과 동고동락이다.

무수한 전투 속에서 그는 전우들과 같이 있었다. 그의 회고록인 『우둥불』은 군인의 무한한 애국심과 전우애를 가슴 깊이 느낄 수 있는 산 기록이다.

한번은 광복군 창설 당시 4살 된 아들이 폐렴에 걸려 사경을 헤매고 있었을 때 부인이 병원에 데려가겠다는 것을 거절하였다. 얼마 전 한 부하의 5살 난 아들의 치료를 제때 지원해 주지 못해 죽음에 이르게 했던 미안함에 그랬던 것이다. "부하들에 대한 양심과 동지들에 대한 도리상 그럴 수 없다"는 것이다.

부인 마리아가 아들을 살리고자 몰래 병원에 데리고 갔다가 철기에게서 "당신은 매국노"라는 매서운 언사를 들어야 했다. 다시 집으로 돌아 온 아들을 옆에 두고 부부가 사흘 밤을 꼬박 새웠다. 철기의 동지애를 읽어 볼 수 있는 부분이다.

〈광복군 국내정진군 총사령관 철기 이범석〉

에필로그

   2012년 가을 어느 날, 필자가 수도방위사령관 시절의 일이다. 비서실을 통해 철기 이범석장군기념사업회 관계자들이 사령관을 만나고 싶다는 전갈이 왔다.
   만나 보니 요지는 기념관 건립에 소요되는 부지를 협조할 수 있냐는 것이었다.

   나는 답에 앞서 두 가지를 질문하였다.
   하나는, 그 흔한 기념관이 왜 아직 없는가?
   또 하나는, 그 사업을 왜 국방부나 군이 아닌 민간단체에서 추진하는가였다.
   돌아온 대답은 미안하다는 말과 함께 철기기념사업회라는 단체에 대한 소개였다.

   저자는 고등학교 시절 철기의 회고록 『우둥불』과 철기의 광복군 시절 철기의 부하였던 장준하 선생의 자서전 『돌베개』를 통해 철기를 처음 접하였다. 그 글에서 생생히 전달되어 왔던 독립운동 투사들의 그 뜨거웠던 열기와 희생정신을 지금도 잊을 수 없다. 세상적 인생 성공을 목표로 하는 사람들과는 품격이 다른 분들의 인생기록이었다.

   이제 40여 개 성상 헌신 봉사하였던 군문을 나와, 기념사업회 관계자들로부터 기념사업에 힘을 보태달라는 요청에 봉사하기 시작한 지 벌써 5년이 흘렀다. 노력의 부족과 능력의 한계로 기념관 사업은 아직 요원한 가운데 청산리전투 100주년 기념이라는 시한성 사업을 마주하게 되었다.

우리 사회가 항일독립투쟁과 6.25 자유수호투쟁에 대한 가치평가로 갈등하고 있다. 중심은 바로세우면서 보다 굵은 우리 역사세우기를 희망한다. 이를 통해 과거 그 자체에만 함몰되지 말고 미래로 나아가야 할 것이다.

지금까지 학자들의 철기에 관한 연구는 주로 항일무장투쟁기나 민족청년단과 관련한 연구에 초점이 맞추어져 있었다. 어쩐 일인지 철기의 국방장관으로서의 활동은 학계나 관계에서 다루지 않았다. 철기의 항일무장투쟁과 국방건설을 연계하여 연구한 글은 과문하지만 이 글이 거의 처음일 것이다.

이 글은 2018년 한 해 동안 46회에 걸쳐 국방일보에 연재하였던 본인의 「국군 우둥불 철기 이범석」이라는 글을 재편집하고 고증을 추가하여 책자화한 것이다.

이 책에서 필자는 우리 근현대사의 격변기에 뚜렷한 족적을 남긴 군인 철기의 삶을 통해 그의 삶에 공감하면서 필자가 생각하는 시대정신을 말하고자 하였다. 동시대에 살면서 필자와 공감을 같이한다면 필자에게는 무한한 영광일 것이다.

책자 발간을 흔쾌히 맡아주신 백산서당 김철미 대표님, 2018년 국방일보 연재에 관계하셨던 정호영 기자를 비롯한 국방일보 관계자 여러분, 자료 제공과 교정에 도움을 주신 정준 사무총장

님과 이제우 이사님을 포함한 철기기념사업회 모든 분들께 지면을 통해 감사의 말씀을 드린다.

끝으로 청산리전투 100주년이 되고, 철기장군 영면 50주년을 한 해 앞둔 오늘의 시점에서, 이 글이 「철기이범석장군기념관」 건립 사업에 불씨가 되기를 강하게 소망하며, 철기 장군님의 영전에 삼가 이 책을 바친다.

苟存猶今
志在報國

조국,
이 말처럼
온 인류
각 민족에게
강력한 감동과
영향을 주는
말은 없다

철기 이범석 장군 연보

1900년 (1세)
10월 20일(음) 서울 용동(龍洞, 현 중국대사관 후원)에서 태어나다.

1906년 (7세)
5월 3일 생모 이씨(연안 이씨) 심장병으로 사망.

1907년 (8세)
　　　　헤이그 만국평화회의에 특사 파견.
6월(음) 계모 김씨(김해 김씨), 철기 부친과 재혼.
8월 1일 대한제국 군대 해산. 각지에서 의병 항쟁.
　　　　박승환 제1연대 대대장 자결. 정태규 전사.

1908년 (9세)
　　　　외삼촌 이태승과 친구인 해공 신익희가 자주 집에 드나들다.

1909년 (10세)
9월 1일 일제, 의병탄압을 위한 '남한대토벌작전' 개시.

1910년 (11세)
　　　　사립 장훈(長薰)학교에 입학하다. 주시경 · 김인식 선생에게 국문과 음악을 각각 사사.
8월 28일 경술국치.

1911년 (12세)
3월   서일(徐一) 등 대종교 신도, 북간도에서 중광단(重光團) 조직.
10월   부친(李文夏), 강원도 이천 군수로 부임. 강원도 이천보통학교 2년에 편입.
　　　　중국 신해혁명 발발.

1912년 (13세)
1월   손문(孫文), 혁명정부 대통령에 취임. 2월 사직. 원세개(袁世凱)가 대총통이 됨.
10월   서간도 한국교포의 자치 기관으로 통화현 합니하에서 부민단 조직.

1913년 (14세)
3월　　이천공립보통학교 수석 졸업.(4년제). 경성제일고등보통학교 갑반에 무시험 추천으로 입학.

1914년 (15세)
6월 28일　제1차 세계대전 발발.
9월　　한힌샘 주시경 서거.

1915년 (16세)
여름　　경기고보 재학중 한강에서 몽양 여운형씨를 만나 중국으로 망명을 결심(3학년 2학기).
가을　　충남 천안군 출신의 김씨와 결혼(초혼), 서울 관철동 117번지에 살림집 마련. 결혼 3개월 만에 망명 실행. 남대문역에서 의주행 기차에 오름.
11월 20일　압록강 철교를 건너 봉천(奉天)에 도착하다.
　　　　서탑의 고려여관으로 여운형을 찾아가다(몽양은 7, 8일 앞서 도착).
11월 25일　여운형과 함께 상해로 가다.
12월　　매부 신석우, 예관 신규식, 조용하(소앙의 친형), 조성환, 신채호를 상해에서 만나다.
　　　　신규식과 손문(孫文) 사이의 서한전달 심부름으로 손문을 직접 만나다. 손문은 신해혁명후 원세개(袁世凱)에 밀려 상해 프랑스조계지 매머시엘로우에서 '삼민주의', '민국건국방략' 등을 집필.

1916년 (17세)
초　　　군관예비학교인 항주(杭州) 체육학교에 6개월간 다님. 이용, 채영, 한운룡, 이보민 등과 교우함.
가을　　배달무, 김정, 김세준, 최진 등과 같이 선편으로 홍콩 통킹, 하노이를 거쳐 등월철도를 타고 운남(雲南)에 도착.
　　　　신규식의 요청으로 손문이 독군 당계요(唐繼堯)에게 의뢰해 운남 육군강무학교에 입학을 주선. 이국근(李國根)이라는 가명으로 입교함(입학 연령미달로 2살을 올려 입학).

1917년 (18세)
　　　　러시아혁명 일어남.

1919년 (20세)
1월 18일　제1차 세계대전종결을 위한 강화회의가 프랑스 파리에서 개최.
3월 1일　국내에서 3·1운동 발발.
3월　　운남 육군강무학교 제12기 기병과 졸업. 이 당시 호를 철기로 정하다.
　　　　운남성 곤명에서 15km 떨어진 건해자(乾海子) 기병연대에서 견습사관으로 복무.

4월 초	건해자 기병연대 장교구락부 신문을 통해 3.1운동의 소식을 알다. 독군 당계요(唐繼堯)에게 임시정부에 합력하기 위해 상해로 돌아갈 수 있도록 사직 허가를 5인연서로 진정해 비준받다.
4월	서일, 중광단을 대한정의단(大韓正義團)로 확대 개편.
5월 중순	건해자 기병연대에서 나와 상해에 도착(4개월간 체류).
7월	상해에서 신규식·안창호·노백린을 만나다. 임정의 파벌에 실망하고, 이동녕·신규식의 지도에 따라 만주에서 유격항일을 결심.
8월	대한정의단 산하에 독립군 무장단체로서 대한독립군정서 조직.
9월	김좌진·박찬익의 주동으로 길림군정사 창설. 군사활동이 불가능하자 서간도 유하현 대화사에다 서로군정서를 창설. 박찬익이 은주 부씨의 도움으로 북경에 있던 조성환과 같이 장작림 정권에 외교교섭을 맡다. 최진(崔震 : 崔允東)과 함께 만주로 가다(최진은 밀양경찰서폭파사건으로 일경에 체포). 장길상(고 장택상 형)이 임정에 거금 만원을 손모에게 위촉하여 보낸다는 소식을 길림군정서의 박찬익으로부터 입수. 서로군정서로 이 돈을 가져와 군사활동에 유효하게 쓰도록 의견을 모음. 지청천이 교섭대표로 결정됨. 상해에 있던 배천택에게도 협력토록 연락. 임정에서 용도를 둘러싸고 각축전이 있었으나 이시영이 서로군정서로 보내도록 역설해 성사됨.
10월	대한정의단과 대한군정회를 합하여 대한군정부로 개편(총재 서일, 부총재 현천묵, 사령부 사령관 김좌진). 임시정부 산하의 독립군 군사기관으로 공인을 신청. 신흥학교가 신흥무관학교로 개편되다. 살인사건으로 분규를 일으켜 휴교되었던 합니하(哈泥河)의 학교를 폐교하고 고산자 하동대자로 이전. 상해에서 서간도 유하현 삼원보에 도착, 이시영 소개로 신흥무관학교 교관으로 취임. 김광서, 신팔균, 지청천 등과 함께 사관 훈련 담당.
11월 17일	서간도 한족회, 서로군정서로 개편.
11월	신흥무관학교 교성대(敎成隊) 편성, 대장에 취임. 1920년 3월 1일을 기해 압록강을 건너 후창·자성·혜산진에 진입해 3·1만세운동 재현을 기도, 결사대 대장으로 교육 전담.
12월	임시정부 국무원 제205호로써 대한군정부 명칭을 대한군정서로 개칭토록 하고 임시정부 산하 군사기관임을 공인함. 서간도 서로군정서와 대비해 북로군정서로 별칭함.

1920년 (21세)

1월	해룡현 산성자(海龍縣 山城子) 은행에 맡겼던 군자금을 찾으러 갔던 배달무가 혹독한 추위로 동상에 걸려 한발의 발가락 모두와 한발은 1/3을 자름. 군자금을 낭비하게 되고 무기대량구입에 실패.
2월 29일	지청천이 상해에서 안 돌아오고 신팔균의 정의부 군사위장 취임함에 따라 당초 계획했던 1920년 3월 1일 거사 계획이 뜻대로 되지 않자 교성대원들 동요. 철기가 거짓말한 결

	과가 된 데 실의와 신경과민으로 삼원포에 있는 의무처로 치료하러 감. 의무실에서 아편을 2온스량의 7홉쯤을 훔쳐내 (30g이 넘는 아편가루) 배갈에 타마셔 음독자살 기도.
2월	대한군정서, 왕청현 서대파 십리평에 병영과 연병장 건설, 사관연성소 설립(소장 김좌진),
3월	김좌진, 서로군정서에 공한을 띠워 철기를 북로군정서로 보내주기를 요청하다.
4월	길림성 왕청현(북간도)으로 가다. 북로군정서 교관으로 부임해 군사훈련을 담당하다.
5월	교수부장에 임명, 북로군정서 사관연성소 생도 6백명을 교육.
6월 7일	독립군 연합부대인 대한북로독군부와 대한신민단, 봉오동 전투에서 승리하다. 대원들이 흩어져 북로군정서로 피신해 오다.
6월	왕청현 서대파 십리평 삼림속에 사관학교교사와 보병대영사 건축 완공. 블라디보스토크에서 철수하는 체코슬로바키아군으로부터 무기 구입.철기, 체코군 대장인 가이다와 만나 무기 구입교섭(2차에 걸쳐 소총 1천 2백정, 기관총 6정, 박격포 2문, 탄약 80만발, 수류탄, 권총 등).
7월 23일	대한군정서 경비대(근거지를 호위하는 경호선과 총재부와 전진 초소를 지키는 부대)를 모범대(模範隊)로 개칭하고 본부 교사인 철기가 중대장에 임명되다.
7월 24일	일본의 만주에 대한 대규모 병력 투입을 두려워하여 장작림은 맹부덕을 사령관으로 임명해 독립군 토벌을 위해 출동시킴.
8월	일제, 간도지방불령선인토벌계획 확정.
9월 9일	대한군정서 사관연성소 제1회 졸업식.
9월 12일	사관연성소 졸업생으로 교성대(敎成隊) 조직, 철기 중대장으로 임명되다.
9월 17~18일	대한군정서 선발대와 본대를편성해 서대파 십리평 근거지 출발.
10월 2일	안도현 지방자위대와 마적이 합작해 혼춘(琿春) 일본영사관을 습격(혼춘사건).
10월	혼춘사건과 독립군의 이동을 구실로 일군의 대규모 만주파병 시작. 소위 조선군이라는 국내 주둔 일군 제19, 20사단이 주력이 되고, 시베리아에 주둔중이던 제11, 13, 14 사단이 책응해서 시베리아로부터 만주로 들어오다. 국민회, 의군부, 한민회, 의민단 등이 북로군정서와 합작키로 하고 책임 전술지역을 분담하였으나 한민회 1개중대 병력만 남고 4개 단체는 모두 가버림.
10월 12~13일	대한군정서 독립군, 청산리에 도착.
10월 21일(음력 9월 7일)	청산리 독립전쟁 시작(백운평 전투).
10월 22일	새벽 5시 30분 경 천수평에서 철기가 지휘하는 연성대가 일본군을 기습해 섬멸함(천수평 전투). 오전 9시부터 어랑촌에서 치열한 전투. 이후 독립군은 일본군 포위망을 뚫기 위해 50명씩 소부대를 편성해 행군함으로써 철기와 김좌진은 따로 소부대를 지휘.
10월 23일	하오 3시경 김좌진이 지휘하는 소부대, 맹개골에서 일본군과 접전함.
10월 24일	밤9시경 천보산 부근에서 천보산의 은동광을 수비 중이던 일본군 1개 중대와 전투 : 왕청현 소할의 삼선령을 향해 행진하다. 밤9시경 철기는 김훈중대만 데리고 천보산 부근

	을 통과 중 달(月)이 안떠 어둡고 안내자의 잘못으로 적진지에 무심히 들어섰다가 일대 백병전이 벌어져 좌흉부에 총검자상을 입다. 중상은 아니었으나 출혈이 심했고 중대원들이 쓰러진 철기를 구하러 우회 작전함.
10월 25~26일	홍범도부대, 고동하 골짜기에서 일본군 2개 소대 섬멸 (고동하 전투).
10월 28일	대한군정서 독립군, 소부대로 분산 행군하여 안도현 황구령촌에 도착.
10월 29일	청산리 전투에 참가했던 독립군 부대들과 군사통일 문제에 대해 원칙적으로 합의를 보고 북방으로 이동, 밀산(密山)에 재결집하기로 합의.
11월 15일경	왕청현 춘양향 북삼차구에 도착, 일본군은 삼차구에 사단 사령부를 두고 독립군을 견제. 삼선령(신선두리)에서 부대를 휴양, 이때 혹한으로 철기는 수족에 대동상을 입고 약 20일간 치유.
12월 말경	독립군 부대, 3개월 걸려 밀산현에 집결.
12월	이승만, 미국에서 상해로 들어와 임시정부 대통령에 취임.

1921년 (22세)

1월	대한군정서 독립군, 흑룡강을 건너 노령 이만시로 들어감.
3월	이만시에 모인 독립군 부대들이 군사통일을 실현하여 대한의용군총사령부 조직.
	신익희, 장사(長沙)에서 한중호조사를 설치하다.
4월 12일	노령 이만시에서 독립군대회를 개최하고 대한의용군 총사령부의 이름을 대한독립단으로 바꾸고 체제를 재정비. 이때 대한독립단 사관학교를 영안현 삼하장 동구에 설립하기로 결정하다. 철기, 김홍국과 교관에 임명되다.
5월	손문 광동(廣東)정부 총통에 취임.
6월 2일	고려혁명군정의회 임시사령관으로 부임한 이르크츠크파 공산당 오하묵, 대한독립단의 독립군 부대들을 자유시 브라고웨시첸스크로 불러들임. 독립군들이 자유시(흑하)로 들어가기로 하였으나 철기와 김좌진은 소련령에 깊이 들어가는 것을 반대.
6월	대한군정서 간부들인 서일, 김좌진, 나중소 등은 비밀리에 자유시를 탈출함. 철기도 이만에서 5명의 동지와 함께 우수리강을 헤엄쳐 탈출, 3명은 전사함.
6월 28일	사할린의용대를 포함한 대한독립단 산하 독립군들이 무장해제당함. 이 과정에서 사망 272명, 익사 37명, 행방불명 250여명, 포로 917명의 희생을 당함 (흑하사변, 자유시참변).
8월 4일	북만주로 돌아온 대한군정서 간부들은 대한독립단을 재조직.
	이 무렵 철기, 흥개호 연안 쾌당별(快當別)로 이상설 등을 찾아 감.

1922년 (23세)

9월	대한독립단, 흥개호 연안 쾌당별에서 자위대 조직.
9월 25일	독립운동계의 분열을 통탄하며 25일 동안 불식, 부언, 불약을 고집하다 서거.
9월	철기는 신병을 얻어 쾌당별 맞은편 러시아령 일루까로 치료하러 가다.
9월 28일	대한독립단 총재 서일, 쾌당별에서 자위대가 마적의 습격을 받아 12명의 부하를 잃자

	비탄 끝에 자결.
12월	소비에트 사회주의공화국연방 성립. 연해주와 흑룡주를 합해 중립정부 성립. 치타에서 이만까지 원동완충국이 존재해 무장부대 통행하지 못함.

1923년 (24세)

1월	블라디보스토크의 신한촌에 고려공산당 중앙총국 조직.
5월	고려혁명군은 독립군으로 조직되었으나 러시아혁명을 도와주고 그 대가로 무기와 장비를 지원받는다는 밀약을 맺고 소련군과 합작 결정. 고려혁명군은 합동민족군으로 통합 개칭함.
6월	철기, 연해주 고려혁명군에 가담. 러시아령 시베창(西北廠)으로 가서 고려혁명군 기병사령관으로 임명.
	철기, 합동민족군으로 백계 러시아군을 축출하기 위해 스파스카야를 공략. 이 전투에서 경상이지만 우대퇴를 스치는 총상을 입다.

1924년 (25세)

3월	대한군정서 간부들, 대한군정서를 재조직.
5월 19일	통의부 의용군, 마시탄(馬嘶灘) 강변에 매복해 국경 시찰중인 사이토 총독을 압록강에서 기습 공격함.
5월	재건된 대한군정서는 철기가 소속된 고려혁명군 간부들을 초빙하여 조직을 강화(철기는 군사부장에 임명됨. 그러나 철기는 바로 참여하지 않은 듯하다).
8월 22일	의성단 단장 편강렬, 하얼빈에서 일경에 피체. 신의주로 압송돼서 사망.

1925년 (26세)

1월	소련의 정책이 바뀌면서 러시아혁명 전쟁에 가담했던 혁명합동민족군에 대해서도 무장해제를 강요함. 무장해제가 시작되면서 이에 항전하는 과정에서 무력충돌이 일어나 철기는 이마에 총상당함(소만국경 동녕 지구 소지영에서 기관총을 맞음).
	영안현 영고탑에서 부상을 치료중에 어머니(계모) 찾아옴. 1천7백원의 돈을 주고 감.
3월	만주군벌 장종창(張宗昌)의 막료(소령)로 직업군인생활을 4개월 정도 하다.
	손문(孫文) 서거.
3월 15일	김혁, 김좌진 등 영안현 영고탑에서 신민부 조직.
6월 11일	삼시협정(三矢協定) 체결.
6월 12일	장작림 북경에 입경.
7월	김좌진장군으로부터 영고탑으로 오라는 전보를 받음.
8월	김마리아와 결혼. 석오 김학소의 주례와 조성환, 김좌진이 증인.
9월	중동철도동부지선 오길밀역에서 고려혁명군 결사단 조직.

1926년 (27세)
4월　　　　양기탁 등 길림에서 고려혁명당 조직.
6월 10일　　국내에서 6·10만세운동 발발.
7월　　　　장개석, 북벌 개시.

1927년 (28세)
1월　　　　중국 국민군이 한구 영국조계지를 점령.
　　　　　 풍옥상(馮玉祥)이 공패성(貢沛誠)을 밀사로 김좌진에게 보내 장학량(張學良)이 중국통일에 호응하도록 압력을 가해 줄 것을 요청해 옴. 김좌진의 요구로 철기가 만주로 들어감.
4월　　　　4개월 동안에 마적 20개 단체가 집결된 중동 철도 동부지선 위하현(위주하역) 위당구에 들어가 6, 7천여명을 모으다.
5월　　　　장학량의 1개 친위대대를 마적이 격파, 철기는 당시 연락관으로 있던 정규군 출신인 까닭에 현상금이 붙음
　　　　　 고려혁명군 결사단의 테러 행동에 사용할 무기를 하얼빈의 백계 러시아인에게서 구입. 마리아가 무기구입의 일을 전담.

1928년 (29세)
12월　　　고려혁명군 결사단, 일본과 중국의 탄압으로 단원들 희생됨. 73명의 결사단원이 일본군과 공산당에 희생되고 7명만 남아 해체. 철기는 외몽고지역으로 향함.

1929년 (30세)
9월 4일　　오전 5시 30분 장작림이 봉천과 심양 경봉선과 만천선이 교차되는 육교 밑에서 일본 관동군에 의해 공병용 폭약 1백개 폭파로 죽다. 이후 장학량, 중국통일전선에 참가함. 국민당 정부에 가담하도록 압력을 넣는 데 이용하려 했던 마적단을 해체.
가을 경　　외몽고 할라수에 도착. 알군으로 가는 길의 소나무가 있는 언덕에서 도피생활.
겨울　　　중소간에 충돌이 일어나 소련군이 호롬바일까지 들어와 흑룡강성 남쪽 태래재에 수 개월 동안 피난. 외몽고에서 2년간 수렵생활을 함 중소전쟁 전후에 걸쳐 김광두(金光斗)라는 가명을 쓰다.
　　　　　오로촌 추장 만가부를 도이하에서 만남.

1930년 (31세)
1월　　　　김좌진 암살당함. 몇 주 후에 소식을 듣고 철기, 태래재에 제문을 써 보내다.

1931년 (32세)
9월 8일　　만주사변 발발.
10월　　　 수렵생활을 하던중 소병문(蘇炳文) 장군의 연락을 받고 가서, 비서 고급 참모를 지내

다. 항일전에서 장갑열차를 고안, 제작하여 싸우다.
소병문 부대와 마점산(馬占山)부대가 합작할 당시 마점산의 요청으로 전속되어 작전과장에 부임하다.
흑룡강성주석인 제1군사령관 마점산과 호롬바일 수청주임의 소병문, 두 군대가 회사(會師)하다.

1932년 (33세)

1월 8일	이봉창 의사 의거.
1월 28일	일제의 상해 침공.
3월 1일	일제, 만주국 건국.
4월 29일	윤봉길의사, 상해 홍구공원에서 일황 생일 경축일에 폭탄을 던져 시라가와(白川) 군사령관 등 사망.
	대흥안령(大興安嶺)을 중심으로 일군과 싸우다(1년반 항쟁). 만군과도 항쟁.

1933년 (34세)

중동철도 서부종점 만주리를 경유하여 소련령 다후리아로 월경하다. 중국항일군, 다후리아에서 무장해제당함. 이 무렵 김요두(金耀斗)라는 가명 사용.
바이칼호수 북쪽 시베리아 철도북지선 종점인 톰스크에 도착(8개월의 억류생활).
겨울   군사시찰단으로 톰스크를 떠나 모스크바 경유, 유럽으로 가 폴란드를 방문 시찰함.

1934년 (35세)

2월	육군중앙군관학교 낙양분교 한인특별반 설치됨.
7월	철기, 폴란드를 떠나 독일 베를린에 도착.
8월	베를린에 2주 머무름. 뮌헨, 지중해 연안의 군사시설을 보고 이집트를 시찰키 위해 이태리 제노아에서 여객 화물선 살브르벤호에 승선.
10월	52일만에 상해에 도착.
	임시정부 김구주석과 만나 낙양중앙군관학교 낙양분교 안에 한적군관학교를 설치하기로 합의. 이 당시 철기는 왕운산(王雲山)이라는 이름으로 개명.
	동북항일의용군 총사령관 왕덕림의 요청으로 광동성 주석 진제상의 특별지원을 얻어 대만공작을 위한 판사처 공작, 2개월간 추진.
	낙양군관학교 한인특별반 한적군관 대대장에 부임.

1935년 (36세)

낙양군관학교 한적1기 졸업생 배출. 일제가 정보를 듣고 중국측에 항의해 낙양학교 한인특별반의 훈련이 중단됨.
11월   임시정부 항주에서 진강으로 이전.

1936년 (37세)
중국육군 제3로군참의와 고급참모(중국군소장), 중국군 제2집단군 제56군단 참모처장에 취임.

1937년 (38세)
7월　　노구교 사건으로 인한 중일전쟁 발발.
9월　　중국 국민당과 공산당, 제2차 국공합작에 합의.
11월　　일본군 상해 점령.
12월 13일　일본군 남경 점령—6주간 대학살이 시작됨(남경학살).

1938년 (39세)
7월　　임시정부 장사에서 광주로 이전.
10월　　임시정부 광주에서 유주로 이전.

1939년 (40세)
3월　　임시정부 유주에서 사천성 기강으로 이전.
9월　　독일의 폴란드 침공, 제2차 세계대전 발발.

1940년 (41세)
　　　　외아들 인종(仁鍾) 태어나다.
5월 9일　한국독립당 창당.
　　　　한국독립당 중앙집행위원장 김구 명의로 '한국광복군편련계획대강'을 장개석에게 제출.
6월　　철기, 중국 국민당 중앙훈련원 중대장 직을 사임, 박찬익·이청천·유동열·김학규·조경한 등과 함께 광복군 창설의 실무 담당.
9월 15일　한국광복군 창설, 내외에 공포, 한국광복군선언문 발표.
9월 17일　한국 광복군 총사령부 성립 전례식을 중경 가흥빈관에서 개최, 철기는 광복군 참모장에 임명.
11월　　한국광복군 총사령부 서안(서안시 2부가 4호)으로 이전.

1941년 (42세)
2월　　광복군 기관지 『광복』(光復) 창간.
3월　　조선의용대 일부 대원, 화북으로 이동.
4월 1일　한국청년전지공작대, 광복군 제5지대로 편입.
11월 15일　중국군사위원회, 광복군을 예속하려는 의도에서 '한국광복군 9개 행동준승' 통보.
11월　　대한민국 건국강령 발표.
12월 10일　임시정부, 대일선전 포고.

1942년 (43세)

4월	9개준승에 의한 중국군사위원회 직원 파견으로 참모장에서 사임.
4월 20일	임시정부 국무회의에서 조선의용대의 한국광복군 합편 결정.
4월 22일	제2지대 지대장에 임명. 종전의 제1·2·5지대가 통합하여 새로운 제2지대 성립.
7월	민족혁명당 무장 조직인 조선의용대, 개편선언을 발표하고 광복군 제1지대로 편입.
9월	광복군 총사령부 서안에서 중경으로 이전. 광복군 제2지대장에 취임.

1943년 (44세)

1월 26일	임시정부 국무회의에서 한중호조군사협정초안 마련, 9개준승을 폐지하고 새로운 군사협정 체결을 제안.
8월 말	광복군총사령부, 캘커타에 인도파견 공작대 파견, 영국군 전개의 대일작전에 참여 활동함.

1944년 (45세)

8월 23일	중국군사위원회로부터 9개준승 취소 통보 : 광복군은 중국 군사위원회로부터 작전권 및 기타 행동에 대해 통제와 간섭에서 벗어남.
10월	철기는 OSS대표에게 광복군을 미군내에 근무하도록 할 것과 미군을 위해 전략첩보 수집과 한국에서의 연합군작전을 돕기 위해 광복군에 대한 훈련을 실시할 것을 제의.

1945년 (46세)

1월	철기의 초청으로 써전트대위 서안의 제2지대 본부 방문.
1월 31일	일본군 탈출 학병출신, 중경 임시정부에 도착.
3월 27일	임시정부 국무회의에서 광복군과 영국군 사이에서 체결한 '한국광복군주인연락대' (韓國光復軍駐印聯絡隊) 파견에 관한 협정초안 결제, 통과.
4월 1일	한미군사합작에 대한 실무 회의 개최 : 철기와 이청천, 민석린(김구 주석 비서), 정환범(통역), 써전트가 참석함.
4월 3일	OSS 장교 써전트, 중경 임시정부 청사를 방문해 김구와 면담(이 면담에 철기와 이청천, 김학규, 정환범 참석), 임시정부는 한미간의 군사합작에 대해 최종적으로 승인함.
4월 29일	OSS 훈련을 받기 위해 한광반 출신 19명, 서안으로 출발.
5월 11일	OSS 훈련을 위해 써전트, 제2지대 본부가 있는 두곡(杜曲)에 도착, 독수리작전 대장에 부임.
6월	광복군 제3지대 성립.
7월	광복군, 철기가 총지휘하는 국내정진대 총지휘 조직, 국내 탈환작전 결정.
8월 7일	광복군 제2지대 본부에서 공동작전 수행을 위한 작전 회의 개최(김구주석, 이청천 총사령관, 철기 2지대 지대장, 도노반 OSS 총책임자, 홀리웰 OSS 중국 책임자, 제2지대

	OSS 훈련 책임자 써전트).
8월 12일	38선 설정.
8월 15일	조국광복.
8월 16일	철기가 진두 지휘한 국내정진대, 서안을 출발했으나 산동반도에서 회항.
8월 18일	국내정진대, 다시 서안을 출발하여 국내로 들어와 여의도비행장에 착륙.
8월 19일	국내정진대, 여의도 비행장 이륙해 산동성 유현(維縣)비행장에 도착.
8월 28일	국내정진대 서안으로 귀환.
9월 7일	미극동사령부, 남한에 군정 선포.
9월 16일	국내에서 한국민주당 결성.
11월 23일	임시정부 요인 제1진 환국.
12월 1일	임시정부 요인 제2진 환국.
12월 28일	모스크바삼상회의, 신탁통치안 발표.

1946년 (47세)

3월 20일	미소공동위원회 개최.
6월	**철기, 귀국.**
10월 9일	민족지상, 국가지상 이념하에 민족청년단을 창설, 단장에 취임.

1947년 (48세)

7월 19일	몽양 여운형 암살.
9월 18일	한반도문제 정식으로 유엔총회에 제의.
9월 21일	대한청년단 결성.(단장 지청천, 총재 이승만).
	철기는 26개 극우 청년단체가 연합한 대동청년단의 결성을 반대.
12월 9일	철기와 지청천, 대동청년단과 민족청년단 상호간 비방과 테러 중지 공동성명.

1948년 (49세)

3월 1일	**독립촉성국민회 상무위원에 선출.**
1월 6일	유엔 한국위원단(8개국 대표. 인도대표 메논이 의장) 내한.
2월 26일	유엔한국위원단의 보고를 받은 유엔 소총에서 남한만의 총선거안 통과.
4월 19일	김구, 김규식 남북협상을 위해 평양 방문.
5월 10일	제헌의회 선거.
5월 31일	이승만, 제헌의회 의장에 당선.
8월 15일	대한민국 정부 수립.
8월	**철기, 초대 국무총리 겸 국방부장관에 취임.**
9월 9일	북한에 조선민주주의인민공화국 수립.
10월	여순반란사건.

12월 12일   제3차 국제연합 총회에서 대한민국 정부가 유일한 합법정부로 승인됨.
12월 21일   이승만, 모든 청년단체의 통합과 단일화를 지시하며 대한청년단 창단됨. 철기는 처음에는 합류를 거부.

1949년 (50세)
1월 20일   조선민족청년단 해산 선언(대한청년단으로 흡수됨).
6월 26일   백범 김구 암살.

1950년 (51세)
6월 25일   한국전쟁 발발.
7월   철기, 주중한국대사로 임명되어 중국으로 부임.
9월 15일   유엔군 및 국군, 인천 상륙작전 실시.
9월 28일   서울 수복.
10월 19일 중공군 참전.
12월 16~24일   흥남 철수 작전.

1951년 (52세)
12월 23일 이박사 주도로 정당정치를 위한 자유당 창당.

1952년 (53세)
5월 25일   철기, 내무부장관에 취임.
5월 26일   부산 정치 파동.
7월 4일   발췌개헌안 통과.

1953년 (54세)
           6개월간 구미각국의 정치군사정세를 시찰.
6월 18일   반공포로 석방.
7월 27일   휴전 협정 조인.
8월 5일   철기, 부통령에 입후보했으나 낙선함.
9월 12일   이승만, 조선민족청년단계 제거 성명.

1954년 (55세)
11월 29일 사사오입 개헌 파동.

1955년 (56세)
9월 18일   민주당 창당.

1956년 (57세)
5월 5일   해공 신익희 사망.

1960년 (61세)
4월 19일   4·19혁명.
4월 26일   이승만 대통령 하야.
5월 29일   이승만 하와이 망명.

1961년 (62세)
5월 16일   5·16 군사쿠데타.
6월 12일   철기, 민우당 창당(1963년 12월 16일 탈당).
          충남지구에서 참의원의원에 출마, 당선.

1963년 (64세)
          '국민의 당' 창당 최고위원에 취임.
2월 21일   박정희, 김종필 주도로 민주공화당 창당.
          박정희, 제3공화국 대통령 당선.
3월 1일   건국훈장 대통령장 수여받음.

1965년 (66세)
7월 9일   하와이에서 이승만 서거.

1970년 (71세)
2월 1일   부인 김마리아 여사 운명.

1971년 (72세)
11월   자서전 『우등불』 출간.

1972년 (73세)
5월 10일   중화민국 중화학술원 명예철학박사 학위 받음.
5월 11일   오전 5시 45분 명동 성모병원에서 서거.
5월 17일   남산광장에서 국민장으로 영결.
          국립묘지 애국지사 제2묘역에 안장.

참고문헌

〈원전〉

『건군사』, 국방부 군사편찬연구소, 2002.
『국군과 대한민국 발전』, 국방부 군사편찬연구소, 2015.
『근현대 한국군의 역사』, 국방부 군사편찬연구소, 2019.
『대한민국 국방사』, 대한민국 역사박물관, 2016.
『대한민국임시정부자료집』 9, 12, 13 국사편찬위원회 편, 2006.
『독립전쟁사』, 독립기념관, 1989.
『조선군사령부 간도출병사』, 김연옥 옮김, 경인문화사, 2019.
『한국 광복군』, 독립기념관, 1989.
『한국 군사역사의 재발견』, 국방부 군사편찬연구소, 2015.

〈논문〉

김강녕, 「국군 발전과정에 대한 분석, 평가」, 『군사』 제49호, 2003.
김광선, 「광복군전쟁사에 길이 빛나는 철기 이범석장군」, 『군사연구』 제124집, 2008.
김민호, 「이범석의 생애와 독립운동」, 『한국독립운동사연구』 제44집, 2013.
김영만, 「미군정기 조선경비대 창설과정 연구」, 육군사관학교 박물관 학예지 제23집, 2016.
김재원, 「철기 이범석의 반공민족주의 형성에 관한 연구」, 연세대 대학원 석사논문, 2012.
백기인, 「건국 직후(1948~1950) 국방정책의 형성과 그 성격」, 군사편찬연구소 군사 제46호, 2002.
신용하,「독립군의 청산리독립전쟁의 전투들의 구성」,『사학연구』38, 1984.
신주백,「한국현대사에서 청산리전투에 관한 기억의 유동(流動)」, 한국근현대사학회 학술회의, 2010.
윤상원,「러시아지역 한인의 항일무장투쟁 연구」, 고려대 대학원 박사논문, 2009.
＿＿＿,「러시아지역 한인의 항일무장투쟁연구(1918-1922)」, 고려대 박사논문, 2009.
이강수,「해방 직후 대한민국 국군의 창군과 그 역사성」, 군사편찬연구소 군사 제88호, 2013.
이종학,「청산리전투의 군사적 의의」,『백야논집』, 1981.
이택선,「조선민족청년단과 한국의 근대민주주의국가건설」,『한국정치연구』제23집 제2호, 2014.
＿＿＿,「해방 후 이범석 정치노선의 성격」, 한국민족운동사학회 9회 월례발표, 2017.
전재호,「해방 이후 이범석의 정치이념: 민족주의와 반공주의 중심으로」, 한국학술진흥재단 지원사업, 2012.
조원기,「일본군의 만주침공과 간도참변」,『한국독립운동사연구』제41집, 2012.
조필군,「청산리 전역의 군사사학적 재조명」, 청산리항일대첩 90주년 기념학술세미나 발표자료, 2010.
＿＿＿,「항일무장독립전쟁의 군사학적 논의」,『군사연구』제134집, 2012.
한시준,「대한민국 국군의 뿌리, 어디서 찾아야 하나」,『한국근현대사연구』84, 2018.
＿＿＿,「이범석, 대한민국 국군의 초석을 마련하다」, 한국사 시민강좌43 대한민국을 세운사람, 2008,
황인호,「3·1운동 이후 만주에서의 항일무장투쟁」, 2013.

〈저서〉

가토 요쿠,『그럼에도 일본은 전쟁을 선택했다』, 서해문집, 2018.
김구,『백범일지』, 돌베개, 2017.
김선호,『조선인민군』. 한양대학교출판부. 2020.
김연옥 역,『조선군 간도출병사』, 경인문화사, 2019.
김준엽,『장정』, 주식회사 나남, 1987.
무명씨,『용의 굴』, 백산서당, 1999.
_____,『톰스크의 연인들』, 현대문화신문사, 1996.
박영석,『일제하 독립운동사연구 ─ 만주와 노령지역을 중심으로』, 일조각, 1984.
반병률,『1920년대 전반 만주·러시아지역 항일무장투쟁』, 경인문화사, 2009.
_____,『홍범도 장군』, 한울아카데미, 2014.
요시다 유타카,『아시아태평양전쟁』, 도서출판 어문학사, 2012.
이범석 기념사업회,『철기 이범석 평전』, 한그루, 1992.
이범석,『민족과 청년』, 백산서당, 1999.
_____,『우둥불』, 백산서당, 2016.
_____,『철기 이범석 자전』, 외길사, 1991.
주동욱,『신흥무관학교』, 도서출판 삼인, 2013.
한용원,『대한민국 국군 100년사』, 도서출판 오름, 2014.
후지이 다케시,『파시즘과 제3세계주의 사이에서』, 역사비평사, 2012.

저자 박 남 수

(現) 예비역 육군중장.
　　철기 이범석장군 기념사업회장 (2016~현재)
　　국방대학교국가안전보장문제연구소 자문위원

주요 경력
50대 육군사관학교장, 수도방위사령관 역임
서경대학 한국전쟁사 석좌교수, 육군대학 전술담임교관 역임
국방부 개혁실 국장, 합동참모본부 작전기획부장,
전비태세검열실장 역임
합참 전구합동·동맹사후검토조정관, 국방부 전쟁연습관찰단장 역임
기계화보병사단장, 기갑여단장, 기계화보병여단장 역임

철기 기념사업 주요 활동
『우둥불』 증복간 (2016년)
철기장군 45, 46, 47, 48, 49주기 추도식 주관
잠수함 '이범석호' 진수 (2017년)
육군사관학교 내 '철기이범석홀' 설치 (2017년)
육군 제3사관학교 내 '철기이범석관' 설치 (2016년)
「철기 이범석 장군의 광복과 건군에 바친 생애와 의의」 (육사 학예지 제25집 '독립전쟁 영웅들 특집') (2018년)
'청산리전투 재조명과 국군의 정통성 학술세미나 (2020년)
「철기 이범석장군 리더십」 등 철기 이범석 관련 논문과 강연 다수

군인 이범석을 말한다
– 청산리전투 청년 영웅, 국군 건설의 아버지

초판 제1쇄 찍은날 / 2020. 8. 30.
초판 제2쇄 찍은날 / 2020. 11. 10.

지은이 / 박 남 수
표지디자인 / 권 은 경
펴낸이 / 김 철 미
펴낸곳 / 백산서당

등록 / 제10-42(1979.12.29)
주소 / 서울 은평구 통일로 885(갈현동, 준빌딩 3층)
전화 / 02)2268-0012(代)
팩스 / 02)2268-0048
이메일 / bshj@chol.com